Voyage d'homme
pour un désir de femme

Catalogage avant publication de Bibliothèque et Archives Canada

Bisaillon, Jocelyne

Voyage d'homme pour un désir de femme

(Collection Littérature)

Autobiographie.

ISBN 2-7640-1042-7

1. Bisaillon, Jocelyne, 1945- – Voyages – Colombie. 2. Colombie – Descriptions et voyages. 3. Motocyclisme – Colombie. I. Titre. II. Collection: Collection Littérature (Éditions Quebecor).

F2264.2.B57 2006   918.6104'635   C2005-941891-5

LES ÉDITIONS QUEBECOR
Une division de Éditions Quebecor Média inc.
7, chemin Bates
Outremont (Québec)
H2V 4V7
Tél.: (514) 270-1746
www.quebecoreditions.com

©2006, Les Éditions Quebecor
Bibliothèque et Archives Canada

Éditeur: Jacques Simard
Conception de la couverture: Bernard Langlois
Conception graphique: Jocelyn Malette
Infographie: Claude Bergeron

Nous reconnaissons l'aide financière du gouvernement du Canada par l'entremise du Programme d'aide au développement de l'industrie de l'édition (PADIÉ) pour nos activités d'édition.

Gouvernement du Québec – Programme de crédit d'impôt pour l'édition de livres – Gestion SODEC.

Imprimé au Canada

Jocelyne Bisaillon
psychologue

Voyage d'homme
pour un désir
de femme

LES ÉDITIONS
Quebecor
QUEBECOR MEDIA

À Nedjibia

La décision

Il y a quelques semaines, dans la plus stricte intimité, j'ai dit «oui» à José Dagoberto Gomez Giraldo. Pas un «oui» d'amoureuse conquise ni un «oui» complaisant de femme aimante, non, mais un «oui» ferme, consenti, mûr d'expériences, fort du meilleur et du pire, un «oui» inébranlable de personne capable de défier sa nature, prête à risquer sa sécurité pour l'aventure. Un «oui» venant des forces vives de mon être, de si profond en moi que même après l'avoir prononcé avec conviction, il m'a fallu fouiller pour comprendre mes motivations. Il faut dire que j'ai eu de l'aide. Les avertissements, les mises en garde répétées de mon entourage m'ont obligée à réfléchir à mes intentions, à peser le pour et le contre de ma décision, à déceler les raisons pour lesquelles j'ai voulu ce projet insensé, du moins aux yeux des autres.

Cet après-midi encore, dans un ultime effort visant à me convaincre de renoncer au voyage à motocyclette, de Tuluá, dans la Vallée del Cauca, jusqu'à la mer des Caraïbes, les femmes du clan Gomez sont venues chez nous, sachant très bien que mon mari n'y était pas. Elles connaissent son emploi du temps ; tout se sait dans la famille, tant les petites habitudes que les secrets les mieux gardés. Elles savaient donc qu'à cette heure du jour José jouait aux cartes ou aux échecs chez leur frère Rodolfo.

Ainsi, libres de parler à leur aise sans craindre de se faire traiter par lui «d'oiseaux de malheur», elles sont arrivées les unes
après les autres, en l'espace de quinze minutes. Entra d'abord
Joséfina accompagnée de sa fille Evelly, puis Sara et Marta, les
sœurs aînées ; arriva ensuite la cadette, Alicia, ayant délaissé
pour quelques heures son cabinet d'avocate étant donné
l'importance de la situation. Nous nous sommes installées à la
fraîcheur, sur le patio intérieur, en rond. Après les phrases de
politesse, les nouvelles de l'heure, le tout et le rien, le cercle
s'est resserré autour de moi.

Les femmes du clan Gomez ont pris un air sérieux, une posture tendue, penchée vers moi, les sourcils en accent circonflexe, le regard plus concentré que d'habitude, noir, dramatique.
Même les yeux pers de ma belle-mère semblaient plus ombra-
gés. Elles se sont mises à lancer des phrases courtes, rythmées,
intenses. On aurait dit un concert où chaque instrument venait
tantôt accompagner l'autre, tantôt le couvrir. J'entendis une
musique de voix ponctuées de dièses et de bémols. Quelques
notes rondes ressortaient parfois de l'ensemble : «étrangère,
guérillero, séquestrations, précipices, camions lourds, brume,
fatigue » ; quelques accords aussi : «Tu n'y penses pas ? Ils atta-
quent aussi en plein jour. Refuse de partir», et puis des croches :
«glissements de terrain, éboulements de rochers, zones iso-
lées, bris mécaniques ». Je ne répondais rien. À quoi bon ? Nous
étions de part et d'autre aussi convaincues les unes que les autres,
nous restions dans nos positions respectives.

L'ambiance m'atteignait cependant, non pas dans le sens
voulu par les femmes de ma belle-famille. Au contraire, leurs
propos m'aidaient à voir plus clairement encore pourquoi j'en
étais arrivée à désirer «ce voyage d'homme», comme elles le
nommaient. Cette expérience, j'en étais certaine, libérerait
un aspect de moi-même, plus audacieux et plus puissant que
toutes les facettes réunies de mon identité. Bien sûr, je doutais de mes capacités physiques, je craignais les attaques de

guérilleros et les bandits de grands chemins, j'avais peur des bris mécaniques, des hauteurs, des précipices. Je les connaissais, les chemins de la cordillère colombienne. Comment aurais-je pu oublier ces longues heures passées sur un chemin étroit, enroulé tel un lasso sur des pics arides, clouée au siège de l'autobus, prisonnière d'une expédition épouvantablement risquée, dont l'issue dépendait de l'habileté d'un chauffeur et de la fiabilité de son véhicule ? Dix heures à gravir lentement une cime après l'autre et à descendre le long d'autant de ravins, obsédée par la menace de tomber en chute libre... « Comment vais-je réagir ? pensais-je. Est-ce qu'on perd conscience avant d'arriver en bas ? » Je suppliais le Ciel ou ma Destinée de ne pas me laisser mourir aussi tragiquement. Courbe après courbe, je croyais entendre mes cris d'horreur, interminables, le bruit de l'impact en écho et puis plus rien, rien que le vent.

C'est pourtant au bout de cette épreuve, de l'autre côté des montagnes, à Ipiales, que ma perception du danger a changé. Au sortir de l'autobus, je marchais comme une automate, figée, obsédée par des pensées morbides. Mes doigts étaient glacés, je m'en suis rendu compte quand le souffle de José a tenté de les attiédir. Nous avons pris un taxi. J'ai suivi sans rien comprendre des propos du chauffeur, sans demander où nous allions. Dehors, le paysage défilait en douceur. La vue des courbes et des vallons m'apaisait. Je reprenais vie. Ensuite, il y eut des rues, des gens coiffés de chapeaux melon, de ponchos rayés, d'autres vallons et la route bordée de gazon. Plus de précipices, rien que des formes rondes et des carrés de différents tons de vert partout au loin. Je me souviens avoir respiré profondément et m'être affaissée sur la banquette, en sécurité, calmée. C'est alors qu'une vision à tomber à genoux m'a fait me dresser sur mon siège, ouvrir les yeux deux fois plus grands que nature pour la première fois depuis le début du voyage. Jusque-là, j'avais plutôt éprouvé le besoin de les tenir fermés. Là, en contrebas, une cathédrale blanche, construite entre les parois d'une gorge, surplombait une rivière des dizaines de mètres plus bas. J'ai dit :

« José, regarde ! Arrêtons-nous, je t'en supplie ! »

Il souriait, fier de son coup.

« C'est la cathédrale de Las Lajas, sur la rivière Juanambu.

— Arrêtons-nous ! Je veux prendre des photos. »

Le taxi nous mena jusqu'à un mirador. Une vigueur incroyable circulait en moi. L'air frais vivifiait mes sens. Tout, la nature, la terre, la vie, ma propre personne, me semblait différent. Au bout de l'épreuve andine, il y avait donc des gains. José m'a dit :

« Viens, ma chérie !

— Laisse-moi admirer le paysage un moment encore... Je t'en prie.

— Tu ne veux pas voir le spectacle de près ?

— De près ? Pour de vrai ? Maintenant ? Je t'adore ! Quel bonheur ! »

Nous avons roulé jusqu'au village, puis nous sommes descendus à pied vers le site, par un escalier de pierres. J'observais la nature, les parois rocailleuses, humides, partiellement couvertes de végétation. J'admirais la transparence de la lumière jusqu'à la passerelle devant la cathédrale et celle de l'eau vive tout en bas. Je tenais José par le bras, émue jusqu'aux larmes, essayant de lui décrire l'émotion que m'inspirait cette architecture surprenante et cette passerelle solide suspendue dans le vide. « C'est un style gothique », m'a dit José.

Il me venait des mots : liens, alliance, passage, instant divin, chemin de vie, confiance. Il est difficile de cerner une émotion nouvelle. On explore le connu en quête de références, mais seule une petite partie du passé correspond à l'état actuel des choses. Nous sommes entrés dans l'église, où régnait l'odeur de l'encens et des cires allumées. José s'est assis dans la nef, sur un banc de bois brun noir. Son regard explorait le chœur et les vitraux tout autour de l'enceinte.

Il agit toujours ainsi quand il s'attarde dans un lieu saint. Pour ma part, comme je préfère me recueillir dans la nature, je suis sortie pour apprécier l'œuvre dans son ensemble et son rapport avec l'environnement. J'ai découvert de petits miradors. Un pont plus bas encore, entre la colonne sous l'église et la rive, j'ai vu des sentiers, au fond, partant de la rivière. L'humain est génial, parfois, capable de mettre la nature en valeur par ses créations et d'inspirer une élévation de l'âme. Je me suis dit que j'aimerais faire partie de ces gens-là.

«À quoi penses-tu, Jocy?

— Je m'excuse, j'étais distraite. Vous parliez de la cordillère, et ça m'a fait penser à la promesse que je me suis fait sur la passerelle de Las Lajas.

— Une promesse?

— Oui. Après le voyage dans les Andes, au bout de la Colombie, sur la passerelle de Las Lajas, j'ai ramassé une pierre et...

— Une pierre?

— Une pierre symbolisant la partie craintive de mon être, et je l'ai jetée dans le vide. Je regardais sa chute en me disant qu'au moment où elle toucherait l'eau de la rivière, les aspects sacrifiés en moi jailliraient telle une source, libres de s'exprimer à leur gré. Les dangers existent, j'en suis consciente, et je ne mettrai jamais délibérément ma vie en péril, mais je ne laisserai plus des peurs inutiles ni les contraintes imposées par les autres étouffer mon besoin de me réaliser. La partie rigide que j'ai extraite de moi et jetée de la passerelle a libéré une sensualité qui ne me laissera plus me contenter du connu.»

Les femmes de ma belle-famille ne trouvaient rien à dire, certainement pas à cause d'un manque d'arguments au sujet du voyage, mais parce que mes propos les avaient amenées sur un autre terrain, dans le domaine des désirs personnels. Je voyais des points d'interrogation dans leurs yeux, des signes de tête approbateurs, de la tristesse aussi, des regrets peut-être. Le silence dura un moment, un phénomène exception-nel chez les Gomez. Puis, une question d'Evelly me figea à mon tour:

« Est-ce que vous passerez par Calamar ? »

Calamar! C'est là qu'elle est partie, Nedjibia. Là, en bor-dure de la route, à l'aube, en chemin vers notre maison de la côte, à Santa Marta. Josefina sortit son chapelet translucide, des larmes coulèrent sur les joues de Marta. Alicia se leva, prit de l'eau. Moi, je refis du café. La pluie se mit à tambouri-ner sur les plantes du patio et chacune déplaça sa chaise vers le salon, resserrant le cercle, amplifiant l'émotion. Je dis:

« Nous passerons par Calamar. José m'indiquera le lieu exact où il a recueilli votre sœur après l'accident. »

Un ange passa, lentement, longuement. Quand les paroles purent sortir des gorges, j'appris que Nedjibia était heureuse la veille du départ, enthousiaste à l'idée de faire des affaires avec moi, de construire notre boutique d'artisanat dans le jardin du motel familial. Il paraît que ses yeux noirs brillaient comme jamais et qu'elle s'est mise à compter les étoiles, malgré la lé-gende. On dit ici que chaque être humain est représenté par une étoile et qu'il ne faut pas s'aviser de tomber sur elle quand, par imprudence ou inconscience, on se met à les compter. Addi-tionner son étoile signifierait une fin tragique dans les heures suivantes. C'est environ trente-six heures après cette soirée que Nedjibia est morte.

Une coïncidence, sans aucun doute. Il est facile de comprendre cette tendance humaine à imaginer des univers surnaturels pour expliquer des phénomènes étranges. À croire que des puissances occultes seraient responsables de nos malheurs... Il est plus facile de se soumettre à une volonté suprême, à ses effets sur notre condition terrestre, que d'accepter le non-sens des injustices, des catastrophes et l'inévitable fin de notre existence, surtout quand on sait la mort capable de faucher qui que ce soit avant l'heure. Mieux vaut s'efforcer, il me semble, de croire en la vie, celle que nous avons aujourd'hui, si précaire soit-elle, et de nous appuyer sur nos capacités et nos talents pour réaliser nos désirs. Cela nous évite de tomber dans le piège inhibiteur des dangers imaginaires ou dans le gouffre des pensées morbides. Bref, je ne crois pas aux légendes mais quand même, je ne me risquerai pas à compter les étoiles au cas où cette croyance serait basée sur quelque chose de vrai. On ne sait jamais, on ne sait jamais tout.

Un rayon de soleil colora la pluie d'un arc-en-ciel, juste au-dessus des plantes. Le blanc du lys devint étincelant, les gouttes d'eau, rondes, transparentes, perlèrent sur la tige, et j'eus une envie folle de peindre à l'aquarelle. Les femmes de ma belle-famille s'étaient remises à parler, comme de coutume, deux par deux, à tour de rôle ou toutes en même temps. On aurait dit cette fois un ballet de paroles fait de chassés-croisés, de portées et de pointes. L'ambiance me fit penser au soir où j'avais connu Nedjibia, sept ans plus tôt, à l'occasion de mon premier séjour dans la Vallée, peu avant que nous partions du Québec pour nous installer en Colombie. Nous étions chez elle, dans la salle à manger, José et moi. Plusieurs membres de la famille se trouvaient là : Carolina, Alejandro et Juliana les enfants du couple, belle-maman, mes belles-sœurs, leurs maris, Arturo et Rodolfo, les frères de José, des neveux et nièces, Gustavo, Jorge-Alberto, Eloïsa, Esmeralda, Daniel et des enfants de la génération suivante. Un tourbillon de mouvements et de paroles faisait l'aller-retour entre l'appartement où nous étions et celui de ma belle-mère, en face, pendant que rires et dis-cussions résonnaient de partout.

Nedjibia s'est détachée du groupe, s'est attablée devant moi, m'a demandé de lui parler de la neige, des harfangs, des grands espaces du Canada. Je lui ai dit que chez moi, la lumière était bleutée en janvier, que les gens s'encabanaient d'octobre jus-qu'en avril, que nous aimions l'intimité et le silence. Je lui parlai de la renaissance qui suivait, de l'eau qui coule sur les trottoirs en mars, des bourgeons et des lilas de mai, des pivoines de juin, des longues soirées d'été et des couleurs de l'automne. Elle souriait, le regard profond, comme si elle voyait ce que je racontais. José lui demanda de me montrer ses créations. Ré-jouie, elle sortit des objets et des tissus de tous les recoins de la maison. Je vis rayonner sa beauté latine, ses cheveux noirs bouclés et son âme d'artiste.

Un halo jaune ocre se forma autour de la table, donnant aux créations de Nedjibia une valeur extraordinaire. Les pointes de couleur sur les coffrets de bois scintillaient comme des pierres précieuses : rouge rubis, vert émeraude, bleu saphir, jaune or. Les fleurs peintes sur les tissus bordés de dentelles avaient l'aspect soyeux des pétales d'orchidées, de roses et des fleurs de jasmin. J'admirais, ravie, la transparence des vitraux, des porte-bougies et des lanternes. J'explorais des yeux et du bout des doigts les formes de ces trésors, éblouie par l'énergie émanant d'eux. Leurs vertus suggestives m'emportaient. Je voyageais dans la dimension des formes et des couleurs, ins-pirée et heureuse. Étrangement, les créations de Nedjibia me semblaient familières. Mieux, je me voyais travailler le bois, tailler la vitre, dessiner, peindre... J'étais artisane, comme elle, avec elle, et j'aurais juré que les objets exposés devant moi venaient aussi de mes mains. Spontanément, sans réfléchir un instant, je me suis levée, j'ai contourné la table jusqu'à elle, l'ai prise par le bras et lui ai dit : « Nous ferons des affaires en-semble ! »

Des affaires ! Je ne comprends pas. Pourquoi ai-je proposé cette entente ? Je n'ai rien d'une femme d'affaires et si je me passionne pour l'artisanat, je n'ai jamais eu la moindre idée d'en vendre. Je me souviens clairement que mon intention visait à nous réunir, elle et moi, dans un même lieu où nous aurions le plaisir de créer. Avais-je perçu son désir à elle ? Son talent de négociante avait-il pris la voie de mon enthousiasme pour se faire entendre ? Une chose est sûre, entre elle et moi un lien s'est tissé pour ne plus jamais se défaire, et tant que l'une de nous deux vivra sur la terre, notre projet continuera d'exister. J'en ai eu la preuve l'après-midi où, devant les femmes du clan Gomez venues pour tenter de m'empêcher de partir en voyage, l'intention de faire des affaires avec Nedjibia a surgi d'elle-même, encore une fois. Je me suis entendu dire, étonnée par mes propres paroles :

« J'ai une confidence à vous faire.

— Au sujet de Nedjibia ?

— Vous savez, le projet d'atelier d'artisanat n'est pas mort, pour moi. À vrai dire, mis à part le goût de vivre cette aventure avec mon amour, ce voyage est aussi un pèlerinage jusqu'au lieu où la porte s'est ouverte pour elle, sur l'éternité, où des Mains l'ont prise à notre monde. Si l'esprit de Nedjibia rôde à Calamar, j'espère qu'il me dira pourquoi la créativité de votre sœur me parlait aussi fortement et les raisons pour lesquelles elle avait pris ma proposition au sérieux. J'espère qu'il me souf-flera surtout la manière de réaliser le projet. »

Un ange passa, une seconde fois. Joséfina se leva, s'appro-cha de la moto, ouvrit le sac rond installé sur le devant, entre les guidons, y déposa une médaille, revint vers moi, m'embrassa et partit. Alicia retourna au bureau, Sara et Marta à leur famille. Evelly resta un moment, me parla de ses rêves.

* * *

La maisonnée s'est endormie. L'air du ventilateur caresse la peau de José, allongé sur les draps frais, le corps heureux, le cœur en paix. Aucun son n'est émis par Victor, notre fils depuis quatorze ans, depuis que nous l'avons trouvé dans le village près de la mer, alors qu'il vendait ses poissons pêchés tôt le matin. Il devait avoir six ou sept ans et un grand sourire. Terremoto, mon chien-loup, comme je l'appelle en raison de ses oreilles dressées, s'est blotti à mes pieds. La ville est silencieuse. C'est lundi, et chacun se repose des journées de sortie. Pas de musique dans la vingt-sixième rue, ni de bavardage venant du parc en face, ni de ronronnement de moto. Quel bonheur, ce silence ! Quel délice, cette brise, la merveilleuse brise de la Vallée, ma vallée, mon lieu de paix vert et fleuri, mon éternel juillet sur les plantations de canne à sucre, de fruits de la passion, dans les champs de soja, de millet ou de coton ! Cet instant est profond comme l'âme humaine, riche de sentiments, d'espoir et d'émois indéfinissables. C'est magnifique ici. La lumière de la lune, sur le patio, donne aux couleurs des plantes et des choses une teinte argentée. Même la motocyclette étincelle dans l'encadrement de la porte, ronronne presque, me dit de ne pas avoir peur, de savourer ce soir les délices de l'inconnu, puis de profiter du voyage, de m'enivrer sans retenue de la beauté d'horizons incroyables.

Je ne trouve pas le sommeil. En réalité, je ne veux pas m'y abandonner. C'est si excitant de penser à la journée de demain. Comment fait-il pour dormir aussi paisiblement, mon homme ? L'habitude, probablement. Ce n'est pas le premier défi de sa vie ni sa première expérience du genre. Je dirais même qu'il dormirait moins bien si nous ne partions pas au matin. Il était si touchant, après le « oui ». Il n'a pas attendu une journée pour la commander, sa moto. Depuis le temps qu'il ralentissait devant la vitrine de chez Suzuki dans le but de me tenter. Soir après soir, il m'amenait la voir en faisant une touchante moue de frustré. Moi, je riais, l'embrassais, disais : « Tu n'es pas chanceux d'avoir une femme aussi peu compréhensive. » Il savait bien qu'il gagnerait, au bout du compte. Il connaissait mon respect des désirs en général, des siens en particulier, il devinait l'audace latente, propre à mon être, qui se manifeste quand on sait l'apprivoiser.

Ce matin-là, à peine deux heures après le « oui », il s'est rasé, coiffé, en essayant d'aplatir avec de l'eau ses boucles rebelles. Il a mis quelques gouttes de Vétiver de Guerlain, le parfum des grandes occasions, une chemise jaune soleil fraîchement repassée, des pantalons noirs impeccables. Il a ciré ses souliers avec le nécessaire antique de son père et il a dit : « Je reviens pour le dîner. » Cher amour ! Croyait-il vraiment que son intention passerait inaperçue ? Que je ne devinerais pas où il allait ainsi, aussi fringant qu'un adolescent ? Chers hommes, ils sont tous les mêmes, enfin tous ceux que j'ai connus ! Leurs comportements laissent tant d'indices sur eux et dans l'environnement que nous pouvons les suivre à la trace. Mon homme est revenu après l'heure du dîner, un sac de dépliants à la main aussi transparent que lui-même. Il a grignoté le repas laissé pour lui, sans parler de sa démarche. Finalement, il a dit : « Si tu savais combien je t'aime. » Alors, j'ai su que bientôt il ajouterait à ses mots d'amour : « Femme, j'ai une surprise pour toi. »

La phrase vint quelques jours plus tard, quand nous étions en chemin vers la « surprise ». Sachant ce qui m'attendait, j'ai ressenti pour la première fois une impulsion d'aventurière, un courant d'énergie réchauffant mes artères. L'envie de partir s'est imposée plus fortement que la raison. Les dangers, la vie même, presque. La moto du voyage, je l'ai reconnue facilement parmi les autres.

« C'est celle-là !

— Comment sais-tu que j'ai acheté une moto ?

— Tu sais, mon amour, que je lis dans tes pensées.

— Ce n'est pas juste. Je voulais te faire une surprise ! Ne ris pas. Comment as-tu su que c'était celle-là ?

— Elle est comme toi, élégante et un brin dramatique.

— Dramatique ?

— Le contraire de banal, d'ordinaire, de prévisible, autrement dit.

— Attends de la voir avec les sacs et le protecteur de réservoir en cuir noir capitonné que j'ai fait faire sur mesure !

— Tu mettras des franges au bout des poignées ?

— Bien sûr !

— Elle est tentante, ta moto.

— Assieds-toi.

— Maintenant ? Ici, dans la salle de montre ? Je préfère attendre qu'elle soit chez nous.

— Assieds-toi, femme, là, tout de suite. C'est maintenant que l'aventure commence. Alors ?

— Je me sens à ma place. Mon bel amour, si tu me proposais de partir sur-le-champ, sans rodage ni bagage, je te suivrais au bout du monde !

— Commençons par le bout de la Colombie ! Merci, ma beauté, merci d'être ma femme ! »

Qui pourrait m'empêcher de partir maintenant ? Quels dangers, quels avertissements peuvent se mesurer à la puissance de mon désir ? Comment pourrais-je me priver d'une aventure passionnante auprès d'un homme ? Le mien, par surcroît ? Demain, il m'emmènera rouler dans l'été, sur la ligne entre le vert et le bleu. J'aurai quinze ans, comme chaque fois que nous partons en balade. Mieux, je n'aurai plus d'âge, je serai avec lui dans l'éternité de l'instant. Bien installée entre le coussin du dossier et le dos de mon cavalier, sans la responsabilité de conduire, le monde m'appartiendra ; je m'y promènerai le corps léger, le nez au ciel, des rêves plein la tête. Quelle peur serait assez forte pour me priver de cette union physique qui nous liera l'un à l'autre dans le plaisir de vivre à notre mesure ? Bien sûr que j'irai, mon bel amour, par monts et par vaux, à mille deux cents kilomètres d'ici ! Je te fais confiance, tout autant que tu crois en ma capacité de supporter ce voyage !

Mes capacités ! Voilà une autre de mes motivations. J'ai voulu affronter les défis de la cordillère sur des kilomètres, subir la chaleur du plein soleil tropical, en sachant que toute expérience différente, exigeante, met au jour des aspects de nous-mêmes, des forces insoupçonnées. Cela ouvre l'esprit, affine la perception, suggère d'autres activités, laisse entrer de l'air frais à l'intérieur. J'ai besoin d'un virage, maintenant que la retraite m'a redonné temps et espace, comme avant la vie imposée, la performance obligée et le devoir accompli. J'ai aimé la profession de psychologue, ce don de soi intégral, ces rencontres où la pensée invente des stratégies de mieux-être, où l'âme s'éprend du potentiel en chacun, devient compatissante, aidante. Je serai toujours là pour qui aura besoin de moi et ravie de voir des personnalités s'épanouir au grand jour. Cependant, j'ai besoin de concret, de fantaisie et de partage.

Fantaisie, partage ! Il est facile de comprendre pourquoi le projet d'artisanat a surgi au cours des échanges de cet après-midi. Ce plaisir sacrifié au travail, à la sécurité vient réclamer ses droits, répond à mon désir d'une occupation concrète. Le besoin de créer, de travailler les tissus, d'harmoniser les couleurs, de peindre des surfaces serait-il donc pour moi plus qu'un divertissement ? Pourquoi es-tu partie si vite, Nedjibia ? Avec toi, j'aurais su comment devenir une artisane, comment réussir ce projet qui émerge de moi encore et encore. Si je refais le parcours de la Vallée jusqu'à la mer, comme tu l'as fait en transportant dans ton sac tes dentelles et tes pinceaux, m'aideras-tu à mettre au jour notre projet? Mon âme sœur, ma complice, si je me recueille à l'endroit où tu as pris le large, si je fais silence, te feras-tu entendre? Me diras-tu au moins par quel moyen nous aurions pu faire des affaires ensemble?

Étrange! Je n'avais jamais remarqué ces deux étoiles noires dans le halo de la lune. Cela doit être ma vue, des dépôts de protéines que l'âge a déposés sur la rétine... Je dois être fatiguée... Franchement, je ferais mieux d'aller m'allonger près de mon homme, de mettre le nez dans son cou, de respirer à son rythme jusqu'à le rejoindre dans le sommeil.

Jour 1

Tuluá

5 août 2001

« Un jus d'orange, ma beauté ?

— C'est l'heure ? Tu es déjà tout habillé ?

— Aussitôt levé, aussitôt prêt, tu me connais ! Mais ne t'en fais pas, prends ton temps.

— Je me lève tout de suite. Je boirai le jus près de la fenêtre. Je veux voir le ciel devenir bleu royal. Pour moi, ce sera le signe du départ.

— Bleu royal ?

— Tu n'as jamais remarqué ? C'est la couleur du ciel juste avant les lueurs de l'aube, "la barre du jour", comme disaient les anciens chez nous. Viens voir, mon amour ! Le ciel est déjà moins noir.

— Je n'avais jamais remarqué le bleu royal, moi qui ai pourtant si souvent passé la nuit dehors.

— La nuit dehors, et tu n'as pas vu le ciel ? On se demande bien pourquoi !

— Ne critique pas ton amour, femme. Qu'est-ce que tu veux pour déjeuner, ma vie ? Ma vie ! Ce matin, je t'aime plus que jamais !

— Tu es heureux de partir avec moi ?

— Heureux ? Je flotte ! Mieux, je vole !

— Moi, je monterai sur tes ailes, en toute confiance. C'est ça le plus beau. J'ai une proposition à te faire. Déjeunons en chemin vers huit heures, comme d'habitude. Comme ça, j'aurai une pause assurée d'avance. Pour l'instant, je ne prendrai qu'un café, question d'ajuster les yeux avec les orbites. Un seul café. Je ne veux pas me remplir la vessie.

— Comme tu voudras, ma beauté. Je t'ai promis de respecter ton rythme et tes désirs.

— Tous mes désirs ?

— Tous tes désirs, et plus encore.

— Intéressant ! En attendant que tu honores tes promesses, faisons une petite révision. La valise des vêtements pour le froid est bien fixée au porte-bagages ?

— Depuis hier.

— Les imperméables sont dans les sacs de cuir, et les outils dans le petit sac rond sur le devant de la moto. Tu as les papiers d'identification, l'argent, les permis ?

— J'ai tout vérifié ce matin. Ma belle, as-tu prévu un foulard pour te couvrir le visage comme je t'ai dit ? Il faudra absolument te protéger, surtout quand nous arriverons à Caucasia. Sinon, tu vas te brûler. Ne souris pas, c'est très sérieux. On oublie le soleil à cause du vent, mais je te jure que c'est dangereux.

— Oui, José, tu me l'as dit plusieurs fois. Regarde mes vêtements sur le fauteuil berçant. Fouille et tu trouveras mon foulard d'Égypte. »

Le foulard d'Égypte! Le premier cadeau de mon amour, celui d'avant les aveux, la vie à deux. José était en voyage avec des amis depuis quelques semaines. Un matin, il s'était échappé du groupe, des activités organisées, pour aller fureter librement dans les rues d'Assouan. Les couleurs d'une boutique ont attiré son attention, particulièrement les nuances de foulards bordés de fils d'or. Il a choisi le plus tendre, le plus joyeux, celui aux carrés pêche rosé, rouge orangé, jaune soleil et vert feuille. «C'est pour elle, s'est-il dit comme il me l'a raconté plus tard, elle est si belle. » Le foulard d'Égypte ne me quitte jamais. Il fait partie de tous mes voyages, de toutes mes demeures. C'est mon objet fétiche, mon symbole de liberté, de joie aussi. L'emblème de la créativité, du potentiel de l'être, celui aussi de l'amour romantique, de lui et moi entremêlés dans une harmonie de couleurs douces et brillantes.

«Ça y est, mon bel amour!

— Qu'est-ce qui y est?

— Le ciel est bleu royal, c'est le temps de partir. Sors la moto! Dans cinq minutes, je serai dehors. Il faut réveiller Victor. Il voulait nous saluer à notre départ.

— Parfait! Nous aurons un peu d'avance sur notre horaire. Je suis content. Que je suis content! »

* * *

«Quel look as-tu, mon homme! Tu m'impressionnes! Tout en noir, en cuir, des bottes jusqu'au foulard de tête, y compris les pantalons et les gants. Une seule petite touche de rouge, dans le cou, sur ton carré de tissu préféré. Ça fait vingt-deux ans que je le vois régulièrement sur toi.

— Je te plais ?

— Si tu me plais ? Je te suivrais bien plus loin qu'au bout de la Colombie, tu le sais !

— Jusqu'où, ma beauté ?

— Jusqu'au bout de nos vies ! J'ai honte devant toi. Regarde-moi ! J'ai pensé au confort, au côté pratique, mais j'ai oublié le style. Le style, ce n'est pas mon genre, on dirait.

— J'aurais aimé que tu portes des jeans et des bottes de cuir, surtout pour la sécurité. Le danger, à moto, c'est de glisser sur le côté. Les pantalons que tu portes ne résisteraient pas à une chute, et tes souliers de toile ne te protégeront pas des cailloux lancés par les pneus des camions, par exemple. Avec la vitesse, même une petite pierre peut faire beaucoup de mal. Mais tu n'as pas voulu, femme.

— Je déteste les jeans. Les coutures serrent la taille, l'entre-jambe. Tu as vu ma posture ? J'ai besoin de vêtements souples, élastiques. Quant aux bottes, je n'ai jamais pu supporter d'avoir chaud aux pieds, même en hiver, tu le sais.

— Voilà !

— Je trouverai un compromis entre la sécurité et le confort la prochaine fois. Tout ne peut pas être parfait du premier coup. Regarde, Terremoto ! Pauvre chien ! Il sait que nous partons.

— Bientôt, nous ne serons plus dans son présent. Ne t'en fais pas, il nous oubliera jusqu'à ce que nous soyons à nouveau dans son présent. »

C'est ce qu'il veut croire pour ne pas trop souffrir de le laisser à la maison. Il sait bien que les chiens peuvent mourir d'ennui. Quand nous partons, Terremoto cherche notre odeur dans la chambre, partout dans la maison, mon beau-frère Arturo me l'a dit. À chaque retour de nos voyages, je le trouve amaigri, le poil terne et moins fourni. Victor est là, mais c'est avec moi que le chien passe toute la journée. Malheureusement, le bonheur est souvent au prix de quelqu'un ou de quelque chose.

«Tu sais quoi faire, mon fils. Ne donne pas de crédit, ne mets pas de musique à boire. Je ne veux pas d'ivrognes dans mon bar. Pegaso est un endroit charmant, bien tenu, élégant, pour les amoureux ou les personnes qui savent apprécier les bonnes ambiances. Il faut mettre les prix et choisir la musique en conséquence. Je te fais confiance, mon garçon.

— Je sais, papa, je sais, ne t'en fais pas. Bon voyage, surtout à toi, Jocy! Bon courage!

— Au revoir, Victor! Va te recoucher, tu as la soirée de travail d'hier dans les yeux. Merci d'être là!

— Bonne chance à vous deux sur la route!»

Nous partons enfin! Nous partons comme des mariés après la noce, seuls, pour le plus beau voyage de leur vie. Nous détournons le regard de la maison, nous nous éloignons, portés par le ronronnement du moteur. Nous partons lui et moi, unis dans ce présent, saluant une dernière fois Victor de la main en tournant le coin du parc Principe. L'état d'esprit des minutes précédant cet instant est déjà derrière nous.

Tuluá est encore endormie. Les fenêtres des maisons sont closes même si la lumière de quelques demeures montre que la journée a commencé pour certains. Nous passons devant notre Pegaso sur le coin de l'avenue Cali, traversons la rivière par le pont Nuevo et le quartier Fatima, et nous voilà sur la grande route. José a tourné la poignée de l'accélérateur et nous filons déjà à quatre-vingt-dix kilomètres à l'heure vers le jour qui se lève devant nous.

Tuluá – Santa Rosa de Cabal

C'est frais en s'il vous plaît, le petit matin de la Vallée ! J'aurais dû apporter un foulard de laine, acheter un blouson de cuir, porter un jean. José avait raison, ce serait nécessaire pour couper le vent. Ce vent froid du petit matin s'insinue dans l'encolure et l'ouverture des manches, il s'introduit partout. Je suis glacée, j'ai le bout des doigts gelés, les poils du corps dressés. Je n'ose ni bouger ni me plaindre à lui, je suis figée. Bon sang ! Comment supporterais-je le froid des montagnes ? Vivement que le soleil se lève, que la chaleur me redonne mon ardeur de tout à l'heure ! Si j'ai maintenant les yeux en face des orbites, mon esprit d'aventurière ne s'est pas encore réveillé dans mon corps. Je le sens si fragile, tout tremblotant. J'ai mal au ventre, au cœur. J'ai faim, je retournerais au petit coin. J'ai peur d'avoir une entérite. Qu'est-ce que je devrais faire ? Je ne vais tout de même pas remettre le voyage en question, freiner José dans son élan. Je me connais, je ne me pardonnerais pas d'avoir renoncé à l'aventure dès le départ, et ce, par pure lâcheté.

« Pense à autre chose, maman », me dirait Jef, mon fils, qui a tant voyagé. Penser à autre chose ! À quoi, par exemple ? À la Vallée, peut-être ! Oui, c'est ça, je vais penser à la Vallée. Ici, je n'ai rien à craindre, nous sommes en terrain plat et connu. Bientôt, très bientôt, il fera bon. Dans une heure environ, à Cartago, je dirai qu'il fait chaud, comme chaque fois que nous passons par là. José dira pour la centième fois : « Ici, c'est toujours étouffant. La ville est dans une chaudière de laquelle l'air brûlant ne s'échappe jamais. » On dirait que ça aide de penser à autre chose. Allons-y donc avec des images plaisantes : je vais penser à la couleur du ciel. Le ciel ! J'aime les ciels, d'habitude. Je les dessine à toute heure du jour pour mieux saisir leurs nuances. Tiens, le soleil s'est levé. Je n'avais pas remarqué. Où sommes-nous au fait ? Près de la Victoria. Mon Dieu, dans quel état étais-je donc ? Je n'ai pas vu le clocher d'Andalucia, que j'admire habituellement chaque fois que l'on passe devant, ni les fleurs mauves des *gualandayes*, à l'entrée de Bugalagrande. Vraiment, j'ai moins mal au ventre, moins froid aussi. Nous sommes près du restaurant El Carretillero, où nous nous arrêtons d'habitude quand nous nous baladons dans la Vallée.

J'apprécierais bien une petite pause, mais je ne dis rien, c'est trop tôt. Et puis, je commence à dominer mon état. Il vaut mieux continuer comme prévu. Femme, respecte l'entente avec ton homme. Attends qu'il soit huit heures pour prendre la pause. Mon homme ! Je l'entends penser, il se dit : « J'espère qu'elle ne me demandera pas d'arrêter, je la sens tendue. Je la respecterai s'il le faut, mais ce serait mieux qu'elle résiste un peu. Elle ne dit rien, tant mieux. Je continue. » J'ai senti son hésitation par un petit mouvement de la tête vers moi et une légère retenue dans le contrôle de l'accélération. Je n'avais jamais perçu, consciemment du moins, à quel point son corps me parle quand nous sommes ainsi, si près l'un de l'autre. C'est d'ailleurs la première fois, depuis le début du voyage, que je nous sens enfin complices. Je réalise que si nous sommes deux à vivre cette aventure, nous étions jusqu'à présent chacun dans notre petit monde, occupés à gérer nos états d'âme et nos défis respectifs.

Lui, je sais qu'il veut gagner du temps. Il porte la responsabilité du voyage, c'est-à-dire le défi de la conduite. Il doit aussi respecter certaines étapes dans le but de trouver un gîte avant la nuit. Il se préoccupe certainement des réactions que je pourrais avoir, des imprévus qui pourraient survenir. De plus, toutes les mises en garde de son entourage doivent certainement lui trotter dans la tête, les prédictions des « oiseaux de malheur » réussissent toujours à ébranler les gens, même les plus coriaces. C'est lui qui porte le fardeau principal de l'aventure, lui qui sait ce qui nous attend et comment nous devons agir pour rester en sécurité, tant sur la route que dans le pays. Pour ma part, j'ai le mandat de dominer mes craintes et de supporter le voyage sur le plan de l'exigence physique... L'exigence physique! À ce chapitre, je n'ai jamais eu une grande estime de moi. Lorsque j'étais enfant, l'asthme m'empêchait de courir et de grimper aux arbres comme les autres, tous des garçons à part mon amie Susie. Il faut dire que ça faisait mon affaire puisque ma personnalité me poussait vers les travaux manuels. Mes frères, leurs amis et même Susie s'adonnaient aux jeux préférés des garçons, des jeux de balles, de cow-boys et d'aventures. Je les suivais parfois dans l'exploration du voisinage, des ruelles et des recoins interdits, mais je condamnais leurs jeux de prisonniers et de torture. José me serre la cuisse. Il ne changerait de place avec personne. Il sait que je veux continuer, que je ferai ce qu'il faut. Il connaît ma vaillance et mes capacités, souvent mieux que moi-même. Il croit surtout au pouvoir de l'esprit. Le problème, c'est que son pouvoir à lui est nettement plus puissant que le mien. Cher homme!

Nous nous sommes connus à la fin de la trentaine et nous avons vécu la passion, le grand amour. Mais notre folle jeunesse était déjà derrière nous, tout comme le sentiment d'être éternels, et nous n'avons pas pu concevoir un enfant ensemble. Tout a joué contre nous, le temps, nos cultures, nos identités, et nous avons payé cher la volonté de lier nos destinées. Je me souviendrai toujours de sa détresse ce jour-là. Il faisait sombre et froid. La pluie de novembre s'infiltrait dans le cou par le col du manteau et dans les bottes les plus étanches. Je revenais du travail fatiguée, mais avec la hâte de me blottir dans ses bras, de mettre le nez dans son cou. Du coin de la rue, je l'ai vu assis sur une marche du grand escalier de chez nous, rue Hutchison, à Montréal. Il avait la tête baissée, les mains jointes. Quand il m'a vue, il s'est levé, a bombé le torse, a souri et, l'expression digne, m'a dit:

« Bonjour, chérie ! Ça va ?

— Qu'est-ce que tu fais dehors, mon bel amour ?

— J'ai oublié mes clés.

— Mon Dieu ! Tu as les mains rougies et tu trembles. Entre vite !

— Ce n'est rien, ne te préoccupe pas de moi, je vais bien.

— Comment s'est passée ta journée ? La vente des blouses importées ? »

Quelle question ! Mal, bien entendu. Les boutiques raffinées ont leurs fournisseurs attitrés. Il arrivait de nulle part, sans recommandations, parlait avec un accent difficile à comprendre pour certaines oreilles fermées. Pas de chance, pas de faveur pour les êtres différents. Avant le commerce des blouses, il y avait eu celui des bilboquets. Il avait même voyagé en Colombie pour faire couler le moule en acier. Ma mère avait dit : « Je lui souhaite bonne chance, mais les enfants d'aujourd'hui aiment mieux l'électronique. » Le moule est revenu en Colombie dans le conteneur avec le ménage, et j'époussette chaque semaine les boîtes de bilboquets empilées dans le garage.

La petite entreprise au Québec n'est pas une mince affaire, et il faut de l'argent avant de pouvoir en faire. Il faut payer des permis à tous les niveaux d'implantation et beaucoup de publicité. La compétition est féroce. De nouveaux besoins sont suggérés régulièrement aux consommateurs devenus insatiables, manipulés par les instances intéressées à leurs sous. Mis à part quelques exceptions, les négociants de quartier faisant partie de la culture locale, par exemple, les grandes entreprises dominent le marché. L'option gagnante, c'est travailler pour ces mégasystèmes en acceptant soumission et conformité. Il aurait accepté n'importe quoi, mon homme, tant il avait besoin de travailler, de faire partie de la société. Malheureusement, « il n'avait pas le profil », disaient-ils : trop de compétences mais pas assez d'expérience du marché, ou trop d'expérience pour les exigences de l'emploi. Ou encore, les mains trop douces pour la tâche, trop âgé et ne parlant pas assez français. Bref, n'importe quoi, mais jamais ce qu'il fallait. Tout ce qu'il a fabriqué au Québec, ce sont des ulcères d'estomac. Combien de fois ai-je eu envie de dire : « Sauvons-nous loin d'ici au chaud, dans ton pays ! » Dès que la retraite a été possible, nous avons plié bagage, pris le ménage et nous nous sommes installés au chaud, là où la petite entreprise peut encore avoir sa dignité.

Ce voyage, c'est notre vengeance pour la jeunesse que nous n'avons pas pu vivre ensemble, notre indépendance face aux systèmes bien-pensants, bien organisés, c'est le dépassement de mes limites physiques, le fruit de nos personnalités, la victoire de l'enthousiasme. Je m'interdis d'avoir peur. Je veux ce voyage et je peux le vivre avec lui.

* * *

Voici le pont sur la rivière La Vieja, entre la Vallée del Cauca et le département de Risaralda, puis la montée vers Pereira.

« La moto ne force pas trop, n'est-ce pas, José ?

— Aucun problème, elle va nous monter jusqu'à Medellin, j'en ai la preuve maintenant.

— Tu en doutais ?

— Non, mais c'est rassurant. »

Il n'en doutait pas, mais il est rassuré. Belle logique ! Ce que je comprends, c'est qu'il ne pouvait pas évaluer la performance réelle de la moto dans les côtes mais qu'il était certain de pouvoir composer avec elle. Autrement dit, ce n'est pas tant à la moto qu'il faisait confiance qu'à lui-même. C'est cela le pouvoir de son esprit.

«Tu veux arrêter ici, ma beauté ?

— Franchement, oui. Oui.»

* * *

«Ouf! Que c'est bon de s'étirer les jambes!

— Tu peux les étirer même quand on est en marche, si tu veux.

— Je n'oserais jamais! À moins que tu ne ralentisses pour me donner la chance d'essayer.»

* * *

«J'avais faim! Réalises-tu que nous n'avons pas déjeuné?

— Il n'est que huit heures, ma beauté.

— Oui, mais ça fait longtemps que nous sommes partis... Un siècle. C'était dans une autre vie! Je n'arrive pas à croire que nous faisons ce voyage, que nous sommes "dedans". Je me souviendrai toujours de tes paroles à notre premier rendez-vous. Tu m'invitais à te suivre dans ton pays en me suppliant: "Dis oui! Il suffit de dire oui pour que le rêve se réalise!" Nous étions assis sur le tapis, les cheveux décoiffés, unis dans l'ambiance exotique de nos parfums mélangés et des noms que tu évoquais. Tu avais ouvert la carte de la Colombie et, en étalant l'index, le majeur et l'annulaire, tu m'expliquais la position des cordillères; l'occidentale, la centrale et l'orientale. Tu avais ajouté: "Entre l'orientale et la centrale, il y a la Vallée del Cauca. Toro, où je suis né, et Tuluá, où vivent maintenant la plupart des membres de ma famille. Là, sur la côte des Caraïbes, entre la mer et la Sierra Nevada de Santa Marta, il y a ma maison. C'est si beau, mon pays! Dis oui! Dis que tu viendras!"

— Tu as dit oui, ma vie.

— J'ai dit oui dans le désir, tout en sachant que la réalité m'empêcherait d'agir à ce moment-là, que nous avions tous les deux une vie à défaire avant de pouvoir inventer la nôtre.

— Le désir, c'est comme une petite flamme : si on l'alimente...

— Je sais, elle peut faire un bon feu.

— Tu es si belle... Si tu te voyais ! Si belle quand tu me souris ainsi.

— C'est toi qui me fais belle, mon si tendre amour. »

* * *

« Tu es prête, ma chérie ? Il faudrait ajouter du bois à la flamme si nous voulons dormir au chaud ce soir.

— Tu as raison, mon amour, veillons au feu. Du courage ! »

* * *

José n'est pas encore dans le plaisir du voyage. Il ne sent pas les odeurs, n'admire pas les paysages, les coins charmants, il ne pense pas aux pauses que nous pourrions nous offrir. Il est concentré sur l'effort à fournir. Il avance, inébranlable, les muscles tendus, l'œil vigilant, les réflexes sensibles, les gestes précis sous l'effet de l'adrénaline. Tiens, c'est peut-être ça, son plaisir à lui. Son rêve à lui. C'est peut-être pour cette sensation que lui et les autres de son sexe adorent la vitesse, les sports violents, les films d'action. Qu'ils se cherchent des buts, se lancent des défis, rivalisent même quand il n'y a personne pour leur donner la réplique. Moi qui ai toujours vécu entourée d'hommes, j'ai su très tôt que leur nature trouvait une satisfaction dans des activités peu intéressantes, à mon sens. Ce voyage me donnera peut-être l'occasion de mieux comprendre son plaisir à lui et, qui sait, de l'apprécier un peu.

Voici la fameuse côte à courbes en «ronds carrés» et en pentes à pic vers Santa Rosa de Cabal.

«Est-ce que c'est, comme ça, la côte vers Medellin?

— C'est différent. Plus long mais moins anguleux. Ne t'en fais pas, chérie.

— Je ne m'en fais pas, je demande. Attention au cycliste, il s'est accroché au camion.

— Quel couillon! Il est en plein chemin.»

Mon Dieu, José va doubler à droite. Non, je t'en prie, mon amour! Non, pas du côté du précipice! Attention! Le cycliste! Il tombe sur nous!

«Attention!»

Ouf! L'homme a pu se mettre de côté. Il a eu peur. Moi aussi. Si c'est ça, l'adrénaline, merci beaucoup, pas pour moi!

«Je l'avais vu, mais il fallait que j'avance, une auto venait derrière nous. Je ne pouvais pas non plus doubler à gauche à cause de la circulation.

— Tu pouvais ralentir, non?

— Difficilement. Je perdais trop de vitesse. C'est passé, ma chérie, on arrive en haut.

— Descends doucement de l'autre côté, je t'en supplie, laisse-moi le temps de récupérer, mon cœur bat comme un petit cochon dans une poche.

— Comme quoi?

— Laisse faire, José, je t'expliquerai... C'est une expression de ma grand-mère. Regarde en avant, fais-moi cette faveur.»

Au moins, je suis fière de ma réaction. Malgré la tension, je suis restée calme et souple. J'ai su éviter un contrepoids, mon corps a suivi les mouvements de José. J'étais attentive à ses réactions tout autant qu'à la situation. Je n'ai parlé qu'au moment où José a détourné les yeux du cycliste pour amorcer la courbe et la montée suivante. Mon avertissement lui a permis d'éviter la chute. C'est maintenant que je tremble. Dans le feu de l'action, j'ai agi froidement, il me semble. Une question de survie, certainement. Une réaction de l'organisme. C'est rassurant. Malgré tout, j'espère que nous n'aurons pas à vivre d'autres situations de ce genre. Maintenant que je connais ma valeur, je ne ressens aucunement le besoin de l'éprouver davantage.

Nous sommes si près des eaux thermales. Ne serait-il pas merveilleux de passer la nuit ici? Nous pourrions partir tôt demain matin, rien ne nous presse. Est-ce que je lui propose l'idée? Non, je sais, ça n'a pas de sens. Je n'en ai pas envie de toute façon. Ce n'est qu'un prétexte pour ne pas affronter le défi qui s'approche. J'ai beau vouloir ce voyage et vanter les mérites du dépassement personnel, les fantômes ne meurent jamais; ils ne dorment que d'un œil. Il suffit d'avoir les sourcils en accent circonflexe, un petit doute, une interrogation, et les voilà qu'ils se pointent en mauvais conseillers rien que pour nous terrifier. Allons, du courage, fais comme ton homme, femme, apprends à dominer ton corps et tes émotions, développe le pouvoir de ton esprit! Ne crains rien avant que le danger se présente, s'il se présente, car ce n'est pas sûr qu'il y aura du danger.

Santa Rosa de Cabal – La Pintada

«Nous sommes maintenant dans le département de Caldas.

— C'est ici que le voyage commence pour moi, puisque j'entre dans un territoire qui m'est inconnu.

— Je te propose de rouler jusqu'à La Pintada, près du département d'Antioquia. Là, nous pourrons nous arrêter pour dîner.

— Vers quelle heure ?

— Vers onze heures trente ou midi. »

C'est beau par ici ! Vert comme dans la Vallée, mais d'une teinte un peu plus soutenue. Et c'est plus vallonné.

« José, où est l'embranchement pour l'autoroute ?

— Nous y sommes, sur l'autoroute, ma chérie.

— Ah ! »

L'autoroute, ça ? Un étroit chemin de campagne à double sens, bordé d'arbres d'un côté et de la rivière de l'autre. Ce n'est pas ce que j'appelle une autoroute.

« C'est le Cauca ?

— Le fleuve Cauca, oui, ma beauté. C'est comme ça jusqu'à La Pintada. Remplis-toi les yeux, regarde ma Colombie ! N'est-ce pas magnifique ? C'est le plus beau cadeau que je puisse t'offrir ! »

Le plus beau cadeau, c'est lui, son amour, sa joie de vivre et son bras levé pour me montrer les merveilles de sa Colombie. C'est vrai qu'il est magnifique, son pays, avec ses vallons, ses plantations de caféiers à flanc de colline, ses rondes fleurs blanches et ses feuilles soyeuses... Les plantations sont toujours imposantes. J'y vois un hommage à l'union, l'homme et la nature se rendant service réciproquement, l'un fructifiant l'autre. On dirait une balade au Québec en mai, le dimanche, dans les vergers en fleurs. Parfois, subtilement, je sens l'odeur de chez moi, de l'été, des vacances, quand nous nous roulions, mes frères, Susie et moi dans les tas de gazon fraîchement coupé. L'odeur de la jeunesse, le son des rires et de nos bicyclettes sur le trottoir... La mienne était bleue avec un panier

blanc à l'avant. Mon père tenait le siège quand je me suis lancée la première fois sans les roues d'apprentissage. Il n'a pas
fallu longtemps pour qu'il se mette à courir derrière moi! Sur
la photo de l'événement, j'avais un grand sourire, probablement
comme maintenant.

« Que me vaut cette caresse ?

— Merci, José !

— Merci pourquoi ?

— Pour l'été. »

Il est fascinant de voir de quelle façon les données prennent place dans la mémoire. Elles se classent par associations,
à partir de perceptions. Ce que je ressens aujourd'hui ouvre le
tiroir de sensations anciennes et, plus tard, à un autre âge,
dans un autre lieu, des éléments extérieurs me rappelleront
les émotions et les plaisirs du présent voyage. Le paysage est
le même pour tout le monde, mais les détails qui attirent notre
attention, comme le fond de l'air ou la couleur du ciel, nous
rappellent des parties de notre propre histoire ; ils nous parlent de nous, de nos souvenirs, de nos rêves, de nos peurs
aussi.

La peur, actuellement, n'a aucune prise sur moi. Elle n'en
aura pas d'ici La Pintada. Les courbes sont trop provocantes,
et puis j'ai ma technique : je me colle au corps de José en me
fiant à la carrure de ses épaules, je penche le corps vers l'avant
et j'incline légèrement la tête du côté où nous devons tourner.
J'entre ainsi dans la dynamique du virage, en parfaite harmonie avec lui. Je recommencerais encore et encore. Tant mieux
pour moi, car nous en avons pour deux heures, m'a-t-il dit. Quel
bonheur !

José est heureux maintenant, je le sens, et doublement parce
qu'il sait mon bonheur. De temps en temps, il me regarde dans

le rétroviseur. Je vois la moitié de son visage, la commissure de ses lèvres. Elle retrousse légèrement. Il n'y a pas homme plus comblé que lui en ce moment. Un peu moins sous l'effet de l'adrénaline, un peu plus dans le vent. J'aimerais juste qu'il s'arrête quelques instants pour que nous puissions échanger un peu, avoir le temps d'intégrer le présent et de recevoir le flot de souvenirs que transporte l'aventure. Tout défile si vite! Je pourrais prétexter la soif ou l'envie d'uriner, mais je n'obtiendrais pas ce que je cherche, je ne trouverais pas des yeux accueillants ni une oreille attentive, et mes commentaires tomberaient dans le vide. Je ne réussirais qu'à lui donner envie de repartir. Je préfère rester silencieuse, dans l'élan, avec lui.

Je me demande... Y aurait-il quelque chose d'autre à voir ou à vivre si on ne s'arrêtait pas aux détails? Si on laissait les sensations nous atteindre sans essayer d'en retenir une en particulier, sans tenter de faire des liens entre le passé et l'expérience du moment? Y aurait-il quelque chose d'autre à vivre si on ne cherchait pas à mémoriser les beautés du paysage et si on laissait les sens capter et emmagasiner les souvenirs à leur gré? Est-ce que ce serait ça, son secret? Le fait de rouler pendant des heures donne-t-il accès à une autre perspective de l'extérieur? De l'intérieur également? José m'a parlé un jour de «pensées qui coulent comme l'eau de rivière, de lévitation». Et si j'essayais sa manière pendant que j'y suis bien disposée?

* * *

Nous approchons de La Pintada! Plus que dix kilomètres selon le panneau de signalisation. Je suis heureuse, j'ai réussi ce que je voulais. Je ne ressens ni faim ni soif, ni peur ni fatigue. Je m'élève, me désincarne, me transforme. Je suis ce que je vois: la nature, la couleur des fleurs, l'odeur de la vie. Je suis la forme des courbes, le velouté des feuilles, le vent. Le vent, surtout. Le vent! On dirait que ça sent le brûlé. On dirait l'odeur... l'odeur du danger.

« Qu'est-ce qui se passe, José, il y a des hommes armés ?

— Des militaires.

— Il doit y avoir eu un feu, peut-être un attentat.

— Je vais demander. »

                              * * *

« Alors ?

— Il paraît que les guérilleros ont attaqué une station de police, il y a une heure environ.

— Il y a des blessés, des morts ?

— Non, non.

— Qu'y a-t-il de mieux à faire ? Devrions-nous rebrousser chemin ?

— Rebrousser chemin ! Pourquoi faire, femme ?

— Pourquoi faire ? Tu parles d'une question. Il me semble que c'est évident.

— Voyons, ma belle, les guérilleros sont loin déjà. Et puis, nous arrivons à La Pintada, nous allons dîner. Il faut dîner, n'est-ce pas ? »

Dîner ! Mon homme dit que j'apprécierai leurs poissons, que c'est leur spécialité. À vrai dire, je ne ressens plus rien. Il y a quelques minutes, j'aurais dit que c'était à cause de l'expérience, celle de regarder sans penser, à cause du sentiment de liberté. Maintenant, je suis figée. Le danger a noirci mon état d'âme, a fait retomber mes deux pieds bien à plat sur terre.

«Comment trouves-tu le poisson?

— Bon, très bon, mais franchement, j'aimais mieux la cuisine du Pez Gordo, quand vous aviez le restaurant sur la plage du Rodadero. C'était peut-être l'ambiance, le bord de mer, mais le poisson était plus tendre, succulent.

— Les cuisiniers, ma chérie! Les cuisiniers!

— C'est vrai, les trois frères, Alonzo, Arturo et toi, vous êtes incomparables, je le reconnais. Le raffinement des recettes, la petite épice qu'il faut, la cuisson adéquate. C'est dommage que la situation du pays ait éloigné les touristes.

— Ne me fais pas penser à ça. Ça me fait suer!

— Qu'est-ce qui te fait suer? La situation du pays ou le fait que vous ayez été obligés de fermer le commerce?

— Les deux! *Pouta* de violence!

— Ne t'en fais pas, mon amour. Allons-y à la Côte, nous pourrons peut-être améliorer quelque chose. Qui sait, peut-être trouverons-nous une issue intéressante?

— Tu es prête?

— Prête.»

La voilà, la fameuse cordillère centrale! Rien que sa vue me fout la trouille. Je sens mon cœur qui bat, j'ai mal au ventre. Maudit, je ne pensais pas que ce malaise reviendrait!

«C'est maintenant que nous allons monter?

— Oui, ma beauté.

— Tu n'as pas peur, toi?

— Je n'ai pas le temps d'avoir peur, c'est moi qui conduis.

— Du courage! Du courage!»

La Pintada – Alto de Minas

Le courage! Il ne vient pas sur demande! On dirait même que c'est pire: plus on le sollicite, plus on a peur. C'est plus aidant d'avouer son état de faiblesse, carrément. J'ai peur. Voilà, c'est dit. Je suis même terrifiée. Quel monstre! Je ne peux pas croire que nous grimperons si haut. C'est encore pire que je l'imaginais, pire que le voyage jusqu'à Ipiales. Au moins, de l'autobus, je ne voyais ni devant ni les sommets. On dirait une vue du haut des airs, mais à l'envers. Les autos paraissent aussi petites que vues d'un hublot d'avion. Il est encore temps, je peux dire non. Rien ne m'oblige à continuer. J'ai déjà retiré beaucoup de ce bout de chemin. Je n'ai qu'à avouer mes limites, dire que nous avons amplement le temps de retourner à Santa Rosa avant la tombée du jour, de louer une chambre à l'hôtel Termales. Nous pourrions nous baigner dans les eaux volcaniques, sans stress ni complications, comme deux bons retraités se la coulant douce. Oui ou non? Il faut que je me décide maintenant. Vite, branche-toi, femme! Je suis terrifiée, c'est tout. Terrifiée. Je ne veux pas avoir de regrets. Je ne veux pas arriver à ma fin dernière avec des «j'aurais dû» sur le cœur. Ce qu'ils nous font souffrir, les regrets, ceux que nous avons et ceux que nous ne voulons pas avoir.

Trop tard, nous avons déjà commencé à monter. Impossible de rebrousser chemin. Il faudrait que nous nous engagions sur la voie qui va en sens contraire, mais à cause de la circulation, ce serait une folie meurtrière. Pas moyen d'arrêter non plus sur l'accotement, tout simplement parce qu'il n'y en a pas. Pas d'accotement! Le pire, c'est que nous sommes du côté du précipice. J'aurais eu moins peur si nous avions longé la montagne. Je dois trouver le moyen de maîtriser mon état. Je suis certaine que José ressent ma peur en ce moment. Je vais essayer de contracter d'autres muscles, ceux qui ne touchent pas à son corps, les orteils, par exemple, les fesses, le ventre, le cou et le visage. Je dois relâcher ceux de l'intérieur des cuisses, ceux des mollets, des bras et des mains. En tant que passagère, mon rôle consiste à ne pas déranger, à ne pas faire de poids ; à ne pas être, tant qu'à y être.

Le seul avantage de la montée, c'est que nous roulons moins vite. Nous aurions le temps de sauter au besoin. Enfin, je pense. Voilà un de ces monstres à vingt-six roues dont parlait Marta, un semi-remorque à vitesse lente, sur le bœuf comme on dit au Québec. José s'approche beaucoup. Trop ! Beaucoup trop ! Sa tête est à la hauteur de la structure de métal de la boîte. Tout près ! Tellement près ! Si le rythme changeait le moindrement, c'est sa tête qui partirait et la mienne aussi, bien entendu. Quelle horreur ! Je ne peux même pas fermer les yeux comme de coutume quand j'ai peur. Je dois rester vigilante, c'est une question de survie. José veut doubler ! Non ! Je sais, je sais, il n'a pas le choix, la moto ne peut pas rouler en montée à si basse vitesse. Je sais, je sais, mais de l'autre côté, il y a d'autres camions. José se risque, il double, accélère, je vais me coller sur lui pour l'effet aérodynamique, c'est le mieux que je puisse faire. Un chargement de bétail. Mon Dieu que c'est long pour doubler !

Ouf ! En sécurité, pour un moment du moins. Heureusement, l'action de doubler nous place du côté de la montagne. Un petit avantage. À choisir entre deux risques, je préfère le danger du camion à celui du précipice. Je préfère... Un mot bien positif pour exprimer la terreur ! Ah non ! Un autre semi-remorque, un chargement de bois cette fois, et d'autres camions viennent en sens inverse. Non ! Par pitié ! Il ne va pas essayer de doubler par la droite. Je t'en prie, José, non, non ! Je vais mourir avant d'être tuée, c'est certain. Je suis tellement stressée qu'il m'est impossible d'inventer une stratégie pour me calmer. Je suis en train de me tuer moi-même. C'est fou, ça !

Accepte la réalité, femme : tu es en danger de mort, un point c'est tout. Aussi bien se l'avouer. Ce n'est pas si mal, à bien y penser, comme fin de vie, trépasser avec mon homme. J'ai bien vécu, mon fils a presque trente ans, il suit son chemin dans une vie déjà comblée d'aventures et d'expériences professionnelles. Il n'a pas encore trouvé l'amour, mais il est entouré d'amis fidèles. Tout ce que je demande, c'est de ne pas souffrir, de mourir sur le coup. C'est comme ça qu'elle est morte, Nedjibia. Sur le coup de l'impact, presque. Quand Alejandro l'a sortie de l'autobus après le dérapage, elle était inconsciente. Ensuite, étendue sur le bord du chemin, elle n'a eu que le temps d'ouvrir les yeux, de dire qu'elle se sentait mal, de sourire à son fils et de partir.

Je me sens moins nerveuse. Accepter la mort, ce serait ça le truc ? La manière d'avoir moins peur du risque ? Est-ce qu'elle pensait à sa mort, Nedjibia, quand elle a voyagé par ici ? Alejandro m'a dit le soir de l'accident : « Je m'attendais à quelque chose de ce genre. J'avais un pressentiment depuis le début du voyage. Et puis, maman voulait mourir jeune. » Pourtant, je sais que notre projet faisait briller ses yeux, et quand je disais à la famille devant elle : « Nous ferons des affaires ensemble », un sourire de plénitude allumait sa beauté. Dormait-elle au moment où elle est passée sur cette route ? C'était la nuit et par ici, il doit faire noir comme chez le loup. De la fenêtre d'un autobus, on ne doit rien voir, pas même la splendeur d'un ciel étoilé. Rien, donc, pour se tenir éveillé.

Que nous sommes haut ! Et nous montons encore ! Le défi se répète de courbe en courbe : un semi-remorque à dépasser, un changement de vitesse accentué, le moteur qui force, une montée en accéléré et une rentrée en fondu dans la voie de l'aller. José a peur, j'en suis certaine, même s'il dit ne pas éprouver la peur. À chaque accélération, je sens son corps osciller pour se donner de l'élan. C'est imperceptible à l'œil, mais de l'endroit où je suis, je sens très bien la contraction. Comme je l'admire! Il n'y a pas de mots, que des caresses et une attitude docile, la seule adéquate dans les circonstances, pour exprimer mon sentiment. Je l'apprécie comme jamais, j'admire l'homme, le sexe fort ; je le reconnais sans pour autant diminuer la femme que je suis. C'est un exploit, aussi, de pouvoir suivre un vrai mâle sans être un poids. Je suis fière de moi. Ce soir, je lui dirai à quel point il m'impressionne, combien j'apprécie qu'il y ait deux sexes sur la terre, et la chance que j'ai de pouvoir profiter du sien.

En attendant, j'ai vraiment besoin d'une halte. Je souffre de crampes aux muscles des jambes à force de les faire travailler. Il me semble que les côtes sont de plus en plus à pic, les courbes plus rapprochées, les camions plus nombreux et plus mons-trueux, et la route plus étroite. J'ai de moins en moins d'éner-gie, du flou dans la tête, et j'ai froid aux extrémités.

« José, j'ai besoin d'arrêter, je t'en prie. »

Il me répond par des paroles incompréhensibles à cause du vent, mais ses gestes me font comprendre que nous devons aller plus loin, après je ne sais où. Évidemment ! C'est facile de com-prendre que nous ne pouvons pas arrêter sur-le-champ, en pleine pente. Je ne fais que le prévenir d'avance. Il va sans dire que les haltes routières sont comptées en montagne.

« Je ne me sens pas bien, c'est encore loin ? »

Il me fait signe que non. Nous n'avons pas la même défi-nition du mot « loin », mais il faudrait vraiment que je puisse me détendre. Je pourrais prétexter un malaise physique. C'est mon meilleur argument, José y prête toujours attention. Chez lui, c'est une valeur avec un grand V, une valeur personnelle et familiale. On pourrait dire qu'il a grandi dans un giron médi-cinal. Sa grand-mère utilisait les plantes pour soigner, elle expérimentait même leurs effets sur elle. Quant à son père, il avait trouvé la panacée des médicaments, l'*agua de cedron*, prescrit pour les maux de tête, la grippe, la toux, la fièvre. Les enfants ont goûté à cette médecine jusqu'au jour où Manuel Gomez a subi les effets de son propre traitement. Il a passé, selon l'histoire, plusieurs heures à entrer aux toilettes quelques minutes après en être sorti. Un remède amer mais à saveur de tendresse. Lorsqu'ils en parlent aujourd'hui, les frères et sœurs rient de bon cœur, ils disent tous à la fin du récit « Cher papa ».

Quand José était enfant, la santé physique était aussi une valeur maternelle. Joséfina exprimait surtout sa tendresse par le biais de petits soins les jours de poitrines enrhumées, de genoux ensanglantés, de fronts brûlants, d'estomacs dérangés. Ce n'est pas surprenant que nos caresses amoureuses commencent souvent par un peu d'alcool sur le front, de la pommade chinoise sur un muscle, du talc de bébé dans les plis ou sur les pieds ou les rondeurs du corps. Du côté de lit de José, sur l'agenouilloir de sa grand-mère, j'ai déposé un panier d'osier rempli de ces flacons tendresse sans lesquels il aurait du mal à s'endormir paisiblement.

Halte routière

J'ai l'impression d'être une exploratrice grimpant à dos d'âne, en file indienne, en compagnie d'aventuriers, sur les flancs abrupts de sommets arides pointant dans les nuages. Est-ce que ça va finir ? Arriverons-nous enfin quelque part ? Il n'y a que des courbes étroites et des montées en flèche entre des camions plus chargés que des mules. Que j'apprécierais un « petit café terrasse sympa » comme on dit par chez nous ! Aussi bien ne pas y penser ! Le bas du ventre me fait sérieusement souffrir et je ressens un vide inquiétant entre les oreilles. Mes joues soumises à l'attraction terrestre pendent sur la courroie du casque, et je suis sûre que mon visage affiche vingt ans de plus que ce matin. Si je pouvais prendre mon pouls, je serais certainement très préoccupée.

«Voilà, ma beauté, nous y sommes. Qu'en dis-tu?

— Incroyable! Les Colombiens me surprendront toujours. On dirait une apparition. Je n'en reviens pas! Un vrai restaurant confortable, avec vue sur flancs de montagne, superbement adapté à cet espace plat entre deux côtes.

— C'est ma Colombie! Mes compatriotes! Des gens créatifs, capables.

— Je dirais d'une audace créative.

— Viens, ma belle!

— Que ça fait du bien d'arrêter! Tu dois être un peu fatigué, mon bel amour!

— Pourquoi serais-je fatigué?

— Quelle question! Parce que tu t'es bercé toute la matinée, cher homme!

— Qu'est-ce que tu veux prendre, femme? Il y a de tout: des saucissons, de la viande grillée, du fromage blanc dans de l'eau de *panela* chaude. Alors?

— Du café pour commencer, puis un mets qui me donnerait de l'énergie sans m'alourdir. De l'eau de *panela* chaude, certainement.

— Essaie un saucisson. Je te jure qu'ils sont bons.

— D'accord. Tu ne viens pas t'asseoir?

— Tantôt. Je veux faire un tour.»

Il est encore sur une poussée d'adrénaline. Je le comprends. Il faut être un as pour conduire en montagne. Et l'épreuve n'est pas terminée. N'y pense pas, femme, ta responsabilité de passagère, c'est de récupérer et de profiter du voyage pour alléger le sien. Pense à autre chose, à la lumière par exemple. J'aime la lumière. En hauteur, elle dore le vert des feuilles. Je m'étendrais ici, dans un hamac, en ne pensant à rien de ce qui va suivre. Mieux, je resterais ici quelques jours et me contenterais de dessiner les nuances des couleurs et des formes, rien que pour le plaisir de saisir ces merveilles offertes en abondance. Si je le faisais tout de suite ? Mon calepin est là, tout près, dans mon sac. J'aurais un instant de paradis. Voilà mon homme ! Si j'avais le talent, je le dessinerais lui aussi. J'illustrerais la gamme d'attitudes qu'il peut avoir : la fierté, la curiosité, la puissance, la sensualité. Je le peindrais en explorateur, en penseur, en chevalier, en vainqueur. Et certainement en magnifique mâle au cœur tendre.

« Nous sommes encore loin de Medellin ?

— À environ une heure.

— Nous pourrions trouver un bon hôtel, profiter de la ville un jour ou deux, non ? Tu m'as toujours vanté l'éternel printemps de Medellin, les festivals de fleurs et la beauté de la ville.

— Tu voudrais, ma chérie ?

— C'est toi qui sais, mon amour. C'est une proposition. Moi, j'ai tout à découvrir, un lieu ou un autre. Mais nous avons déjà fait un bon bout de chemin. Tu aimerais peut-être te reposer ?

— Il est encore tôt.

— Ce n'est pas une question d'heures. Il n'y a aucune urgence, rien ne nous presse... Tu ne dis rien. Tu préférerais continuer, je l'entends par ton silence.

— Franchement oui, au moins jusqu'à Don Matias. Là, je serai content. Pour moi, le voyage commence après Medellin.

— Tu t'en sens capable?

— Je suis en pleine forme.

— Il y a encore beaucoup de côtes?

— En premier, nous descendrons vers Medellin, et ensuite, ce sera la montée vers l'Alto de Matasanos.

— C'est la dernière montée, n'est-ce pas?

— La dernière, ma beauté.

— Si tu pouvais au moins ralentir quand tu doubles et ne pas suivre de si près...

— Fais-moi confiance, ma chérie, prends ma force.

— Prendre ta force?

— Oui. Au lieu de me passer ta peur, puise ma force.

— Tu as senti ma peur! Moi qui ai tout essayé pour ne rien te transmettre.

— Tu es extraordinaire, ma vie. Je sais que tu as fait des efforts inouïs. Je l'apprécie, crois-moi.

— Tu es fier de moi?

— Comment donc! C'est ça, ma femme, une personne capable!

— Capable! D'accord, j'accepte le compliment!»

José a déjà mis son casque, ses gants. Persuasif, ce monsieur! Range ton calepin, femme, sors ton courage et essaie de prendre sa force, comme il l'a dit. Débarrasse-toi de ta peur ici, comme tu l'as fait du haut de la passerelle de La Lajas.

«Qu'est-ce que tu fais, ma belle?

— Je cherche une petite pierre. C'est un symbole, je t'expliquerai. Donne-moi une minute, rien qu'une minute. »

J'avais promis devant la cathédrale, à Ipialès, de ne jamais laisser la peur m'empêcher d'avancer. J'ai tenu ma promesse. Maintenant, je veux avancer sans avoir peur, ou du moins pas aussi peur. Par cette pierre, je détache de moi la tension minant le désir de continuer ce voyage. Pierre, dévale la pente aussi bas que possible ! Que rien ne freine ta mission ! Emporte loin de ma vue cette partie de moi qui nuit à mon bonheur !

La traversée de Medellin

Nous avons descendu, comme prévu, monté aussi, puis doublé des semi-remorques, pris une succession de virages pendant je ne sais plus combien de kilomètres, de minutes ou d'heures, puisque j'ai perdu la notion du temps et du monde extérieur. Je ne me suis plus inquiétée des ratés aux changements de vitesse, je n'ai plus remarqué les précipices. Depuis la halte routière, je n'ai plus senti le vent ni admiré les paysages ni respiré les odeurs fraîches des hauteurs. J'étais ailleurs que dans la nature, ailleurs que dans le mouvement irrégulier de l'aventure. Ailleurs ! Ailleurs, mais pas inconsciente, au contraire : j'étais bien présente, dans une dimension impossible à saisir à l'œil nu. Pour cela, il faut l'influence de circonstances particulières, la volonté de surpasser ses propres limites et une attention concentrée sur un aspect précis.

J'ai réussi ! Réussi à recevoir sa force, à entrer dans son élan. J'ai appuyé sur lui mes mains, mes bras, ma poitrine et mes cuisses, imité le plus parfaitement possible ses réactions, surtout les plus infimes, approché ma joue de la sienne et regardé la route comme il le faisait. Entre nos deux réalités physiques, un canal s'est ouvert et j'ai ressenti sa confiance, sa puissance et la sensation enivrante de vivre dans un corps d'homme. Je filais sur sa moto, à son allure, unie à lui comme jamais auparavant, encore plus amante qu'à aucun autre moment. Qu'est-ce qu'une femme peut offrir de mieux à son homme que comprendre aussi intimement sa manière projective d'être en ce monde ? C'est lui qui a ramené le paysage autour de nous et toutes les sensations du voyage, en disant : « Voilà Medellin, ma belle. »

Il faisait chaud. Je voyais une ville de couleur brique à flanc de montagne et une autoroute à sens unique, une véritable autoroute à trois voies comme dans le nord des Amériques. J'essayais de voir quelque chose, des rues, des fleurs, mais José roulait vite, au moins à cent dix à l'heure et, sincèrement, je n'avais plus envie d'arrêter, grisée que j'étais par la conduite prévisible, possible sur une véritable autoroute. Après Medellin, il ne restait qu'une longue montée, avait-il dit, puis nous atteindrions notre but, enfin celui de José, celui de dormir à Don Matias sur le *Plano* de Ventanas. J'avais pris le goût du défi, je me sentais prête à remporter l'ultime victoire de la première journée.

José augmenta la vitesse. Il filait à gauche, on aurait dit qu'il était en état de panique. Pourtant, je ne voyais aucune urgence. Nous n'avions pas pris de retard, selon moi, et il avait tout le loisir de doubler en douceur. En roulant à droite, j'aurais vu un peu plus de la ville, suffisamment pour me satisfaire. Craignait-il une proposition de ma part, du style « une petite visite insignifiante juste pour le plaisir d'entendre battre le cœur de la ville, respirer le printemps de Medellin » ? Pourtant, il devait bien savoir que je n'en avais aucunement l'intention. Il craignait quelque chose, je le sentais, je le voyais aussi. Son visage dans le rétroviseur était tendu et son corps oscillait d'une façon saccadée, encore plus manifestement qu'il le faisait dans les côtes, presque comme celui d'un sprinter.

José avait peur, pour la première fois du voyage, et je dirais depuis que je le connais, à une exception près. C'était à Montréal,

au parc Beaubien près de chez nous. La neige tombait à gros
flocons, une lune pleine et brouillée donnait à la soirée une
ambiance romantique comme nous l'aimons. J'eus envie de
patiner. Il n'avait pas dit non. José rejette rarement mes propositions, et quand elles l'enthousiasment moins, il le signifie
par une question : « Tu veux ? » Ainsi, je comprends que mon
souhait doit être aussi important que l'effort demandé. Cette
fois, il n'avait pas posé la question. Il avait mis des gros bas de
laine et chaussé les patins de Jef en prenant beaucoup de soin
pour les lacer. Pendant ce temps, mes lames glissaient déjà sur
la glace et j'étais heureuse comme une enfant, laissant de temps
en temps les flocons fondre sur ma langue. « Viens, mon amour »,
avais-je dit en le voyant se tenir sur la bande à deux mains,
tentant de glisser un pied devant l'autre. J'avais ri, au début,
en le prenant par la taille à la manière québécoise de patiner
en couple. Il n'a jamais pu se lancer, piétinant et appuyant tout
son poids sur moi. C'est la seule fois de ma vie où je l'ai trouvé
lourd. Au bout de cinq minutes, j'ai eu pitié : « Tu n'apprécies
guère, n'est-ce pas ? » Il a répondu : « Je ne suis pas né avec des
patins aux pieds comme les enfants d'ici, moi ! »

Sur l'autoroute bordant Medellin, nous étions loin de la
neige et de la peur de tomber sur la glace, mais la tension de
José était aussi tenace que ce soir-là. Que peut-il craindre ici ?
Mis à part l'ajustement de la vitesse d'après celle du véhicule
d'en avant, il n'y avait pas grand-chose à surveiller. Il est vrai
que José n'apprécie aucune grande ville, sauf Rio. Mais ça, c'est
une autre histoire. En règle générale, pour mon homme, une
grande ville, c'est une somme de dangers, un enfer d'où peut
surgir de n'importe où et à tout moment n'importe quel démon
menaçant, qu'il s'agisse de méchanceté ou de perversion.

Étrange ! Depuis vingt-deux ans de vie commune, nous en
avons piétiné des trottoirs des villes sans que jamais aucun
diable ne surgisse de l'ombre. Je pense aux nuits de Montréal,
quand nous faisions la tournée des discothèques latines, et

puis à New York, après avoir visité un ou l'autre des enfants de
son frère Manuel, à Mexico, où la musique des mariachis l'avait
attiré sur la place Garibaldi, ou encore à Quito, dans les rues
étroites de la vieille ville, où les étrangers ne s'aventurent pas
d'habitude. Nous en avons pris des taxis et des autobus pour
aller n'importe où, rien que pour explorer : à Caracas, à Miami,
à Toronto, à Recife. Et c'est sans compter les voyages qu'il a
faits avant de me connaître. Il parle souvent de l'Égypte, de ses
excursions sans le groupe organisé pour découvrir des endroits
et des mets inconnus des touristes. Est-ce qu'il se méfierait plus
des villes de son propre pays ? Pourtant, ni à Barranquilla ou à
Cali, ni à Pereira ou à Bogota, nous n'avons eu à subir de fâ-
cheuses rencontres. Les cicatrices sur son corps ne sont pas
dues aux méchancetés de démons urbains mais plutôt à des
explorations hors des sentiers battus, aux excès de sa nature
intrépide.

Quoi qu'il en soit, la peur était là et me prenait aussi dans
ses griffes. Sur l'autoroute de Medellin, j'imaginais les dessous des villes, de toutes les villes, même la plus belle, la laideur
secrète des ruelles, les horreurs des fonds de cour, la douleur,
la faim, la solitude et tous les comportements immondes visant
à oublier la misère ou à s'en venger. Les dangers des villes sont
réels, nous le savons tous, même si nous ne les avons jamais
vus de près, même si nous préférons les ignorer par impuissance et pour nous protéger mentalement. Sur l'autoroute de
Medellin, pleine d'étoiles jaunes peintes sur le pavé en souvenir des gens qui ont trouvé la mort à ces endroits précis, je
broyais du noir. C'est alors que j'ai remarqué cette voiture
sombre aux vitres teintées qui nous côtoyait depuis des kilomètres. José avait dû la voir aussi puisqu'il accéléra la cadence
sans autre raison apparente. La voiture nous côtoyait toujours.
José ralentit le mouvement, le conducteur décéléra. José reprit
de la vitesse, l'auto aussi. Sur la banquette arrière, il y avait deux
personnes, deux hommes. Je les ai vus quand celui du côté
gauche a baissé la vitre. Il portait des lunettes noires, mais j'ai

eu l'impression qu'il nous regardait. Sa tête, en tout cas, pointait dans notre direction.

Qu'est-ce qu'on nous voulait? Je me le demande encore. Est-ce qu'on nous avait pris pour d'autres personnes? C'est fréquent, les règlements de comptes par erreur. Est-ce qu'on avait su que j'étais une étrangère, une Américaine bourrée d'argent selon le mythe sud-américain? J'avais peur comme la fois où, un soir d'hiver sur un chemin désert en banlieue de Montréal, deux hommes m'avaient suivie, jouant à coller leur voiture sur le pare-chocs de la mienne, à me doubler puis à me laisser passer à force de ralentir, pour ensuite accélérer au moment de la manœuvre de dépassement. Ils me souriaient au passage. J'avais opté pour l'indifférence, concentrant mon regard sur la route glissante. J'étais finalement arrivée à Chambly, où j'habitais. L'éclairage des rues a probablement refroidi les intentions des deux hommes, qui ont rapidement disparu devant moi, profitant d'un feu jaune. Quand je suis rentrée à la maison, je suis montée à l'étage où mon enfant dormait, je l'ai pris dans sa couverture de laine et je l'ai serré dans mes bras, l'ai bercé un bon moment.

La voiture était toujours parallèle à la moto, pareille à un mime inquiétant. Alors, j'ai fait comme ce soir-là; j'ai regardé ailleurs, essayé de penser à autre chose. Au bout d'une dizaine de kilomètres, José a pris l'allée du centre, puis celle de droite, et nous nous sommes engagés dans la voie de desserte et sur une route secondaire où nous avons dû demander notre chemin. Après plusieurs virages dans des ronds-points, après être entrés à sens inverse dans un boulevard et traversé le terre-plein central, José s'est écrié en levant le bras:

— Voilà! *Pouta!* Nous sommes sauvés, ma belle! J'étais préoccupé, je ne me souvenais plus où sortir de l'autoroute ni où trouver ensuite la direction vers Yarumal. Il fallait repérer Bello, mais les indications ne sont pas très claires ou je ne les ai pas vues. Je savais qu'il y avait des détours à faire et je me suis perdu, comme je l'avais prévu. Je ne voulais pas revenir sur nos pas, perdre du temps en me dirigeant vers San Luis ou vers Fredonia. Que je suis content! C'est gagné! Je suis un *verraco*!

Il n'avait donc pas vu la voiture suspecte. Sa préoccupation, c'était la route, trouver la bonne direction, un point, c'est tout. À des kilomètres de Medellin, je me demande encore si j'ai inventé une histoire pour interpréter une peur ressentie par osmose ou si j'ai réellement vu de près un démon de la ville.

Medellin – Alto de Matasanos

José est détendu. Quant à moi, je respire pleinement à l'approche de la victoire. Il avait dit : «Cette moto nous fera monter jusqu'à Medellin.» Ce qui fut fait. Il ne reste qu'une montée, mais je suis rassurée, je sais de quoi il s'agit maintenant. Pourtant, nous ralentissons. Qu'est-ce qui se passe? Il n'y a pas de camion et la côte est légère. Quel précipice! Impressionnant! Ce qui est plus impressionnant encore, c'est que je puisse regarder l'abîme sans être terrorisée. Mieux, en étant capable d'admirer sa splendeur.

«Y a-t-il un problème? Pourquoi arrêtons-nous en bordure de la route? C'est dangereux, non?

— Rien qu'un moment... Je voulais que tu voies. Regarde, à droite.

— C'est Medellin?

— Copacabana, ma belle.

— C'est la première fois que tu arrêtes pour regarder un paysage. Merci infiniment!

— Je t'aime comme jamais. Tu es ma femme, au sens propre et au sens amoureux.

— Aucun paysage, si magnifique soit-il, ne vaut le sourire d'homme que tu m'offres en ce moment. Merci de tout mon cœur! Sans toi, je ne serais jamais montée si haut sur terre, au sens propre et au sens amoureux.

— Un sens presque sexuel.

— Je dirais sexuel en tout sens. Embrasse-moi! Dis-moi, combien de kilomètres avant l'Alto de Matasanos?

— Je ne sais pas au juste. Ce n'est pas très loin. Nous arriverons bientôt, ne t'en fais pas. »

Bientôt! Je le sais, pourtant, que nous n'avons pas la même définition des mots «loin» et «bientôt»! Heureusement qu'on ne sait pas toujours d'avance ce qui nous attend! Naïvement, j'avais imaginé une dernière montée facile, je nous croyais quasiment au sommet. Erreur! Je n'avais encore rien vu! De Copacabana à l'Alto de Matasanos, les pentes ressemblent à la côte à courbes en «ronds carrés» et en pentes à pic avant Santa Rosa de Cabal, mais avec des ronds encore plus carrés et des pentes encore plus à pic! Que c'est bête! Il faut toujours qu'un problème ou une peur vienne troubler les moments de grâce. Il y a toujours un danger qui nous guette, prêt à attaquer le rêve le plus inoffensif. J'en ai marre de la montagne. Elle m'anéantit. Je jure qu'on ne m'y reverra plus, que c'est le dernier voyage à la Côte à moto. Pire que ça, je ne ferai plus de motocyclette. Plus jamais. Elles avaient raison, les femmes du clan Gomez. Ce n'est pas une randonnée d'amoureux, ce n'est pas un voyage pour une femme. C'est une expédition périlleuse, insensée. Je n'ai jamais été si défaite. Jamais, même dans les moments les plus sombres de ma vie.

Mes stratégies! Quelles sont mes stratégies? Ah oui! prendre sa force en m'appuyant sur lui. Essayons. Quel effort, bon sang! C'est inutile, je n'obtiens aucun résultat. Plus rien ne passe, son corps est d'acier. Cherche autre chose, femme. Ne regarde pas devant ; fixe le sol de côté. Tu vois, peu importe la montée, le pavé est toujours à une égale distance de toi, jamais plus éloigné. C'est vrai, c'est mieux. Mais il y a les moteurs, en avant, en arrière, de côté… Un bruit infernal. On dirait un manège sur le point de dérailler. Voyons ! Il faut que je me concentre. La pierre ! La peur, je l'ai détachée de moi par deux fois, de la passerelle de Las Lajas et de l'Alto de Minas. La laisserai-je chanter une troisième fois, comme le coq de saint Pierre ? Je dois me ressaisir. « Fais-moi confiance », a-t-il dit. S'il continue, c'est qu'il le peut. Je le sens tendu mais en contrôle. « Fais confiance. » C'est lui qui mène la galère, lui qui sait. Regarde les grands arbres. Il n'y a pas de précipice ici, tu vois. Rien que des grands arbres débordant sur la route. Avoue que c'est beau ! Tu vois, femme, la peur se dégage. Elle ne t'humiliera pas. Pas cette fois.

Que c'est haut ! Je n'aurais jamais cru qu'il y avait tant d'arbres sur les sommets et tant de tons de vert ! Nous montons toujours, doublant tantôt un camion de bétail, tantôt un camion de chargement de bois. Comment font-ils les gens d'ici pour être ainsi obligés de toujours se déplacer sur des routes dangereuses, que ce soit pour le ravitaillement ou pour leurs affaires ? C'est phénoménal de voir à quoi l'humain peut se soumettre pour satisfaire ses besoins, ses intentions. Si la faim commande les comportements, l'espoir d'un mieux-être amène à prendre des risques innommables, à se hisser plus haut que soi. D'autre part, en y pensant bien, choisir de rester dans son patelin, en toute sécurité, c'est tout aussi mortel ! Demain, tout à l'heure, je suis sûre qu'il n'y aura pas de femme plus fière que moi ici-bas. Ici-haut, devrais-je dire.

Voici autre chose. Maintenant que j'ai repris le contrôle, mon bas-ventre pèse au point d'exploser. N'y aurait-il pas un petit café terrasse sympathique par ici ? Qui sait, quand je l'ai souhaité avant l'Alto de Minas, un restaurant est apparu. José me parle mais, avec le bruit des camions et le vent, je n'entends pas sa voix. Il m'indique quelque chose. Serait-ce? Je rêve! Quand je raconterai ça à mes amis du Québec, ils ne me croiront pas : un petit café terrasse sympathique décoré de fleurs apparaît dans un tournant, juché sur un cap bien à plat.

«Alors, ma beauté, que dis-tu de mon cadeau?

— Tu es un ange, mon homme, avec des ailes aussi grandes que la cordillère!

— Je te donnerai plus encore, tu verras. Attends, tu n'es pas au bout du voyage! Tu as faim, ma beauté?

— Légèrement, mais avant, laisse-moi visiter...

— Je sais, le petit coin, pauvre chérie. »

* * *

«Qu'est-ce que c'était?

— L'alarme de la moto.

— Quelqu'un s'est approché?

— Quelqu'un? Non, c'était un camion.

— Un camion?

— Le restaurant est très près de la route, la vibration est assez forte pour activer l'alarme.

— Mon Dieu! Il faut que cette maison soit solide.

— Elle l'est. Les gens des montagnes savent comment construire solide. Les Antioquéniens sont les plus ingénieux des Colombiens.

— Sans aucun doute. Imagine, pour vivre ici, il faut avoir du cran, des ressources. Ils ont à monter ou à descendre pendant des kilomètres pour tout : les achats, les consultations médicales, les visites familiales ou simplement pour changer d'air le dimanche. Ahurissant !

— Marchons un peu. Tu en profiteras pour te délier les jambes.

— C'est incomparable. Ça vaudrait presque la peine de monter, mais je ne le referai pas. C'est beau ! Des vallons superposés forment le dénivellement. C'est plus rassurant que les escarpements ! L'air est bon, pur et tiède. L'alarme sonne encore une fois.

— *Pouta !*

— Tu es drôle avec ton "*pouta !*". Regarde plutôt la lumière. Elle transforme la couleur des feuilles en vert doré. Laisse-moi faire quelques croquis, là, installée sur la petite table du coin, avec un bon café, *por favor*. De combien de temps disposons-nous ?

— Le temps d'un café. Un café bu ! Non pas siroté. Ne ris pas, femme !

— Quels délices ! »

Encore l'alarme. Dans trois secondes, il me dira qu'il vaut mieux partir, qu'il reste peu de kilomètres avant l'Alto de Matasanos, que...

« Il vaut mieux partir, ma chérie, c'est trop emmerdant ça. Un petit effort. Dans moins de quinze minutes...

— Je sais, j'ai regardé la carte. J'arrive dans une seconde, le temps de jeter une pierre dans les vallons. Une troisième pour éviter le chant du coq.

— Quoi ?

— J'ai déjà jeté deux pierres dans le vide, une à Ipiales et l'autre à l'Alto de Minas, des symboles de la peur que je détachais de moi. Ici, juste avant l'Alto de Matasanos, je veux en jeter une troisième pour empêcher la peur de m'affaiblir encore.

— Quel rapport avec le chant du coq ?

— Le Seigneur avait dit à saint Pierre : "Avant que le coq chante, tu m'auras renié trois fois."

— Je vois. Si tu avais peur une troisième fois, tu pourrais entendre le chant d'un coq te rappelant ta faiblesse envers toi-même.

— Voilà ! »

Plano de Ventanas

« Ça y est, José ?

— Ça y est, ma beauté. C'est gagné !

— Je n'arrive pas à croire que tu m'as conduite jusqu'ici, sur un sommet de ta Colombie, que nous vivons ce voyage, toi et moi. Je suis si fière de toi, de nous. Nous sommes dans les nuages ! Mieux, au ciel ! C'est si clair, ce bleu, si pur, cet air. Arrête un moment ! Arrête ! Je veux t'embrasser, sentir la force de ton corps sur moi, debout. Merci infiniment... »

C'est étrange, pendant toute la préparation du voyage sur les plans mental et physique, je n'avais pas prévu de vivre en cours de route des victoires aussi fortes, des moments d'éternité. Je m'étais préparée à contrôler mes réactions face au pire : aux attaques de guérilleros, aux dangers des précipices, aux bris mécaniques, aux traîtrises des pavés mouillés. J'avais pensé à Nedjibia, au pèlerinage que j'avais entrepris en l'honneur de sa créativité en espérant être inspirée par elle au sujet de notre projet. Je me réjouissais d'avance de notre arrivée et de mon cri d'allégresse en apercevant les vagues sur la côte. Quelle surprise! J'avais visé l'aboutissement du voyage comme unique récompense. Qui aurait dit qu'une telle extase m'envahirait en chemin, qu'elle dominerait mes peurs et ma fatigue et anéantirait jusqu'à l'ombre des prédictions malheureuses, tournant presque toujours autour de moi malgré toutes mes stratégies?

«Maintenant, je te laisse décider, ma chérie.

— Pour de vrai?

— Pour de vrai. Préfères-tu dormir à Don Matias? C'est tout près. Si tu te sens fatiguée, franchement, tu as fait ton effort. Tu mérites du repos. Nous pouvons aussi continuer jusqu'à Yarumal.

— Tu es fier de moi?

— Fier? Tu es incomparable! Attends que je dise ça à mes amis du club Les Tornados, "les gros mâles", comme tu dis. Ils hésitent encore à faire le voyage, ils s'inventent mille et une excuses.

— Les gros mâles, je vais m'en moquer, je peux te le jurer, je vais les défier. Quel plaisir j'aurai!

— Alors, allons-nous jusqu'à Yarumal?

— Lorsque tu as voyagé avec ton fils, vous vous êtes rendus jusqu'à Yarumal, n'est-ce pas? Tu as dit que nous avions le temps d'arriver avant la tombée du jour. Tu en es bien certain?

— Il est quinze heures trente! Nous avons juste le temps, en filant normalement.

— En filant normalement! Nous n'accordons pas le même sens au mot "normalement", mais comme je suis dans un état d'extase, grisée par toi, par l'amour, par les paysages du sommet et par ma propre capacité, allons jusqu'à Yarumal!»

* * *

Il n'y a personne d'autre que nous deux sur le plat d'un sommet colombien. La réalité est inimaginable. On dirait un monde fantastique trop beau pour être vrai, un scénario où les acteurs voyagent sur une route étalée comme un ruban sans fin, entourée de beautés dans un éternel présent. Pourtant, c'est bien réel : la magnificence de la nature, l'air vivifiant, l'intensité des couleurs, le bleu du ciel et le mouvement qui me donne une force incroyable, jamais ressentie avant. C'est moi, c'est nous qui vivons cela, par mérite personnel. Lorsque je raconterai l'aventure aux miens, au Canada, ils resteront bouche bée, je les vois d'ici. Ils m'écouteront poliment, attribuant la description fantastique du récit à mon enthousiasme ou à mon habileté à décrire ce qui est. J'ai toujours eu la parole facile. Ils le verront pourtant, le changement en moi, cette puissance acquise d'une façon surprenante, mais ils ne feront pas le lien. Ils diront simplement : «Tu es dans une forme splendide» ou «C'est formidable, la retraite, on peut dormir à son goût et faire ce qu'on veut», ou encore «C'est plus facile d'être heureux quand on est en couple».

Le soleil n'est plus à son zénith et le fond de l'air est plus froid, vivifiant comme en octobre au Québec, quand les roses de certains jardins exposent encore leur beauté sur le tapis des feuilles tombées. Cela me rappelle ma mère, et la sienne, au temps de la laine. Les soirs d'automne, les femmes de la maison, y compris l'enfant que j'étais, préparaient les chandails pour l'hiver. Des écheveaux, des pelotes, des aiguilles à tricoter vertes et jaunes couvraient la table rouge. Ma grand-mère, d'un rythme énergique ponctué de petites pauses régulières, enroulait les balles à partir d'un écheveau tendu entre mes avant-bras. Ma mère, libérée à cette heure du jour de la supervision des devoirs de mes frères, examinait les patrons. Des petits carrés blancs pour chacune des mailles de la partie unie, d'autres de formes géométriques pour les teintes composant les motifs. Je me souviens d'une année en particulier, où j'avais choisi des cristaux de neige. Ma grand-mère, pour sa part, avait préféré, pour le chandail de son homme, un faisan en train de s'envoler.

Liées par le cliquetis des broches et le souci du travail bien fait, nous ne parlions pas beaucoup, toutes les trois concentrées sur la tâche. À mon bout de table, attentive aux augmentations et aux diminutions des mailles, aux changements de couleurs, à toutes les instructions, je m'efforçais de garder la tension. «C'est plus beau quand les mailles sont pareilles, disait ma grand-mère. Ce n'est qu'aux changements de couleurs qu'il faut serrer le fil, pour éviter de faire des trous.» Des trous! Malgré ma rigueur, il arrivait qu'une maladresse, un mauvais calcul me fasse douter de ma valeur. Alors, j'appelais au secours: «J'ai fait une erreur.» Des yeux bleus bienveillants cherchaient l'erreur avec moi, détricotaient ma peine, m'encourageaient à défaire tant et aussi souvent que nécessaire. Humblement, j'étirais sur la pelote des heures de travail et je réalisais que la persévérance de mon labeur, grossissant en moi en même temps que la balle de laine, viendrait à bout de mes maladresses. Dehors, les jours se faisaient plus courts et les soirées plus froides alors que dans la cuisine habillée des rideaux d'hiver, le temps de la laine allongeait sur moi des cristaux vert menthe au dessin parfait. J'étais remplie de fierté. Sur l'endroit du tricot, je m'imaginais aux premiers beaux jours de mars, dans un vêtement fait de mes mains, marchant élégante et légère sur les trottoirs brillants, admirant les couleurs de ma tenue dans les miroirs créés par l'eau du dégel. Sur l'envers, les fils habilement entrecroisés me laissaient croire qu'avec la patience et la manière, tout peut se faire.

Qu'il fait froid! Je n'arrive pas à maîtriser le claquement de mes dents. Ni le tremblement du reste de mon corps. Je grelotte de la même manière qu'après un accouchement. Le corps a tout donné pour libérer l'enfant, mais il a perdu sa chaleur en même temps. Que j'apprécierais la couverture chaude qu'on offre à la nouvelle maman! C'est bien José, ça: il file sans ressentir le froid. Ça valait bien la peine de remplir une mallette de lainages et d'attacher les vêtements de cuir au banc de façon à les avoir à portée de la main!

« Mon bel amour, tu n'as pas froid?

— Maintenant que tu le dis!

— Arrêtons-nous un moment, je t'en supplie, au moins pour nous habiller plus chaudement.

— Pauvre petite, tu as raison! Patiente encore cinq minutes. Il y a un restaurant où nous prendrons de l'eau de *panela* chaude et je te raconterai quelque chose.

— Un vrai cinq minutes?

— Promesse de José!

— Hum!»

De l'eau de *panela* chaude avec du fromage blanc et du café, un bon café colombien savoureux, c'est ça le bonheur en ce moment. Rien de plus.

Le cinq minutes a dû s'étirer jusqu'à quinze, mais nous y voilà! Qu'il fait froid! C'est pénétrant. Vite, le chandail de laine à col roulé par-dessus le foulard d'Égypte et une visite au petit coin! J'y verrai plus clair après.

« C'est charmant ici! Une maison sur le toit de la Colombie, seule au monde, juste au moment où nous avions besoin de chaleur. On dirait que c'est arrangé avec le gars des vues!

— Le gars des vues?

— C'est une expression québécoise utilisée pour décrire une situation ou un événement peu probable, autrement dit qui arrive comme par enchantement.

— Ce n'est pas forcé du tout. C'est bien voulu, au contraire. Les propriétaires sont intelligents. Penses-y, femme. Si toi, tu as eu besoin d'arrêter juste ici, il en va de même pour d'autres. C'est l'endroit précis pour avoir un restaurant après une montée et quand l'altitude refroidit le climat. Pas besoin de faire une grosse étude de marché pour cerner le besoin du client.

— En tout cas, c'est délicieux. Je resterais bien ici.

— Toi, ma beauté, tu resterais partout où c'est agréable.

— Ils n'ont pas une pièce où dormir, un hamac, n'importe quoi? Ce serait l'endroit idéal pour construire un petit motel. Nous ferions de l'argent.

— Un motel?

— Non, José, oublie ça. Je vois les idées tourner dans ta tête, mais ce n'est pas une proposition et je ne vivrai pas ici, obligée de monter ou de descendre pour le moindre petit besoin.

— Nous ne sommes pas obligés de vivre ici.

— Non, José, non. Encore une fois, oublie ça, je t'en conjure, nous avons d'autres projets, dont un motel, justement, à terminer à la Côte. Parle-moi plutôt de ce que tu voulais me dire tout à l'heure quand je t'ai demandé d'arrêter.

— Ah! C'est un peu avant d'arriver ici que Fercho a commencé à me distancer, je le voyais de plus en plus loin dans le rétroviseur. Quand il a vu les clignotants de ma moto, il m'a rattrapé *subito presto*. Il a dit: "Papa, si tu n'étais pas arrêté, j'aurais perdu connaissance!"

— Tu avais raison, l'étude de marché est vite faite. Le besoin est criant.»

* * *

Je l'ai bu d'un coup, le café, presque sans le goûter, et j'en ai commandé un autre que j'ai savouré en le humant. José me pressait. La nuit tombe vite dans le Sud. «Il n'y a rien d'ici Yarumal», m'avait-il prévenu. J'ai quand même pris le temps de commander un premier *empanada*, puis un second tout en mettant un manteau d'hiver et des gants de laine. Puis, j'ai remonté mon foulard d'Égypte jusque sous les lunettes.

«Tu es prête?

— Allons-y mon amour, vive les hauteurs. À nous Yarumal.»

Quel bonheur! Être avec lui dans une bulle de chaleur au sommet de l'aventure, bercés par les mouvements de la moto dans les courbes douces. Ici, loin de la vie d'hier, il n'y a ni peur ni menace, rien que du rêve à prendre autant qu'on en veut, autant qu'on peut. La lune est un peu moins ronde, elle est claire et proche, à portée de doigts. On dirait... On dirait des étoiles! Non, c'est impossible, il n'y a pas d'étoiles noires. Ça doit être mes dépôts de protéines sur la rétine qui font ces petits points près de la lune. Pourtant, non! Si c'était ça, ils seraient fuyants comme de coutume quand je bouge les yeux. C'est peut-être l'altitude? Non plus, puisque j'ai vu les mêmes de notre patio, dans la Vallée.

«José, regarde!»

Il me fait signe que oui. «La lune est belle», dit-il. Il ne voit rien, lui pourtant si sensible aux détails. Si je croyais aux phénomènes parapsychologiques, je dirais que ce sont... des yeux. Des yeux m'indiquant la bonne direction, comme l'étoile menant les Mages. Est-il possible qu'il y ait un lien entre ces apparitions et l'état d'extase que procure la réalisation de soi, le dépassement de ses propres limites ? Ces points noirs, comparables à des yeux, seraient une projection de ma pensée quand le bonheur devient plus grand que ma capacité de l'intégrer tout entier... Une projection ! C'est sûrement un phénomène du genre. Je dirais... une image de mes aspirations, de mon idéal, de mon propre regard sur moi. Il faudra que je repense à tout ça quand nous serons redescendus sur terre, loin de ce lieu extraordinaire. Pour le moment, je veux croire qu'une personne m'accompagne, complice de mon état d'âme. Une personne bienveillante et joyeuse, forte et belle comme Nedjibia quand elle me montrait ses créations.

Yarumal

C'est la tombée du jour, l'heure où tout est joué, l'heure des triomphes ou des regrets, selon ce qu'on a fait de son temps. Aurai-je assez de présence pour capter avec fidélité les paysages, leurs couleurs et leurs diversités ? Saurai-je trouver les mots pour décrire les grands défis de ce voyage, les dizaines de petites victoires ? Est-ce que j'arriverai à dire les émotions, les sentiments avec autant d'intensité que celle que j'ai éprouvée ? Pourrai-je honorer mon amour avec toute l'admiration que j'ai pour lui, pour son corps d'homme et sa nature aussi indomptable que chaleureuse ? Je voudrais que nous puissions faire le bilan de cette journée, repenser le plus de détails possible, les écrire ou les dessiner, en somme, les concrétiser d'une manière ou d'une autre pour ne jamais les oublier. Lui, je sais qu'il s'étendra sous les couvertures, me prendra dans ses bras en me caressant les cheveux du bout des doigts dans le but de me faire dormir, s'évitant ainsi de supporter mon flot de paroles. À moins qu'il ne m'invite à sortir. Dans ce cas, est-ce que mes sens pourraient intégrer d'autres données ?

« Voilà Yarumal, ma chérie. N'est-ce pas magnifique ?

— Magnifique, sans aucun doute! Mais que c'est haut! Faudra-t-il encore monter?

— Bien sûr, ma belle. La ville est en montagne. Regarde le Morro Azul de Nuestra Senora de la Candelaria. Ne dirait-on pas une crèche et son village la nuit de Noël?

— Les crèches sont en contrebas d'habitude, non?

— Qui t'a dit ça?

— C'est l'idée que je m'en faisais.

— Voyons, femme...

— C'est une vision irréelle. Les lumières des maisons donnent l'illusion d'un village juché en montagne.

— Ce n'est pas une illusion, la ville est tout en pentes, y compris le parc devant l'église.

— Celle qu'on voit avec les deux clochers?

— C'est la paroisse principale, Nuestra Senora de La Merced. »

En pente, c'est peu dire! C'est une rue quasiment à la verticale! Voilà, je le savais... La moto n'avance plus.

« José qu'est-ce qu'on va faire? Tourne la roue de côté et gare-toi, je vais descendre pour alléger la charge. Nous allons reculer, attention!

— Voyons, femme!

— Ne ris pas! Je veux descendre, laisse-moi descendre! Je t'en supplie!

— Attends, pas de panique! Je vais monter en diagonale.

— Je n'aime pas ça du tout. Pas du tout! »

* * *

«Voilà, ma beauté, nous sommes dans la rue principale. Pauvre petite, je t'en fais vivre des émotions! Là! C'est fini, fini.

— Fini! Fini! Trouvons un hôtel, je t'en prie. Ici et maintenant. Moi, je descends. Ça suffit pour aujourd'hui.

— L'hôtel est à un coin de rue d'ici. Je vais voir s'il y a une chambre pour nous.

— C'est ça. Je t'attends, je ne bouge pas.»

Ne t'inquiète pas, mon homme, je n'ai plus du tout envie de bouger. Si tu savais comme j'ai les jambes flageolantes! Douze heures sur une moto pour une femme de mon âge, faut le faire! Je peux me vanter de l'avoir, maintenant, «le look d'aventurière»! Je ne pensais pas que nous étions aussi sales, je n'avais pas remarqué quand nous nous sommes arrêtés tout à l'heure. J'espère qu'ils ont l'eau chaude. Il ne doit pas faire plus de quatorze degrés ici. Lorsque nous étions en chemin, après avoir bu du café et enfilé des vêtements chauds, je me croyais emportée au pays des fées, ravie, sans malaise, sans besoin. La magie est partie tout d'un coup... Pouf! Parti le pays enchanté! Je me retrouve sur un pavé gris, les cheveux emmêlés, le visage asséché, les vêtements poussiéreux, incapable de bouger. Je voudrais m'étendre dans une baignoire d'eau chaude ou dans la piscine de Termales.

«Ils ont l'eau chaude et une chambre décente pour nous. Viens, ma beauté, il faut tout monter.

— Les sacs en cuir aussi?

— Tout.

— Où vas-tu garer la moto?

— Il y a un garage en face.

— Vas-y, je surveille les bagages. Je t'attends pour monter. »

* * *

Nous avons monté ensemble le grand escalier de l'hôtel et, comme je l'avais prévu, nous l'avons descendu, une heure plus tard, lavés, changés et, irais-je jusqu'à dire, revigorés et rassérénés.

« Il faut que tu visites Yarumal, ma chérie. Ça nous fera du bien de marcher un peu. Nous avons de la chance : non seulement c'est samedi, mais c'est jour de fête, le festival des fleurs, semble-t-il. Il y aura de la musique et de la viande frite sur la place principale.

— Musique, *fritanga* et *fiesta* ! Original ! Nous sommes peut-être loin de la Vallée, de la Côte ou de quelque département que ce soit, mais on ne s'éloigne jamais des caractéristiques colombiennes.

— Nous sommes ainsi. Fêtards, joyeux. Que je l'aime, mon pays ! Que je l'aime ! Quel dommage cette violence ! *Pouta* !

— Ici, c'est un paradis. C'est vrai, je le pense. Et pas un paradis ennuyeux où les petits anges restent assis sur des nuages à jouer de la flûte toute la journée ! Non, un vrai paradis, bien terrestre, avec des serpents, des moustiques et des dangers, mais aussi avec des richesses pouvant combler tous les styles de personnalités. Trois cordillères et des neiges éternelles, la mer des Caraïbes au nord, l'océan Pacifique à l'ouest, l'Équateur au sud et la jungle amazonienne à l'est... Et puis, des fruits à s'en gaver, des fleurs à longueur d'année... Il n'y a rien de plus enivrant que l'odeur du jasmin, rien de plus raffiné que l'orchidée et rien de plus romantique que la rose rose.

— La Colombie exporte des roses, tu le savais ?

— Des roses, du café et des émeraudes, la pierre du mois de mai, le mois le plus beau, celui de ma naissance.

— Le mois de mai, c'est celui de la Vierge Marie.

— La Vierge ? Trop tard ! Trop tard pour moi ! »

* * *

« Ravigotant, cette fraîcheur ! Les trottoirs sont étroits, comme à Tuluá et comme la route jusqu'ici ; il faut se pousser quand on rencontre quelqu'un.

— Tu exagères, femme !

— Comme les rues sont droites, on peut voir d'un bout de la ville à l'autre.

— Oui, les rues sont droites, tu ne sais pas à quel point ! Suis-moi... Regarde le parc central !

— La rue le sépare en deux ! C'est spécial !

— À cause des pentes, il aurait été difficile de le contourner. Alors ils ont trouvé la solution.

— Viens, allons visiter la basilique.

— Encore monter ! Non, non, je refuse de monter ! Je t'attends ici, je suis trop fatiguée.

— Donne-moi la main et allons-y doucement, marche par marche. Tu t'appuieras sur moi comme au Corcovado. Tu te souviens ? J'étais si fier de toi !

— Au Corcovado ! Deux cent cinquante-quatre marches pour se rendre à la statue du Christ Rédempteur, je les ai comptées ! Je peux bien avoir des problèmes de cartilage aux genoux.

— Ça valait la peine. Tu étais si heureuse, ma beauté, toute en admiration devant le bleu de la baie de Rio !

— La baie de Rio... En admiration! Marche par marche! Décidément, c'est mon karma.»

Notre-Dame de la Merci, patronne de Yarumal. Le chœur est impressionnant comme celui de toutes les églises du monde. Ces richesses me troublent. Je suis divisée... Je ne peux pas m'empêcher de voir le faste impudent de ceux qui prônent, du haut de la chaire, les valeurs spirituelles, ceux-là même qui ont fait vœu de pauvreté pour leur vie entière. Je pense aux dorures des églises de Quito et aux mendiants sur les parvis, à leurs mains rudes et décharnées, à leurs yeux creux, tristes et cernés. Par ailleurs, les œuvres d'art sont si inspirantes... Il faut dire que ce retable antique est magnifique. C'est un peintre équatorien qui a peint le tableau de la Vierge. Je l'ai lu pendant la préparation du voyage. L'encadrement d'argent martelé, la couronne, l'écusson et la broche en or furent ajoutés en 1942. C'est beau, il faut dire que c'est beau! Si seulement la créativité humaine était capable d'en finir avec la misère! Qu'est-ce que je peux faire, moi, ici-bas pour les autres?

«À quoi penses-tu, ma chérie? Tu as l'air sérieux!

— Je pense au faste des églises, aux dorures, aux œuvres d'art et à la pauvreté partout en ce monde, et ce, à toutes les époques de l'histoire. Je ne sais pas quoi penser...

— Pour ma part, j'ai trouvé un compromis. Je préfère le style manuélin des églises portugaises. Tu te souviens, nous en avons vu à Recife. Les décorations sont abondantes et complexes, mais elles sont dans l'ensemble plus dépouillées. Les murs sont en crépi blanc. Et pour ce qui est de l'aide, on doit agir, chacun à sa manière.

— L'aide, je crois aussi que c'est personnel, que ça doit venir du cœur, être spontané, gratuit, jamais forcé ou imposé. Tu as raison, José, il y a tant de gens à aider, sur tant de plans. On a le choix! L'important, comme tu dis, c'est de faire quelque chose sans trop penser au résultat et sans regarder ce que les autres donnent de leur côté. Ma cause à moi, c'est l'estime de soi, la fierté, la dignité.

— Moi, j'aimerais pouvoir fournir l'élément manquant pour qu'une personne puisse étudier, travailler.

— Ta plus grande cause, mon amour, c'est la santé. Tu as l'instinct, la manière, tu sais toujours quoi faire avec peu de chose, et tu sais rassurer les autres.

— J'aimerais tellement avoir le don de guérison.

— Saint José!

— Ne ris pas de ton homme...

— Sérieusement, nous formons le couple parfait. Tu t'intéresses à la santé du corps et moi à celle de l'âme. C'est complet.

— Allons dans le parc, j'ai faim. Étant donné mon intérêt pour le corps, je vais lui donner à manger!

— Eh qu'il y a du monde! Tout le village est ici, on dirait. Au fait, quel est le nombre d'habitants?

— Environ trente-cinq mille personnes. Tiens, assieds-toi ici, la dame t'offre une chaise. Je vais chercher à manger. »

C'est bien mon homme! Il fraternise avec un villageois comme s'il était d'ici. Il se met à parler comme ça, de n'importe quoi, et il en rajoute. Quand il n'y a rien de plus à dire, il raconte une histoire, il fait rire, puis il redevient sérieux, philosophe sur l'avenir de son pays, sur la vie et l'après-vie. Il dit ne pas avoir d'amis, mais il connaît des gens partout, dans tous les milieux, du plus humble au plus fortuné, du plus instruit au moins développé. Il apprécie les intellectuels, les artistes, les sportifs, et il s'arrête pour admirer les pêcheurs à la ligne ou au filet en se mordillant les lèvres d'envie.

Ils parlent de la fête des fleurs. L'homme dit que les plus belles de Yarumal sont les jeunes filles. Les hommes, tous les hommes, jeunes et vieux, de tous les temps, regarderont toujours les jeunes filles avec du désir dans les yeux. Je les comprends : comment ne pas regarder une peau de satin, des cheveux souples et brillants, des formes sveltes, un ventre plat, des mains lisses, des chevilles fines et une beauté du diable sur un visage d'ange ? Je les trouve belles moi aussi, les jeunes filles en fleurs, celles d'ici, de Tuluá, ou d'ailleurs. Mais quel dommage, leur jeunesse ne sait profiter de ses atouts. Leur féminité se limite à des com-portements exhibitionnistes, comparables d'une fleur à l'autre. Juchées sur des souliers mode inconfortables les obligeant à faire des petits pas ridicules et transformant leur derrière en cul de poule, elles marchent dans des vêtements identiques, com-primant et remontant leurs formes dans des blouses en tissus élastiques et des jeans rugueux dont les coutures irritent certai-nement leur sexe délicat. Leur expression est glacée comme le miroir magique qu'elles cherchent dans les yeux des autres. Leur regard en point d'interrogation semble dire : « Dites-moi que je suis la plus belle ! » Quant à leurs lèvres pulpeuses qui devraient suggérer le baiser, elles sont graissées d'une espèce de rouge brun foncé tout à fait repoussant. Des vrais clones, fabri-qués d'après un modèle engendré par les puissants de ce monde.

« Tu veux du *bofe* ma beauté ?

— Le *bofe*, c'est du poumon grillé ?

— Oui, tu aimes ça. Prends, ma chérie. Veux-tu quelque chose à boire ?

— Un bon café, ce serait bienvenu.

— Il n'y a pas de café le soir.

— Ici non plus? De l'eau alors. Merci, mon amour.

— Ça va comme ça? Es-tu confortable là où tu es? Oui? Embrasse-moi!»

Ils ont recommencé à parler. Il paraît qu'il y a eu une attaque dans la région. Les guérilleros, semble-t-il. Belle affaire! Compte sur moi, mon amour. Demain, nous attendrons le plein jour avant de nous montrer sur les routes. Que tu le veuilles ou non, je prendrai le petit-déjeuner assise confortablement dans le salon de l'hôtel. Parole de femme.

«Regarde ce que papa a trouvé.

— Du café! Où l'as-tu trouvé?

—Ah! Demandez et vous recevrez, madame! C'est ça, ton homme! Goûte!

— Oh! Avec une touche personnelle... Tu as ajouté du rhum!

— Qu'est-ce que tu en dis?

— J'en dis que tu es le meilleur et que je t'adore.»

Charmant! Savoir donner ce qu'il faut au bon moment. La séduction, c'est autre chose que la beauté plastique. Je parle d'une attention spécifique, d'un don, d'une émotion. Je parle de sensualité et de plaisir, celui de vivre, celui d'aimer. Tiens, je devrais organiser une démonstration de séduction ici, dans le parc. Je ferais taire la musique pendant quelques minutes et j'inviterais les gens à écouter le vent, à regarder le ciel de nuit sur les grands *yarumos*, puis à fermer les yeux un moment, le temps de respirer l'odeur des fleurs et de sentir la fraîcheur des montagnes. Je choisirais la plus attachante des filles, celle qui aurait une bouche nature et un brin de femme dans ses traits d'enfant, je l'habillerais d'une jupe légère, en voile probablement, et je lui apprendrais à sentir la caresse du tissu au moindre mouvement ; je lui offrirais une blouse en dentelle et des boutonnières laissant des ouvertures sur la soie de sa peau. Je lui demanderais lequel des hommes inspire son âme, lequel de ces corps sait émouvoir le sien. Quand son cœur se serait mis à battre plus rapidement, pas avant, je lui dirais de poser le bout des doigts sur l'épaule de son choix, de sourire tendrement et de laisser l'émotion allumer son regard. Alors reviendrait la musique, une valse ou un rythme enlevant mais romantique. Ainsi, les gens verraient, par l'allégresse de ces danseurs seuls au monde au milieu de la fête, ce que la séduction veut dire et à quoi elle devrait servir.

Je sais, je suis bien peu réaliste. Ces chers hommes ! Il leur suffit d'une poitrine exhibée, d'un derrière rebondi pour avoir l'air d'une bête à la bouche baveuse et aux yeux gonflés de sperme. Pauvres vieux, ils se croient séduisants parce qu'une fleur du printemps active le bas de son corps en piétinant froidement entre leurs bras. Ils ne se rendent pas compte qu'elles ne les voient même pas, cherchant plutôt à vérifier, par leur attitude et leur accoutrement, leur pouvoir de femelle naissante. Pauvres petites, elles ne recevront de leurs minables conquêtes que des paroles prévisibles cachant à peine un vil désir de baiser. Quant aux hommes, ils ne recevront rien de ce qu'ils espèrent. Ils termineront la soirée entre eux, à se raconter leurs supposées performances, en buvant comme des trous jusqu'à ne plus savoir où ils sont ni ce qu'ils essaient de dire. Ils réussiront quand même à rentrer chez leurs femmes, par instinct, j'imagine, à s'allonger auprès d'elles, sales et ronflants, sans jamais savoir qu'elles rêvent du temps où elles étaient belles à séduire.

Belles à séduire ! Pourquoi faire, chères inconscientes ? Pour reproduire la même histoire décevante ? C'est l'amour qui rend belle, femmes et demoiselles, au temps de la jeunesse comme longtemps après le pouvoir des hormones. Il faut savoir choisir, donner et prendre selon ce qui nous plaît et ce que nous avons à offrir. Les bas instincts de nos partenaires sont faciles à exciter, là n'est pas le défi; il faut savoir aussi stimuler d'autres aspects de leur être, mais c'est plus long et beaucoup plus exigeant que de s'exhiber dans des vêtements moulants.

« Mon amour, sortons de la *fritanga* puis de l'*arguadiente* et allons voir la fête de plus loin. Donne-moi la main et marchons un peu même si la route est en pente. Je veux t'entendre me raconter ta journée, savoir comment tu l'as vécue. À quoi pensais-tu en partant? En chemin? Dans la montée? Sur l'Alto de Minas, quand nous avons regardé Copacabana, puis sur le Plano de Ventanas? Qu'est-ce que tu as ressenti en arrivant ici avec moi? Et ce soir, parle-moi de ton plaisir. Moi, je te dirai combien je t'admire, à quel point je me sens femme grâce à toi, et je te parlerai tout bas des merveilles de notre aventure. »

Jour 2

Yarumal – Valdivia

A près la marche rue principale, les baisers et les confidences, nous nous sommes blottis dans un des lits simples, au creux de nous deux, dans la chaleur d'un plein bonheur. Moi qui, avant de m'endormir, jongle d'habitude avec mes pensées en tapotant José pour protéger son sommeil comme on le fait avec un tout petit enfant ; moi qui invente des histoires dramatiques aux finales extraordinaires, qui dessine en rêve des maisons aux pièces fabuleuses, dont les portes donnent sur des jardins de jasmin, de roses roses et d'orchidées, sur des rivières chantantes et parfois même sur la mer ; moi qui refais le monde à ma manière de femme, sans destruction ni compétition malfaisante ni consommation outrancière. Moi qui, d'ordinaire, vis toute une vie en une heure avant de sombrer dans l'oubli, hier j'ai fermé les yeux parce que je ne trouvais plus rien à inventer, comme Dieu au septième jour. Hier, je me suis endormie repue de tout, le sourire aux lèvres en pensant que j'étais arrivée à mes fins dernières, en me disant que j'avais déjà pris le meilleur sur la terre.

Au réveil, la clarté du jour illuminait la pièce. J'ai pensé que José m'avait laissée dormir non tant pour la nécessité de partir à un moment sécuritaire, mais par pure compassion, étant donné l'effort de la veille et pour respecter mon rythme habituel. Je me suis dit aussi que le trajet d'ici Sincelejo était plus facile que la montée jusqu'à Yarumal et que, même en partant vers huit heures trente, nous aurions amplement le temps d'arriver avant la brunante. José est entré dans la chambre au moment où je m'étirais les membres. Mon homme sait, même à distance, à quel moment précis j'ouvre les yeux.

Nous avons pris le petit-déjeuner au lit, comme de coutume. Quant à moi, j'ai laissé sur les draps, aussi comme de coutume, quelques gouttes de café, une tache d'*arequipe* et des miettes de *pan de queso*. Nous avons parlé de tout et de rien, de l'hôtel tenu par deux jeunes hommes amoureux, de la fermette que nous aurions à l'âge d'or et du bonheur d'être ensemble. Nous avons ri de nous voir si décontractés à l'aube d'une autre journée de grands défis, «comme les retraités que nous sommes», avons-nous dit, puis nous avons souri de notre impudence à mettre le départ en suspens au profit des plaisirs du moment. Douillettement installée, j'en remettais, lui racontant mon abandon de la veille et l'enthousiasme qui m'animait en ce lendemain de fin du monde. Il a dit :

«Enthousiasme! Oui, je vois ça!

— D'accord, je me lève. J'ai assez flâné, je suis prête psychologiquement et je le serai physiquement après mes ablutions matinales. Tu peux descendre les sacs de la moto, je prendrai celui des vêtements et, dans deux minutes, en avant l'aventure!»

* * *

Yarumal est éclatante au petit matin. Grâce à la dénivellation de la ville, le soleil peut tout éclairer et atténuer le froid des nuits en montagne. Nous ne sommes partis que depuis cinq minutes et nous voilà déjà dans la nature, loin de toute organisation sociale. Quel plaisir!

On dirait que j'ai parlé trop vite.

« Qu'est-ce que c'est ? Des guérilleros ?

— Non, un barrage militaire.

— Il faut arrêter ?

— Pas le choix, ma belle !

— Moi qui étais dans mon élan mental, bien installée pour des heures. Mais c'est mieux comme ça. Au moins, il y a de la surveillance. »

Ils avaient l'air surpris, les militaires, quand nous leur avons dit d'où nous venions. « De Tuluá ? » ont-ils répété, curieux. Ils nous ont regardé de la tête aux pieds, ont examiné la moto et les papiers, puis la moto encore une fois, d'avant en arrière, touchant le cuir capitonné recouvrant le réservoir d'essence. Ils se sont parlés entre eux, commentant ce voyage depuis la Vallée. José a répondu avec un tel détachement, fier, bien planté dans ses bottes de cuir noir. Quel corps d'homme ! Énergique, souple. Il n'y a que lui sur terre pour me faire un tel effet. Un effet aussi complet. Son allure réveille mes instincts de femme chaque fois qu'il apparaît devant moi, que ce soit en vêtements chics, en camisole tachée en raison de ses activités ou complètement nu. C'est toujours le même scénario : quand je le vois, le décor s'embrume autour de lui, son allure me ravit, ses yeux m'hypnotisent un moment, puis je m'approche tout près, le respire, et la suite dépend du lieu où nous sommes. Sa personnalité m'allume autant. Elle me donne envie d'agir, le courage du pas suivant et, par surcroît, la joie de vivre au présent. Je vois son cœur aussi dans son attitude, ses gestes, son don de soi. Si le mâle en lui peut attaquer ou se défendre selon la personne se trouvant devant lui, son cœur se gonfle de compassion devant la tristesse, la faim ou le besoin.

Finissez-en, les hommes, avec vos contrôles, ne retardez pas l'aventure! Rendez-moi mon cavalier, *por favor*! Enfin! C'est ça! Merci pour le « Bon voyage! ». *Bye, bye, adios muchachos!*

« Pourquoi cette caresse?

— Parce que je t'aime.

— Je sais, mais encore?

— Parce que tu es beau, que tu m'inspires et que tu sens bon. Dégage un peu ta peau dans ton cou, que je t'embrasse!

— Tu pourras me redire ça ce soir?

— Je le pourrai. »

J'espère qu'il n'y aura pas trop de barrages. Je sais qu'ils sont nécessaires et j'apprécie leur utilité, il faut ce qu'il faut, mais ils entravent ma concentration, ils me tirent les pieds sur terre alors que je suis en lévitation. Bon! Une grande respiration, reprenons le voyage, lui et moi seuls à nouveau, retrouvons l'extase des hauteurs. Le paysage est magnifique et dramatique en raison des flancs brun gris, lustrés par l'eau des sommets. Cette eau se répand sur les parois en formant de minces rideaux ondulés ou des filets ruisselant dans le creux des fissures. Parfois, elle tombe en chutes raides que les rochers fracassent et transforment en gouttelettes, puis en une bruine pareille aux embruns soufflés du large. Je me souviens d'Olinda, dans le nord-est du Brésil, de la discothèque de plage où les pas du *foro* nous avaient séduits au point de nous faire oublier l'engouement que nous avions pour le tango. Enivrés de mouvements libres et joyeux, nous prenions des pauses de la danse, à l'extérieur sur la plage, et nous allions apprécier le fracas des vagues sur les rochers et nous laisser rafraîchir par les éclats d'eau salée. Comme je voudrais maîtriser les techniques de la transparence et de la monochromie! Je reproduirais en peinture la beauté sauvage des escarpements, les jeux de lumière sur les tons de vert et sur les parois mouillées ou dans les rigoles le long du chemin. Si j'avais une autre vie, je serais artiste peintre, aquarelliste probablement. Je peindrais un même paysage à différentes heures du jour ; j'illustrerais les contrastes, le roc et l'eau, l'aspect rigide et la fluidité, la stabilité et la liberté, la nature et les créations humaines, comme cette route imposée à la montagne. Ma peinture serait allégorique, c'est certain. Si j'avais une autre vie, j'aurais le loisir de développer d'autres talents.

Écoutez-moi ! Au lieu de souhaiter une vie supplémentaire dans le but de mettre au jour d'autres talents, je ferais mieux de profiter de celle-ci. Si je faisais humblement l'effort de reproduire les paysages et les images que j'ai en tête, ne serait-ce pas plus satisfaisant ? Je n'aurais qu'à chercher de l'aide, à l'ordinateur par exemple. Il y a des programmes qui permettent de recomposer les formes, les dimensions, les couleurs. L'utilisation d'un *scanner* permet de copier des photos, puis de les retoucher sur le papier, à son gré. Je pourrais m'associer à une personne talentueuse capable de dessiner à ma place. Une idée, c'est déjà de la création. Il suffit de chercher comment la concrétiser ou qui pourrait le faire. Cela me rappelle ma petite maison.

C'était au printemps, début avril. Il faisait encore frais sur la galerie de la maison familiale. Quelques plaques de neige brillaient sur le gazon déjà vert par endroits. Mon grand-père m'avait demandé :

« Qu'est-ce que tu aimerais pour tes huit ans ?

— Une petite maison avec une grande fenêtre devant, des petites sur les côtés et des persiennes que je pourrais ouvrir et fermer, une galerie où mettre le landau de mes poupées et un toit en pignon pour que la neige puisse glisser en hiver. Une serrure aussi pour la porte, une vraie serrure avec une clé. Je ne veux pas que mes frères, mes cousins et leurs amis viennent l'envahir et tout détruire. L'autre jour, mon frère Jean-Pierre a sorti la tête du corps de ma poupée pour voir ce qu'il y avait dedans. »

« Une maison ! » avait-il répondu. Sur-le-champ, il a téléphoné à quelqu'un au sujet du projet et a dit : « Un homme viendra pour toi, tu lui diras comment tu la veux, ta maison. »

Je ne sais plus combien de temps j'ai attendu « l'homme », quelques jours, une ou deux semaines peut-être, mais quand il est arrivé, mon plan était prêt. Je savais exactement ce que je voulais, j'avais tout dessiné en pensée, en détail. L'homme s'est accroupi près de moi. Il avait une tablette de papier blanc presque transparent et un crayon finement aiguisé ; je n'en avais jamais vu de semblable. Il a posé la tablette sur son genou en me disant : « Parle-moi de ta maison ! » Hésitante, je me suis mise à la décrire en mimant les formes : le toit en pente, les murs en planches superposées, la porte en bois plein, sauf un carré de vitre en haut pour voir qui vient, la grande fenêtre du devant pour la lumière. L'homme traçait des lignes droites, précises. Sur le papier, la maison imaginée prenait forme, encore plus belle que dans mon rêve. Ébahie, encouragée, j'ai décrit les petites fenêtres des côtés, l'une donnant sur l'érable, l'autre sur la maison familiale, puis les persiennes, les boîtes à fleurs, la galerie à barreaux et l'entrée. L'homme comprenait, reproduisait en dessin mes gestes et mes paroles, vérifiait si c'était à mon goût. Je disais oui de la tête et des yeux. J'ai ajouté des détails, comme les marches devant l'entrée de la galerie : j'en voulais trois. J'ai parlé des couleurs : la porte, les persiennes, les poteaux et les boîtes à fleurs en rouge, le toit noir et le reste en blanc. J'ai regardé l'ensemble et tout était parfait, sauf un détail contrariant. L'homme avait mis les marches et l'entrée de la galerie devant la porte. J'aurais préféré les voir à l'autre extrémité pour rendre l'accès plus difficile, pour mieux préserver l'intimité. Réaction féminine, peut-être. Il a dit que ce serait gênant pour entrer les meubles et le landau de mes poupées. Je me suis laissée convaincre, mais je réalise aujourd'hui que c'était par manque d'arguments et aussi parce que le talent de cet homme et sa considération pour moi lui avaient permis de l'emporter pour ce détail du plan.

J'ai attendu la suite avec autant de certitude que j'espérais les feuilles après les bourgeons. J'allais souvent près de l'érable, à l'emplacement de ma maison, touchant les murs imaginaires, mimant la montée sur la galerie. Il y a eu de grands vents, de la chaleur et de la pluie. Le vert de l'été s'est répandu partout, les parterres ont fleuri, des allysums blancs se sont alignés en bordure de la pelouse, le long de la maison. Ma grand-mère a fait installer les toiles bleues sur le fer forgé des balcons et autour de la grande galerie d'en arrière. Elle aimait regarder passer les gens, le soir à la brunante, discrètement assise derrière «les tours», comme elle disait. Les journées sont devenues longues, longues. Moi, je parlais de ma maison.

Un matin de soleil, ils étaient là, les constructeurs avec le bois.

«C'est pour ici la petite maison?

— Pour ici, oui. C'est ici. Ici!»

Je me souviens de ne pas avoir été surprise parce que la veille j'avais eu un pressentiment, une émotion semblable à celle que les enfants éprouvent la nuit du 24 décembre. J'avais peu dormi et à mon réveil j'ai entendu le camion arriver rue Beaubien. J'ai couru à leur rencontre, les souliers encore débouclés. Les hommes se sont mis à l'œuvre, étalant sur le gazon des «quatre par quatre», comme ils disaient, des planches blondes, des bardeaux noirs, des quarts-de-rond, des fils, beaucoup d'outils. Devant moi, rien que pour moi, les rideaux s'ouvraient, le spectacle commençait.

J'étais là depuis des heures. Il faisait chaud, j'avais soif et besoin du petit coin, la planche de la balançoire était dure à la

longue, mais je n'aurais bougé pour rien au monde, et certainement pas avant leur pause. J'ai tout vu. Ils ont creusé, mesuré,
posé des cordes, scié, cloué. Ils se comprenaient en prononçant
des phrases courtes, des mots étranges. On entendait le bruit de
leurs outils. Entre leurs mouvements, leurs fronts mouillés, leurs
bras musclés, je l'ai vue se dresser peu à peu, l'image illustrée
sur le plan, du plancher droit jusqu'au toit en pente. Bientôt, je
le savais, je serais chez moi.

Il me semble avoir vu des vêtements étalés sur les pierres.
Impossible! Quel humain pourrait vivre par ici? Il n'y a aucun
service et la nature, quoique splendide, est trop froide et trop
hostile pour qu'on puisse y installer sa demeure. Pourtant, ce
sont bien des vêtements! Et cela, cet assemblage de bouts de
planches, de tôle et de plastique noir comme celui des sacs à
ordures, c'est bien une maison. Une maison avec des ouvertures servant de portes et de fenêtres, et des planchers de terre
ou de pierre, selon l'offre de la nature. En voilà une autre et une
autre. Il y en a plusieurs entre la route et la montagne. Si les
gens viennent si haut et si loin, s'ils s'accommodent de si peu
d'espace, c'est sans doute parce que c'est encore pire ailleurs.
Au moins, dans les Andes plus au sud, de Popayan à Ipialès,
la température est plus clémente. Les gens parviennent à avoir
un minimum de confort et d'agrément. Leurs petits jardins
clôturés fleurissent en abondance, comme leurs semblants de
galeries, toujours ornées de jardinières, et on peut voir des
poules picorer les parterres.

Ici, je n'ai pas vu d'animaux ni de clôture autour d'un espace
privé, ni de petite entrée. Il n'y a que la maison de fortune, des
installations rudimentaires pour le lavage des vêtements et la
cuisine, et le terrain de jeu des petits se limite aux tas de pierres
près des rigoles. Comme tous les enfants du monde, ils doivent
s'inventer des histoires, jouer au chevalier avec un bout de
branche en guise d'épée. Ici plus qu'ailleurs, il doit être facile
d'imaginer des dragons jaillir des précipices ou surgir des ro-

chers. Les enfants des montagnes préféreraient-ils jouer, comme tant d'autres, aux extraterrestres et à la guerre des étoiles ? J'ose espérer que ces lieux isolés, sans l'influence de la télévision et la pollution des jeux vidéo, servent au moins à stimuler leur imagination, à développer leur créativité.

Les petites filles fabriquent probablement des poupées avec des branchages habillés de feuilles. C'est ce que je faisais avec Susie, l'été. Les graminées, les fleurs sauvages, surtout les petites boules roses dont je ne connais pas le nom, les marguerites et les pissenlits se transformaient en vêtements de bal. À Noël, l'année de mes six ans, j'avais reçu une machine à coudre miniature, à manivelle, grâce à laquelle je réalisais de vraies coutures. Quand madame Dulude, la couturière de ma grand-mère, venait chez nous, nous ramassions les retailles de tissus, les rubans, les garnitures, tout ce qui pouvait nous servir à fabriquer des jupons sur lesquels nous cousions les fleurs à la main, en piquant dans les tiges. Les robes enchantées ne duraient qu'une journée, comme celle de Cendrillon. À l'heure du sommeil, nos créations se fanaient, nous le savions. Mais le lendemain ou quand nous décidions que c'était jour de fête, nos petits doigts de fées recréaient des princesses.

« José, s'il te plaît, arrête un instant. Tout de suite.

— Pourquoi ? Qu'y a-t-il ?

— J'ai vu quelque chose. Arrête maintenant, ne va pas plus loin.

— Qu'est-ce qui se passe ? Tout va bien ?

— Regarde en arrière !

— En arrière ? Où ça en arrière ?

— Là, la maison en plastique noir. N'est-ce pas incroyable ?

— La maison ? Tu m'as fait peur ! La maison... Oui... oui, ma chère !

— Faut-il aimer la vie ? Non ?

— En effet. J'aimerais connaître ces gens. Merci, ma beauté, c'est un très joli cadeau. »

Je veux que cette maison devienne fameuse. Je ne sais pas encore comment, mais un jour, je le jure, elle sera un symbole de joie de vivre, d'adaptation, d'espoir, un message aux fortunés qui se plaignent de ne pas tout avoir. « La vraie richesse est dans la tête et non dans le portefeuille », comme dit José. Cet exemple de débrouillardise, de dignité, c'est un message à ceux qui s'empêchent d'agir par manque de confiance en soi et en la vie. Cette maison, je ferai l'effort de la dessiner, j'y travaillerai jusqu'à y arriver. En toile de fond, je peindrai le ciel ensoleillé sur le vide embrumé. À l'avant-plan, je mettrai un bout de terre d'environ un mètre, bordé de quelques roches bien disposées. Au centre du tableau, trônera le carré en plastique noir constituant la maison ; je placerai son rideau de tissu usé servant de porte. Enfin, je peindrai le message principal, ces jardinières disposées d'une façon symétrique sur les trois faces visibles de la maison. Peut-on le croire ? Des jardinières remplies de fleurs multicolores. J'en ai compté au moins une trentaine, fabriquées avec des bouteilles d'eau gazeuse, coupées à moitié et fixées aux languettes de bois de la structure, sous le plastique.

Faut-il aimer assez la vie pour avoir le goût de décorer son abri de misère avec suffisamment de soin pour suggérer le bonheur au lieu du sentiment de pitié qu'il pourrait inspirer ? Faut-il avoir assez de génie pour imaginer la fantaisie dans des matériaux jetables, mieux encore, assez de vision et de patience pour les recueillir et les transformer selon son imagination ? Il n'y a pas de revues de décoration par ici, ni de dépanneur au coin de la rue, ni de bacs verts où recueillir les objets recyclables.

Faut-il enfin avoir de la fierté pour encadrer son territoire avec des pierres minutieusement assemblées! Quel être a pu réaliser cette petite merveille? Un homme, une femme? Peut-être un couple? Un couple heureux, certainement.

Je dessinerais aussi dans le ciel bleu ces petits points noirs insolites, que je compare à des yeux, ceux de Nedjibia comme il me plaît de le croire, parce qu'elle m'inspire la joie de créer encore plus fortement que du temps où je voulais faire des affaires avec elle. Des yeux en étoiles ayant le même mandat que les étoiles des Mages, celui de les guider vers la naissance d'un être à part, dans un lieu dépouillé où l'essentiel est un don de soi. Par cette maison, je commence à mieux savoir ce que je cherche et la manière dont je veux magnifier ma façon d'être. Je veux apporter mon aide plus concrètement, plus humblement, par des gestes précis dans des situations particulières. Être prête, disponible pour qui veut faire quelque chose de ses mains. Je cherche un lieu physique, simple, suggestif, où l'expression artistique, si modeste soit-elle, serait possible. J'ai l'intime conviction que lorsqu'un être arrive à s'exprimer dans une activité quelconque, il devient capable de mille autres réalisations.

Je me le répète souvent depuis que je suis en Colombie, j'ai aimé le temps où mon bureau de psychologue représentait une bulle survolant le réel, pareil à un ballon dirigeable recueillant la souffrance le temps de la voir de haut, de la comprendre suffisamment pour en faire une information utile. J'ai aimé le temps où mon intervention inspirait confiance, un pouvoir personnel, la dignité, et j'ai gardé en mémoire tous ces moyens que nous avons trouvés, les patients et moi, pour donner plus de direction ou de sens à leur existence. Ils avaient pour la plupart l'éducation et les capacités intellectuelles et psychologiques de reconnaître leurs talents, de développer les stratégies nécessaires à la réalisation de leurs désirs ou à l'amélioration de leur état. Tant que mes facultés intellectuelles seront actives, j'aiderai encore les autres par le pouvoir des mots, comme une psychologue traditionnelle, mais je veux aussi, avec de plus en plus de conviction, apporter une aide concrète, liée à la créativité, à ceux qui ont moins reçu de leur milieu social et de la vie en général.

Il me revient un détail de l'instant où j'ai dit à Nedjibia: « Nous ferons des affaires ensemble. » Je me suis vue réunir des artistes locaux pour leur permettre de vendre leurs produits, bien entendu, mais surtout pour générer d'autres idées et techniques de création. J'ai imaginé des objets en verre soufflé semblables à ceux des boutiques de Gaspé, au Québec, des boucles d'oreilles transparentes à moitié remplies de liquide coloré et des bijoux conçus d'après le thème de la mer. J'ai pensé à des tissus légers, brodés comme ceux de Cartago, et d'autres peints à la manière de Nedjibia. Il m'est apparu une collection de petites maisons colombiennes et québécoises avec des fenêtres, des portes et un toit amovible permettant aux enfants de jouer avec les personnages miniatures. J'ai vu aussi des chandeliers et différents objets en fer forgé. J'ai toujours aimé le fer forgé. Autrefois, au temps de mes vingt ans, j'avais dessiné la tête de lit, la table de chevet, une chaise et les accessoires décoratifs de ma chambre à coucher. Les artisans de Saint-Césaire avaient reproduit mes modèles en fer soufflé. Que je voudrais revivre cette expérience avec des gens d'ici!

C'est maintenant, en raison de la maison en plastique noir, que ce flot d'images perçues l'instant d'une poignée de main me réapparaît clairement et en détail. Incroyable, le cerveau! Quand un événement significatif se présente, toutes les données comparables accumulées dans un tiroir de la mémoire, les émotions, les expériences, les attentes se réveillent, communiquent entre elles, font des liens et produisent un tout qu'elles projettent sur l'écran intérieur. Il faudrait apprendre à saisir ce tout au passage, à le considérer comme un message de nos désirs, à le retenir et à s'en servir pour aller de l'avant sur un chemin qui convient à ce que nous voulons devenir. Mon chemin actuel, c'est un passage vers une autre étape de moi-même, j'en suis certaine. Plus nous avançons, plus je découvre des indices me prouvant que je suis sur la bonne voie.

« Encore un barrage ?

— *I don't know.*

— Quand tu parles anglais, c'est que tu es inquiet. Ce serait des guérilleros ?

— *I don't know.*

— Regarde, mon amour, la route est encombrée de camions jusqu'en bas ! Pendant des kilomètres ! Qu'est-ce que nous allons faire ? Nous ne pouvons pas retourner sur nos pas. Nous avons déjà fait le plus dur du chemin. Il faudrait se renseigner au moins pour savoir ce qui se passe. Demande...

— *Wait,* femme, je t'en prie. Je viens de comprendre. La route s'est fendue à cause des pluies.

— Fendue ?

— Les Antioquéniens ont tout essayé pour éviter les éboulements de terrain à cet endroit. Ils l'ont renforcé de différentes manières, ils ont utilisé de la pierre et du béton, mais la montagne rejette toujours ce qui ne lui appartient pas.

— C'est encore beau qu'elle n'envoie pas ces tonnes d'envahisseurs au fond du précipice ! Il suffirait de quelques grosses pierres se détachant du sommet pour nettoyer le passage. Que c'est effrayant ! Vivement que nous sortions d'ici ! Qu'est-ce que tu fais, José ?

— J'avance.

— Je vois ça, mais entre les camions ? Mon amour, ce n'est pas possible !

— Ma belle, c'est l'avantage de la moto. On peut passer partout. Suis-moi.

— Suis-moi! Tu es drôle, toi! Ai-je le choix?»

Quelle horreur! Nous nous enfonçons dans un labyrinthe de structures d'acier, de roues géantes et de matériaux de toutes sortes, y compris des queues d'animaux. Nous passons si près que si l'un de ces animaux satisfaisait ses besoins naturels, il nous honorerait bien grassement. Rien ne bouge. Heureusement. S'il fallait que cet ensemble monstrueux se déplace le moindrement, «l'avantage de la moto», comme il dit, serait vite réduit en bouillie! C'est bien ce que je craignais: José passe du côté du précipice. Que je déteste ça! Pense, femme! Je pourrai toujours m'agripper à un camion si jamais les roues de la moto dérapent et quittent la mince bande de terre limoneuse qui nous sert de passage. Je reste à l'affût, prête à m'accrocher et à retenir José par les aisselles avec mes jambes, s'il le faut. Une éclaircie, enfin!

J'ai encore parlé trop tôt. Une éclaircie de camions, devrais-je dire, vu le banc de terre, de pierres et d'asphalte en morceaux qui rend toute circulation impossible. Il faudra des heures pour remettre la route en état.

«Attends-moi ici, je vais voir si je peux passer.

— Passer? José, tu n'y penses pas?»

Je ne peux pas croire qu'il engagera la moto dans ce barrage boueux entre les roches. Elle va s'enliser et ce sera encore pire, sans compter le danger de briser le moteur, la chaîne ou les pneus. Mon Dieu, faites qu'il dise que nous attendrons sagement, comme tout le monde! Non! Je pourrais jurer que Dieu n'entendra pas ma prière, José a son air décidé. Il va tenter l'escalade. Je fais mieux de me taire. De toute façon, il n'en fera qu'à sa tête.

« Laisse-moi descendre, au moins, pour alléger la charge.

— D'accord, chérie.

— Je vais devant. Attends que je sois sur le haut de la butte. Je te dirai si c'est clair devant. »

Misère ! J'enfonce jusqu'aux chevilles ! La moto ne passera jamais ! C'est plus qu'une butte, c'est haut et à pic. Je suis essoufflée comme une vieille mule. Je marche à quatre pattes, me hissant par les mains et les pieds, le derrière en l'air. Quelle disgrâce ! C'est fou ça ! J'espère au moins que ceux qui me regardent ont pitié de moi... Cher amour, qu'est-ce que tu me fais faire ! Le voilà qui démarre. J'aime mieux fermer les yeux. Après la butte, s'il y arrive, qu'est-ce qui nous attendra encore ? Bon sang, il y a un autre barrage devant ! La moto glisse, dérape, s'enfonce, la roue tourne dans le vide, il ne faut pas qu'il arrête. Bonne idée, mon amour, bonne idée, avance en biais. Doucement, doucement. Ça y est, il passe, il monte, difficilement, en projetant de la boue derrière lui, mais il monte. Incroyable !

« Qu'est-ce que tu dis de ça, ma beauté ?

— Je n'ai rien à dire pour le moment, à part le fait que tu es extraordinaire. Tu m'impressionnes ! Qu'est-ce qu'on fait maintenant ? Je ne vois pas comment on peut passer. As-tu une bonne idée ?

— Essaie d'enlever la roche.

— La roche ? Quelle roche ? Ne me dis pas que tu parles de cette grosse roche-là ?

— Vas-y doucement, ma chérie, en t'accroupissant pour ne pas te blesser au dos. »

Enlever la roche en m'accroupissant ! Rien que ça ! Et mes genoux, eux ? Ils n'ont plus la souplesse de leurs vingt ans !

Seigneur ! Allons-y, puisqu'il le faut. Courage ! J'ai de la boue partout sur mes pantalons et mon blouson, et mes mains saignent sous la saleté. La pierre bouge plus facilement que je l'aurais cru. Peut-être à cause du sol ou de sa forme. Encore un effort, une bonne respiration et je pousse, le plus fort possible. Voilà ! C'est vrai, je crois qu'il a raison, il devrait pouvoir passer.

« Attends, José, il y en a une autre. Je l'enlève aussi, mais ensuite, ça coupe carré, fais attention ! Je vais devant pour voir si la terre est suffisamment ferme. »

On dirait que c'est plus dur de ce côté. Je vais adoucir la descente en enfonçant les talons en passant. Pas fameuse, mon intervention. C'est inutile, je suis obligée de sauter. Ouach, de la boue maintenant ! C'est glissant ! Je ne vois plus José. Je vais faire quelques pas et lui faire signe d'avancer, de passer devant moi et de continuer sur son élan jusqu'en terrain sec. Il s'engage, il maintient l'équilibre avec ses pieds de chaque côté. La roue d'en avant est dans le vide, il va basculer et tomber sur le côté en arrivant dans le terrain juteux. Mon Dieu, pourvu qu'il ne se blesse pas !

Il ne s'est pas blessé. En relevant les pieds, il a mis le poids de son corps sur la roue arrière, ce qui a eu pour effet de camper la moto sur la butte, évitant ainsi de piquer dans le vide et de perdre le contrôle en touchant le sol, puis il s'est remis vers l'avant et a planté ses bottes dans la boue dès qu'il a touché ce qu'on appelle le sol.

« Vas-y ! Continue jusqu'au terrain sec, je te rejoindrai en marchant. »

Existe-t-il un spectacle plus réjouissant que celui d'une personne fière ? Hier, je l'admirais, mon homme, pour sa capacité de conduire sur ces routes difficiles, de doubler les semi-remorques en jugeant avec précision de la vitesse et du moment pour le faire, mais aujourd'hui je suis ébahie, tant par sa performance que par son allure victorieuse. Il me regarde sans bouger, fier comme un paon, satisfait de lui et de moi. Mon amour, je me sens lumineuse aussi, parce que je suis arrivée à te suivre sur les chemins de terre, au sens figuré et au sens propre.

Valdivia

Nous roulons seuls, dans le sens inverse d'une file aussi longue que celle qui a précédé le ralentissement. Nous roulons depuis au moins quatre kilomètres, côtoyant des véhicules condamnés au point mort. C'est presque impudent de circuler aussi librement. Que peuvent-ils penser en nous voyant ? Certains sourient, d'autres nous envient peut-être, alors qu'un bon nombre nous ignorent, dirait-on, concentrés sur eux-mêmes, comme la plupart des humains dans une situation défavorable. Il faut sauver sa peau, résister à l'épreuve physique et mentale, c'est la priorité, et ne pas perdre ses énergies à envier la chance des autres. Même les Colombiens ont appris à prendre leur mal en patience. Il faut dire que ces êtres passionnés savent aussi se détendre. Et puis, à quoi bon se plaindre quand on ne peut rien changer à la mésaventure ? À qui se plaindre, surtout, quand c'est la nature qui est en cause ? Comment blâmer la montagne de vouloir se dégager du béton imposé par les humains et des tonnes de ferrailles qui la foulent tous les jours, la triturent, la torturent ? José dit que la terre est un être vivant dont nous sommes les parasites. Un être qui ressent, pleure, s'enrage, saigne ; un être avec une peau, des pores, de la sueur et des excréments ; un être doté d'une chevelure, de poils, de zones sensibles, de moyens de défense ; un être né de circonstances sidérales heureuses et qui mourra de sa belle mort au bout de son cycle de vie, à moins qu'il ne soit vidé de ses ressources avant son terme par les mauvais traitements des créatures habitant sur son dos.

Nous avons commencé la descente, imperceptiblement, je le sens d'après le ronronnement du moteur. Une brume épaisse monte du précipice, dissimulant les parois montagneuses et la profondeur du gouffre. On se croirait au-delà des nuages, sur un météorite, voyageant dans l'espace de façon linéaire. Je comprends pourquoi certains ont d'abord prétendu que la terre était carrée ; la route paraît border l'extrémité de la planète. Ici, pas besoin de psychotropes pour éprouver des sensations extra-ordinaires, pour se griser aux confins de l'imaginaire.

« José, as-tu vu ?

— C'est une station balnéaire !

— Une station balnéaire ? Est-ce que l'eau est chaude ?

— Je ne sais pas... »

Il ne sait pas, et ça fait cinq fois qu'il passe par ici. Il file droit devant, soumis à l'adrénaline de mâle. Comment peut-il ne pas avoir envie d'arrêter ? Une station balnéaire dans un carré de quelques mètres. Pas sur une plage avec des palmiers à l'arrière-plan, mais plutôt adossée à un décor gris brun, avec vue sur l'abîme. Une station balnéaire à flanc de montagne aménagée sur le roc, y compris l'auberge, les habitations et le plan d'eau sous la cascade. J'ai vu des gens autour et dans la piscine, et on peut donc supposer que l'eau est agréable. José ne va pas me faire croire qu'il y a des guérilleros par ici, que leur cause leur permet de se prélasser dans une station balnéaire minuscule en attendant que des touristes ou des richards tombent dans leurs filets. Je le soupçonne de prétexter un danger quand il veut ne pas donner suite à mes propositions. Si nous revenons par ici, je dis bien si nous revenons par ici, ce sera à condition de visiter ces endroits paradisiaques à peine vus au passage.

« Aïe ! Qu'est-ce que tu fais à contresens ? C'est froid !

— Tu voulais te baigner, ma beauté! Je t'offre une douche en plein air, en mouvement! Ne crains pas de te mouiller, nous descendons et tu te repentirais de ne pas avoir profité de mon cadeau.

— Toi alors, tu n'es vraiment pas ordinaire!

— Encore, ma beauté?

— Oui! Oui! Roule lentement, j'enlève le casque. Ah! Que ça fait du bien, c'est inespéré! Quel plaisir!

— N'est-ce pas mieux que la station balnéaire?

— Disons que ça s'équivaut. Dis-moi, d'où vient cette eau?

— De la montagne, ma beauté. Les gens d'ici grimpent plus haut, ils installent des boyaux et, par la pression permanente de l'eau, ils peuvent offrir de laver les camions.

— C'est astucieux!»

Mon chevalier romantique, mon tendre amour, tu tiens toujours compte de mes désirs, d'une exclamation, d'un soupir. Tu viens de me séduire, une fois de plus, et d'une si merveilleuse manière! J'aime tes cadeaux, tes compromis entre ta façon et mes goûts, j'aime ces détails surprises qui raniment ma vie comme cette eau fraîche sur le visage. Je t'aime, le sais-tu? Te l'ai-je suffisamment dit? Je t'en parlerai ce soir, c'est promis, quand tu me demanderas comme d'habitude: «Dis-moi pourquoi tu m'aimes.» Pour le moment, j'ai le plaisir de te serrer à volonté, de te parler avec mes muscles, avec mon souffle dans ton cou comme la première fois, au cours de cette danse où je me suis approchée si près de toi que j'ai pu voler ton cœur.

Valdivia – Caucasia

«Voilà le dernier village avant la descente, c'est Valdivia. Un café, ma beauté?

— Quelle question! Bien sûr, après tant d'émotions! Un café et même deux, et peut-être un petit quelque chose à manger. Des fruits si c'est possible.

— Hum! Je doute que ce soit possible pour les fruits. Tu sais bien que ce n'est pas la coutume. Tu auras des bananes, probablement.

— Je ne comprends pas. Comment ne pas avoir la coutume de manger des fruits et des légumes dans un pays qui en produit autant?

— Tu es injuste, femme. À Tuluá et même au Rodadero, tu manges plusieurs fois par semaine de grosses salades de fruits, sans parler des *salpicones*.

— C'est vrai, mais ce n'est que dans les kiosques de fruits qu'on en trouve, et rarement dans les restaurants. En fait, les fruits sont une spécialité et non des aliments courants.

— Veux-tu une banane, femme? Voilà ton café.

— J'ai compris: cesse de critiquer, Jocy, et mange ce qu'il y a! Merci pour la banane, elle est délicieuse. Tu savais que je suis née non pas sous une feuille de chou mais bien sous un régime de bananes?

— Oui, je sais, en raison du commerce de fruits et légumes des hommes de ta famille, au marché Bonsecours, à Montréal.

— Ils recevaient des bananes de Colombie, les bananes Chiquita. Parfois, ils trouvaient de grosses araignées dans les trains. Mon frère François en a même développé une phobie. Tous les dimanches, mon père nous amenait, mes frères, Susie et moi, vérifier la température des chambres à bananes. J'en ai mangé, des bananes, laisse-moi te le dire! C'est peut-être pour ça qu'elles me paraissent moins exotiques que les *chirimoyas*, les *nisperos*, les *granadillas* et ce fruit semblable à une fève brune géante dont les noyaux sont entourés de chair blanche, cotonneuse, voluptueuse.

— La *guama macheta*, et il y en a une autre, que tu ne connais pas, qui s'appelle la *guama de caïcedonia*. Le fruit est plus long et plus mince, mais le goût est le même.

— Quel délice! Nous sommes toujours dans la région Andine, n'est-ce pas?

— Oui, ma beauté. La région de Caribe commence vers Caucasia. Tu le verras à l'accent de la côte. En bas, nous retrouverons le fleuve Cauca et, plus loin, le Magdalena.

— La descente vers Puerto Valdivia, c'est le parcours que tu avais préféré dans le premier voyage, n'est-ce pas?

— Ah oui! J'étais libre, si heureux! Je me suis dit: "Comment ma famille voulait me priver de ces beautés, du plaisir que de faire un tel voyage malgré la petite moto que j'ai!" Imagine maintenant, avec un moteur de quatre-vingt-dix chevaux! Personne n'en revient quand je raconte ça!

— Tu doutais de pouvoir le faire?

— Tu sais, il y a tout ce qu'on nous met en tête: les coquerelles, la guérilla, les routes, les montagnes et l'infarctus, peut-être, à mon âge... Toutes les larmes, les prières et les messes pour me protéger... On a beau être sûr de soi, les prédictions noires des oiseaux de malheur font toujours leur petit effet.

— Les oiseaux de malheur! Quelle image!

— Sais-tu comment j'ai réussi à les faire taire?

— Avec la menace d'un accident d'avion, il me semble.

— Je leur ai dit : "Si je prends l'avion et qu'il tombe, vous aurez ma mort sur la conscience. " Plus personne n'a osé parler, puis ils – ou plutôt elles – ont mis des médailles sur ma moto. Elles m'ont forcé à la faire bénir et m'ont supplié de porter un chapelet dans le cou.

— Je les comprends. Surtout ta mère, et surtout aussi depuis l'accident qui est arrivé à Nedjibia. Un cœur de maman, ce n'est pas un muscle, c'est du sentiment incarné, de la tendresse en concentré et de la souffrance décuplée, quand il sent la chair de sa chair en danger. Combien de fois l'inquiétude a torturé mon cœur lorsque Jef, un mâle doté de toute l'adrénaline que cela suppose, s'est aventuré ici et là sur la terre... Combien de nuits blanches à tenter de calmer mon angoisse, particulièrement pendant son voyage en Afrique, à seize ans, avec un groupe de jeunes. Ces fameux échanges étudiants ! Ce ne sont que des transferts de peurs entre parents, tous aussi partagés qu'ils sont entre l'envie de pousser leur fils ou leur fille dans le sens des activités dites privilégiées et celui de le protéger contre ces mêmes défis à la mode, plus amers que doux quand l'avion s'envole ! Deux semaines sans nouvelles de ce blond aux yeux bleus chez les gens de couleur... J'ai su après le voyage que si l'accueil familial avait été chaleureux, certaines manifestations sociales à son égard avaient été assez méprisantes. Le bon côté de ces expériences, c'est que ces jeunes comprennent vraiment ce que le mot "ségrégation" veut dire.

— Papa était là pour te rassurer.

— Tu étais là pour l'encourager, tu veux dire. En me rassurant, c'est à lui que tu ouvrais la voie.

— Tu le regrettes ? Tu n'es pas fier de ton fils ? Un gars qui parle quatre langues, qui travaille à l'ONU et qui nous a fait connaître le Brésil, Rio, les plages urbaines de Recife, le charme de Natal, de ses dunes et de ses oasis, et de son allée des artistes, sans parler du charme des Brésiliens, de leur culture, de leur cuisine délicieuse et variée. Au prochain séjour chez lui, nous irons à Belem, à l'embouchure de l'Amazonie, et à Fortaleza, et j'irai avec Jimmy, mon ami, voir les chevaux sauvages courir dans le *sertao*.

— Ne change pas de sujet… Je ne parle pas de regrets. Il n'y a aucun doute là-dessus, je préfère mille fois gérer mes peurs de mère quand mon fils s'en va bourlinguer sur la planète en suivant son propre chemin que de le voir se morfondre dans une vie frustrante, passif et peu sûr de lui. Cela dit, certains soirs, je te l'avoue aujourd'hui, j'ai hâte en s'il vous plaît qu'il prenne racine !

— C'est gai ! Tu es condamnée à souffrir, d'une manière ou d'une autre.

— José ! Tu n'es pas sérieux ! Je te parle de sentiments, de mon cœur de mère, et tu tournes mes propos en ridicule.

— Jamais je ne tournerai tes propos en ridicule ! Au contraire, je te trouve intelligente et généreuse. Il faut être honnête, Jef ne pourrait pas avoir une mère plus stimulante que toi. Il faut dire aussi qu'il a eu tout un exemple sous les yeux en nous voyant agir. Toi et moi, nous n'arrêtons pas de nous lancer des défis, de parler de réalisations personnelles, du courage d'agir. Il ne peut pas vraiment se permettre d'être couillon !

— C'est vrai que tu as lu tous mes livres de psychologie. Je n'avais jamais pensé à ça, moi qui croyais dur comme fer lui avoir inspiré la liberté. J'ajouterais pour ma défense que dès sa naissance il a été actif. Je lui faisais faire des exercices dans le but de stimuler le développement des nourrissons…

— Tu vois…

— Je veux dire qu'il répondait sans se faire prier. Il y a aussi la personnalité, José. Les parents influencent les comportements de l'enfant, mais ce n'est pas tout ; son caractère, ses réactions ont une grande importance.

— Bien sûr, ma chérie. Tu as raison.

— Tu as raison, dis-tu... Hum ! Tu en as assez de cette conversation...

— Ce n'est pas que j'en ai assez. C'est toujours intéressant, nos échanges, mais j'ai hâte de te montrer ce qui suit. J'ai tellement rêvé que tu vives cette expérience avec moi... Je t'en prie, comprends-moi !

— Je m'excuse. Tu as raison, je reviens au présent. Tu me connais, j'aime disserter. Faut dire que tu ne tires pas de l'arrière dans ce domaine-là toi non plus, quand tu pars dans tes envolées philosophiques ou existentielles, quand tu te mets à questionner l'enseignement religieux, à exposer les contradictions des textes bibliques ou à parler du Coran, de la théorie hindouiste, de l'immensité ou de la vie après la mort... Ce n'est pas piqué des vers, il faut le dire !

— Pas piqué des vers !

— Non, pas piqué des vers. »

* * *

« Tu es prête, ma belle ?

— Tu m'as dit qu'on sentait de plus en plus la chaleur en descendant. Est-ce que je devrais enlever une couche de vêtements ?

— Nous en avons pour une quarantaine de kilomètres. Filons jusqu'à Puerto Valdivia.

— Tout en bas?

— Oui, tout en bas, il y a le village. Là, nous pourrons nous rafraîchir et nous préparer pour affronter l'air chaud. Il faudra bien nous couvrir le visage et le cou.

— Je sais, mon amour, je sais.

— C'est très sérieux, ma chérie. On ne sent pas la chaleur à cause de la vitesse, mais je te jure, sans le foulard, tu te brûlerais jusqu'à en faire de la fièvre. Fercho n'a pas voulu m'écouter et il s'est brûlé le visage et les avant-bras. Il a fallu que j'arrête pour lui acheter de la crème et...

— Je sais, je sais, c'est très sérieux et je serai prudente, ne t'en fais pas.

— Regarde! As-tu vu la longueur du camion? Qu'est-ce qu'il fait là, arrêté au milieu de la route?

— Il n'arrive pas à tourner à la sortie du village. La courbe est accentuée et très étroite.

— Il recule, il recule sur nous, José! Attention!

— Merde! Je n'arrive pas à bouger assez vite. Je ne peux pas tourner non plus, nous sommes trop près. Qu'est-ce que je dois faire? Penche la tête, il vient sur nous! *Pouta!*

— Klaxonne, José, klaxonne! Vite! Crions ensemble, fort!

— At-ten-tion! At-ten-tion!

— Ouf! À moins d'un pouce de nous! Partons d'ici au plus vite. Je descends pour t'aider à reculer. Vas-y! Je tire sur l'appui-dos. Vite! On ne sait jamais, avec le changement de vitesse, le camion peut reculer encore. Le pire, c'est que là où l'on est, le chauffeur ne peut pas nous voir dans les rétroviseurs. Regarde, l'homme sur le balcon s'est chargé de l'avertir. Allons-y! Vite, vite!

— Va sur le trottoir, ma chérie. Je te rejoins avec la moto.

— Ça y est, nous sommes à l'abri !

— *Pouta !* Que j'ai eu peur ! Ça, c'est une erreur de ma part, il ne faut jamais se coller à un camion arrêté. C'est la première fois que ça m'arrive. *Pouta !* Je ne craignais pas pour toi, tu avais le temps de sauter, ni pour moi, je projetais déjà de me jeter de côté et le dessous du camion était assez large pour que je ne sois pas écrasé. Je craignais surtout pour la moto. *Pouta !* Ma moto et notre voyage ! Un accident bête qui aurait gâché le voyage juste avant la descente, juste avant de t'offrir le cadeau de la descente. *Pouta !*

— N'y pense plus, mon amour. Chéri, ton cœur bat vite. C'est fini. Tu sais que nous avons toujours de la chance. Il faut bien avoir quelque chose d'un peu énervant à raconter ! Veux-tu retourner au restaurant le temps de te remettre ? Allons boire un verre d'eau. Tiens, ici, à la *tienda*, je vais acheter une bou-teille d'eau. Donnons-nous quelques minutes. Laisse-le partir, ce monstre.

— Au contraire, j'aime mieux le devancer si c'est possible. Oublie la bouteille d'eau, je ne veux pas avoir à le doubler dans la côte.

— Fais-lui signe, au moins, et passe du côté de la montagne, je t'en supplie !

— Fais-moi confiance, femme, je sais quoi faire. Il m'a vu, il me fait signe d'avancer.

— C'est pire que d'essayer de passer un gros fil dans le chas d'une aiguille fine !

— *Free !* Je vais prendre un peu d'avance, je ne veux pas l'avoir dans le dos.

— Belle affaire ! Nous voilà dans le film *Duel*. As-tu vu ce film ?

— Le film du gars poursuivi, sans raison apparente, par un gros camion laid et sale ?

— Oui. C'est un film qui voulait illustrer les monstres modernes. Je peux te dire que si je le revoyais aujourd'hui, ce serait très facile pour moi de m'identifier au personnage dans l'auto.

— Mon amour, tu avais promis de descendre doucement pour profiter de la beauté du paysage.

— Juste quelques kilomètres... Je veux me distancer de ce camion. Après, nous aurons la paix. »

* * *

Descendre des montagnes ! Quelle félicité ! Nous avons relevé ce défi à deux. Nous les avons vaincus, les fantômes intérieurs, chassés, les oiseaux de malheur ! Nous savons comment puiser à la meilleure partie de nous-mêmes, tenir l'équilibre sur l'espace, l'équilibre si mince entre la vie et la mort.

« Qu'est-ce que tu fais, ma chérie ?

— J'ouvre les bras pour respirer à pleins poumons, pour profiter de la descente. Les courbes sont en douceur, et toi aussi, mon ange. Si tu savais comme je l'apprécie ! »

José est détendu, comblé. Il a mis la main sur ma cuisse, le corps un peu tourné vers moi. Malgré le précipice, la tension de conduire n'est pas très forte. La dénivellation n'a rien de terrifiant et, je ne sais pourquoi, nous n'avons pas eu à doubler de camions de chargement depuis plusieurs kilomètres. Il est vrai qu'ils sont retenus plus haut, les monstres d'acier, à cause de l'éboulement.

« Regarde, ma beauté. La brume se lève. On voit apparaître le vert tout au fond. Sens-tu la chaleur aussi ? Oui ? »

La chaleur de la région caribe déferle jusque dans les hauteurs comme les vagues sur les récifs. Bientôt, elle nous enveloppera et nous parlera des vacances, de la mer, de chez nous sur la Côte. Il y a des petites maisons en bordure de la route, un peu plus confortables que celles en hauteur. Celles-ci sont construites en bois, avec des planches brisées mais en planches quand même ; c'est plus résistant et plus accueillant que le plastique noir des sacs à ordures.

Qu'est-ce que je viens de voir là ? Mon Dieu ! Un fauteuil roulant devant un cadre de porte sans porte, un fauteuil bancal sur un plancher de terre. À qui appartient ce fauteuil ? Où est cette personne ? Est-elle encore de ce monde ? Vit-elle seule ? Est-elle étendue sur son grabat assoiffée, affamée, abandonnée sans recours et sans soins ? Faudrait-il arrêter ? Comment agir selon sa conscience ? Un message existentiel et social, dirait-on. « Il n'y a pas de paradis sans serpent », dit souvent mon homme, et sur les routes des pays tropicaux, l'odeur de la mort impose régulièrement ses émanations fétides à la fragrance des fleurs, au parfum des plantations ; les groupes de vautours, frénétiquement penchés sur une charogne, dominent de temps en temps le paysage, nous faisant oublier pour un moment le spectacle ravissant offert par des oiseaux rouges, bleus, jaunes ou verts. José dit qu'il faut voir ces rapaces comme des oiseaux utiles, ceux qui se tapent la sale besogne, et que, sans eux, il faudrait constamment se boucher le nez. On ne doit mépriser aucune tâche. Chacun, sur terre, a son utilité. Tant les hommes que les animaux. D'accord avec son principe, mais je les trouve quand même répugnants, et ce n'est pas moi qui leur lancerais des miettes de pain pour les attirer dans mon jardin !

Comment puis-je avoir des idées aussi sombres devant ce paysage d'abondance ? À cause du fauteuil roulant, c'est certain, et de toute la souffrance qu'il évoque. C'est presque indécent d'être en santé et heureux quand la misère est embusquée partout. Le plein bonheur n'est pas exempt de l'ombrage du malheur, nous le voyons même quand nous détournons les yeux. Des dangers de tout ordre rendent l'existence précaire ; l'injustice est incarnée et, dès la naissance, la violence bouillonne dans l'essence de toute personne. Chaque être humain est à la fois Diable et Dieu. Il faut le comprendre un jour ou l'autre si nous voulons accepter les limites de notre condition terrestre, les nôtres et celles de nos semblables, si nous voulons éviter l'amertume et la colère et éprouver un peu de paix en devenant capables de pardonner les mesquineries, les mensonges, l'indifférence et ces comportements que nous appelions autrefois des péchés.

À l'inverse, c'est tout aussi indécent d'être sombre dans un paysage aussi lumineux, suggérant l'élévation de l'âme et la reconnaissance du divin. Chaque être humain à peu près normal possède en lui des merveilles, il me semble. Je pense au don de soi, à la générosité, aux bons sentiments, à la gratuité, à l'adaptabilité et à l'énergie créatrice donnant de la chaleur aux gestes et de l'habileté aux mouvements. Il y a de petits miracles, des ouvertures sur les plans du cœur et de la pensée et des audaces libératrices, bénéfiques pour soi aussi bien que pour les autres. Je pense à ceux qui savent communiquer leurs sentiments, leurs points de vue, humblement ou avec toute la richesse de leurs connaissances. Je pense à ceux qui osent être eux-mêmes de temps en temps, par le courage d'une action simple ou en défiant les conventions, les attentes des autres à leur endroit. Je pense à moi, capable de réaliser un rêve à partir du moment où je le vois clairement.

Qu'en est-il du mien, au fait ? Mon rêve de l'âge mûr, celui que j'appelle la mission de ma vraie nature, issue de mon âme d'artiste et de mes doigts d'artisane, fondé sur le besoin de créer et de partager. Si je ne suis spécialiste d'aucun domaine de l'art, si je n'ai que la passion sans la technique, je peux voir sous les apparences, découvrir les talents, initier le mouvement, encourager l'audace. En somme, donner vie aux idées. Le verbe donner émerge de moi, encore une fois. Donner, oui, encore et toujours, puisque cette action fait partie de ma seconde nature, mais donner concrètement, en agissant aussi, en participant, par des gestes, à l'enchantement. Mon rêve, je le vois clairement ; il ne me reste qu'à découvrir mes complices, maintenant que tu n'es plus là, Nedjibia. Les magiciens de mon enfance, ceux du temps de la laine et de ma maison en bois, sont loin, eux aussi.

La brume se dissipe et nous sortons des nuages, de l'espace ; nous revenons sur terre. Doucement, de courbe en courbe, dans la joie, les précipices deviennent montagnes. Le filet tout au fond s'élargit, se transforme en rivière, en fleuve, le Cauca, que nous avions vu disparaître hier en montant la cordillère. Il n'y a pas de mot assez puissant pour décrire l'émotion que je ressens. Elle est plus grande que moi, que mon vocabulaire. Elle me prend tout entière, elle brouille mes yeux, brûle ma gorge, me fait lever les bras.

« Tu es heureuse, ma beauté ?

— Heureuse ? J'ai peine à parler !

— Je ne t'entends pas. »

Il me fait signe qu'il va s'arrêter, là-bas sur le pont. Je t'adore. Tu es mon idole, mon champion, l'homme des étoiles... les étoiles ! Ils sont là, à nouveau, les deux petits points noirs, là, surplombant la colline.

Puerto Valdivia – Caucasia

«Tu arrêtes ici? Sur le pont! Au-dessus du Cauca, sur l'eau vive. Quel bonheur! Regarde, mon amour, il y a un deuxième pont!

— C'est une voie piétonnière qui mène à l'église de Puerto Valdivia.

— Une église! On dirait une cathédrale! Elle a un style particulier, sobre mais imposant. C'est pour une quinzaine de maisons?

— Le village est réparti ici et là sur les rives et les collines. Regarde, ma beauté : les maisons sont encastrées dans les feuillages. On dirait des bouquets. Je suis heureux. Que je suis heureux! Que pourrais-je demander de plus à la vie? Même si je trépassais aujourd'hui, je pourrais dire que j'ai vécu plus que ce qu'il m'a été donné de temps.

— Si tu mourais aujourd'hui, tu ne dirais rien du tout! Quand on est mort, on ne parle pas! Enfin, je pense... Jusqu'à maintenant, je ne croyais pas à l'au-delà, et encore moins aux manifestations des esprits. Maintenant, je ne sais plus. Il existe peut-être un univers parallèle, une réalité différente mais tangible.

— Qu'est-ce que tu veux dire?

— Je n'ose pas en parler. J'ai peur de briser la magie. Je sais que toi, tu n'as rien vu.

— Quoi? Dis-moi! Il me semble que c'est un moment idéal pour se faire des confidences, non?

— Un moment idéal? Tu as raison. Voilà. Depuis la veille du départ, je vois deux points noirs dans le ciel, parfois. Au début, je croyais que l'apparition était due à un dépôt de protéines sur ma rétine, puis j'ai cru qu'il s'agissait d'étoiles ou d'un phénomène quelconque. Ensuite, j'ai noté qu'ils apparaissaient à des moments de grâce ou chaque fois que je me sentais fière de moi. Maintenant, je veux croire que ce sont des yeux, ses yeux à elle, m'indiquant la route vers la mission de ma vraie nature.

— La mission de ta vraie nature?

— Ma vraie nature, celle que j'étais avant la vie imposée. Maintenant que j'ai du temps et de l'espace, je peux apporter mon aide, en respectant mon besoin de créer de mes mains, comme Nedjibia le faisait dans sa cuisine.

— Ma chérie, je voudrais tellement y croire, à tes étoiles, recevoir encore quelque chose de ma sœur.

— Ne pleure pas, mon amour. Je n'aurais pas dû te parler d'elle. Tiens, je souffle dans ton oreille pour chasser la tristesse de ta tête et la faire sortir par l'autre oreille... Regarde-nous, toi et moi ici, dans cette nature qui semble avoir traversé les âges sans être touchée par les inconséquences de tout un chacun. Nous vivons un moment précieux, un instant de paradis, mieux qu'Adam et Ève.

— Comment ça?

— Eux, ils ont été chassés de l'Éden. Nous, nous y entrons avec honneur et mérite.

— C'est une belle image! C'est vrai que nous sommes heureux! En parlant de bonheur, ma chérie, ce soir, je vais te demander une grande faveur.

— Dis-moi maintenant de quoi il s'agit, toi qui viens de m'inviter à la confidence.

— Non, pas maintenant. C'est trop sérieux. Sérieux et exigeant. Je veux que tu m'appuies. Dis oui, je t'en prie, avant même de savoir de quoi il s'agit.

— Si c'est très sérieux et à ce point important pour toi, c'est oui, bien sûr. Je ne voudrais pas que tu sacrifies une partie de ton être par peur ou par manque de générosité de ma part.

— J'en étais sûr! Ce soir, nous serons à Sincelejo, où nous étions allés il y a plus de vingt ans, tu te souviens?

— Comment oublier notre voyage! Le premier d'une longue série de lunes de miel...

— Nous louerons une chambre confortable, avec eau chaude et air climatisé, j'irai chercher de quoi souper, nous nous installerons confortablement et je te parlerai de ma faveur. Allons à la *tienda,* au bout du village, pour enlever nos vêtements chauds, acheter de l'eau et mettre un foulard sur notre visage.

— Ensuite, à nous le Cauca, n'est-ce pas?

— Oui, jusqu'à Caucasia, où le fleuve se jette dans le Magdalena. Je te propose de dîner dans cette ville. Je connais un restaurant où ils font un excellent plat de poisson.»

* * *

Jamais je ne me suis sentie aussi légère, libre, je devrais même dire: aussi libérée. J'ai l'impression qu'en moi des barrages ont été emportés par des courants venant de sources profondes pouvant maintenant alimenter le cours de mon existence, pareils aux multiples affluents du fleuve Cauca que nous croisons depuis Puerto Valvidia. C'est la première fois que je vois un tel réseau fluvial. J'avais déjà vu une rivière se jeter dans un fleuve, la Saguenay à Baie-Sainte-Catherine, sur le Saint-Laurent, là où les bélugas se retrouvent à la saison des amours. J'ai vu l'embouchure de ce fleuve dans le Golfe gaspésien et dans l'Atlantique, après les Îles-de-la-Madeleine, cette bande de falaise rouge et friable baignant ses plages dans l'eau salée. Je sais où le fleuve Magdalena se jette dans la mer des Caraïbes.

C'est impressionnant, une embouchure. C'est un mélange, un don, un lien. C'est provocant, aussi, car cela donne envie d'entrer, de remonter le cours de l'eau jusqu'à la source, au milieu de régions fertiles et, au bout du chemin, de laisser le courant nous ramener vers la rencontre des rencontres, passionnante, océanique.

J'ai toujours aimé les embouchures. Elles me font penser au sexe féminin, à sa profondeur, à ses fonctions. Pourtant, toutes ces sorties sur le fleuve Cauca, ce réseau fluvial comparable à des veines sur l'artère principale, ont pour moi une autre signification, celle d'un aperçu de l'organisation de la planète, de son ordre, de sa logique. Et ce n'est que la surface. Qu'est-ce que ce serait descendre plus bas, dans les mines? Cela doit être passionnant d'être géologue, anthropologue. Misère, nous ne sommes rien de plus que la modeste somme de nos connaissances! Que c'est frustrant!

«Qu'est-ce qu'il y a, femme?

— Je m'excuse, c'est un réflexe. Il y avait une petite fille sur la route et j'ai eu peur. Mon instinct de mère, probablement. Fais attention, mon amour. Il y a beaucoup d'enfants, par ici, et de jeunes adolescents. Pourquoi ne pas ralentir un peu?

— Je vais comme je vais.»

Paroles inutiles de ma part... Quelle maudite réaction a-t-il face à l'autorité! La moindre proposition prend l'allure d'un ordre donné à son ego. Il devrait faire la différence entre un caprice de femme peureuse et la prudence, il me semble. C'est une des premières demandes que je fais depuis le début du voyage. Pour le convaincre, il faut dire: «Tu serais si gentil si... Ce serait merveilleux si... J'aimerais tellement que...» Le plus efficace, c'est de le mettre en compétition avec un homme, réel ou fictif, quand l'occasion s'y prête évidemment, une compétition du style: «J'admire Untel pour sa considération pour les

piétons. C'est rare, ici. D'habitude, l'automobile est plus la res-
pectée. Ensuite, il y a les motos, puis les bicyclettes et, en tout
dernier, les personnes. » J'aurais pu utiliser une autre approche :
« Je te félicite, mon bel amour. Je vois que tu fais attention aux
enfants. Je sais que tu prévois leurs réactions... » Encourager
le comportement désiré au lieu de réprimer l'action.

Je vous jure qu'une femme a besoin d'avoir l'esprit alerte, de
dominer ses réflexes et de mettre des gants blancs pour tran-
siger avec un être pareil. J'y arrive dans la plupart des cas, mais
ses comportements de gros mâle déjouent parfois ma nature
conciliante. Cher homme ! Chère femme, devrais-je peut-être
dire, ou chères mères, car en ce pays, au temps de l'éducation
de mon mari, l'obéissance était une des valeurs principales
des mères. Heureusement, les jeunes femmes d'aujourd'hui élè-
vent plus tendrement leurs enfants. Et si, pour les punitions
corporelles, certaines claquent encore les petits derrières, plusieurs mamans optent pour l'explication. J'ai même vu ici,
comme au Québec, des enfants-rois dominant tout dans la
maison, et du chantage pour leur faire entendre raison : « Si tu
es gentil, tu auras ton jouet ou ton véhicule. » Parfois même
avant qu'ils aient l'âge de conduire !

Qu'il file vite ! Comme jamais ! Il a toujours un doigt sur le
klaxon. Je ne comprends pas. Pourquoi s'énerver ainsi dans
une zone habitée et si charmante ? À la volée, j'ai vu des petits
restaurants avec terrasse sur la rivière. J'y serais bien restée un
moment, les pieds sur une chaise pour étirer les genoux... Respirer l'odeur des fleurs tout en buvant de l'eau fraîche. La laisser
couler sur le menton, descendre le long du cou et me remplir le
bénitier. Essayons de le faire ralentir autrement :

« Es-tu pressé, mon bel amour ? Est-ce qu'il y a une urgence ?
Un danger ?

— Pas du tout. Tout va bien. »

Mission avortée. Il n'a pas l'intention d'arrêter et encore moins de flâner ou de donner des explications. J'en aurai peut-être plus tard. Il doit bien y avoir une raison à sa fébrilité. En attendant, je serai très vigilante pour capter le plus possible des rives habitées, des jardins, de la végétation et de ce sympathique grouillement humain. Encore une fois, la vitesse a un avantage : elle nous permet de voir l'ensemble d'un lieu, de le capter tout entier. Je n'ai pas vu les détails des maisons, à part le fait qu'elles sont modestes. Mais chacune a son espace vert et ses bougainvilliers débordant sur la clôture et des enfants qui entrent et sortent en laissant la porte grande ouverte sur un corridor où dorment un ou deux chiens. Je ne pourrais pas dire que je les ai entendus rire, à cause du moteur pétaradant de la motocyclette. Ça, c'est bien masculin. Que veulent-ils prouver, les hommes, en allant à une vitesse si spectaculaire ? Pensent-ils que le rugissement du moteur donnera de la puissance à leur petit engin personnel ? Chers compagnons du sexe fort ! Qui veulent-ils impressionner ? Ne savent-ils pas que leur virilité est mille fois plus appréciée par les femmes comme moi quand elle opère avec moins de fracas ? Enfin !

Où en étais-je ? Aux rires des enfants. Quoi qu'il en soit, si je n'ai pas vraiment entendu le rire des enfants, je l'ai vu sur leurs dents blanches, et leur joie m'a replongée dans mon enfance. Tout au long du Cauca, je me suis revue jouer avec Susie, mes trois frères, les trois cousins de la maison d'à côté et leurs amis, l'été, pendant les grandes vacances. À Rosemont, nous avions de l'espace et tout un voisinage du même âge.

« Attention !

— Calme-toi, femme ! Fais confiance à papa ! Je vois mieux que toi !

— Mes réflexes de mère sont plus aiguisés que ta vue, plus forts que mon contrôle, que ma raison et que toi, mon bel amour, malgré tout le respect que je te porte. Si tu pouvais juste ralen-

tir de cinq kilomètres à l'heure, je serais si heureuse ! Et je pourrais apprécier la beauté de ce coin de pays, ton beau pays, celui
que tu aimes tant me montrer. »

Il n'a rien dit mais il s'est calmé, puis m'a tapoté la cuisse.
J'ai dit : « Merci. C'est si beau par ici. Je t'aime. » C'est vrai que
c'est beau ici. Les enfants, la verdure, les fleurs, les bicyclettes
sur les clôtures et puis les fenêtres ouvertes sur chaque pan
de maisonnettes. Le cerveau est admirable. Il défie le temps et
les lieux et superpose ces paysages, faisant surgir devant mes
yeux ma maison blanche en bois près de l'érable et tout ce que
j'ai vécu dedans. Les romans que je composais pour mes aven-
turières imaginaires, transformées en fées ou en sorcières, selon
mes états d'âme ; les histoires racontées aux petits de chez moi,
pleines de voyages vers des îles lointaines, des cités secrètes
où les rêves se réalisaient, et toutes ces réponses que je don-
nais à leurs «pourquoi» : « Pourquoi le ciel est bleu ? Qui a fait
les nuages ? Le bon Dieu ? Pourquoi la terre est-elle ronde ? Si
on creusait très profondément, un peu chaque jour, est-ce qu'on
découvrirait les Chinois ? D'où vient-on et pourquoi meurt-
on ? »

Ma maison-théâtre, mon refuge, mon miroir intérieur. Derrière la porte rouge, mes fantaisies dansaient, mes peines avaient
libre cours et mes colères aussi, contre moi-même quand je
n'atteignais pas mes buts, et contre ceux qui m'empêchaient
de grandir à mon goût, d'élargir mes bras, d'ouvrir grand mes
mains. Il y a toujours eu, depuis l'enfance, dans chacune de mes
demeures, une pièce rien que pour moi, choisie parce que la
vue de la fenêtre donnait sur un arbre. Une pièce fermée à clé,
pour moi seule, dont chaque pouce carré était dédié à mon être.

« Un autre affluent.

— Tu connais leur nom ?

— Je le saurai, ma beauté.

— C'est le septième depuis Puerto Valdivia.

— Le septième?

— Oui, comme le septième ciel. C'est encore loin, Caucasia?

— Encore quelques affluents. »

Je lui ai demandé si nous étions encore loin de Caucasia. Pas par lassitude, au contraire. Je voudrais que la balade s'éternise. Je n'ai pas assez profité de ce coin de pays. Je voudrais le prendre à satiété, qu'il m'habite ou que j'y aie ma demeure, mon jardin de fleurs. Je voudrais avoir le temps de regarder couler le fleuve pendant des heures, découvrir les charmes secrets d'ici, connaître les habitants et développer comme eux mes petites habitudes de riveraine. C'est peut-être pour ça qu'il file à toute allure, mon homme, pour ne pas se laisser séduire, s'éprendre, s'établir et devoir dire adieu à ce lieu, tôt ou tard, parce que le goût d'ailleurs répondra toujours à son désir de savoir.

Caucasia

«Pas besoin de regarder sur une carte pour savoir que nous sommes dans la région caribe! La chaleur est tropicale! Le casque, le foulard sur le visage, les pantalons foncés, le chandail à manches longues... Quelle lourdeur! Je suis en sueur. Je me mettrais toute nue, là, tout de suite, je prendrais la première bouteille d'eau pour l'avaler d'une seule gorgée et une autre pour me mouiller la tête et laisser couler de l'eau de la nuque jusqu'au bas des reins.

— Nous arrivons, ma chérie, tu pourras te rafraîchir, te mettre à l'aise. Nous boirons quelque chose. Une *cerveza*, par exemple. »

* * *

« C'est ici. Je te conseille le poisson. Il est tout simplement dé-li-cieux.

— Le poisson ? De l'eau, en premier, je t'en prie, je suis trop affaiblie pour avoir envie de manger. De l'eau, s'il vous plaît, rien que de l'eau, de l'eau fraîche ! Comment fais-tu pour être encore aussi fringant, fort comme un chêne, aussi lumineux que les mélèzes dorés d'octobre, léger comme l'arbre à musique ?

— L'arbre à musique ?

— Ceux que nous avions devant la terrasse du chalet, à Saint-Côme. Rappelle-toi, un arbre à petites feuilles rondes bruissant au moindre vent.

— Un peuplier.

— Non, le peuplier est un arbre droit et très haut, à tronc foncé. Au Québec, les gens le choisissent pour border un terrain ou une allée. L'arbre dont je parle a un tronc plutôt blanc et sa forme est arrondie, désordonnée.

— Un tremble, alors.

— Je crois que tu as raison, José. Je me souviens, maintenant, j'avais cherché le nom d'après la feuille. C'est un peuplier faux-tremble.

— Un peuplier. C'est ce que je disais. Parle à papa.

— Moi, présentement, j'ai l'allure d'une plante aux feuilles molles, non identifiées et non identifiables.

— Toi, ma belle, tu es un roseau.

— Un roseau ! Je ne suis pas sûre d'apprécier la comparaison ! Je sais que je n'ai pas bonne mine, mais j'aimerais mieux que tu me compares à un arbre. À un saule pleureur, peut-être, en ce moment, mais pas à une graminée !

— *Primo*, le roseau pousse au bord des cours d'eau, et tu dis toujours que tu aimerais vivre près de l'eau. *Secundo*, si je te compare à un roseau, c'est aussi en raison de l'expression "roseau pensant", qui fait référence à l'Homme, et y compris à la femme, bien entendu, faible au milieu de la nature mais seul être doté d'une intelligence créatrice. Qu'en dis-tu, ma beauté ?

— Intelligence créatrice !

— Toutefois, dans le cas d'une femme, je dirais plutôt "roseau parlant".

— Méchant ! J'ai à peine parlé depuis le départ. Nous avons roulé pendant treize heures hier et toute la matinée d'aujourd'hui sans que je dise plus de quelques petites phrases !

— N'y a-t-il pas eu les confidences de la soirée ? Et les petits échanges au déjeuner ? Et à chacune des pauses ? En plus, ainsi collée sur moi, je peux t'entendre penser.

— Tu m'entends penser ? Vraiment ? Tu empruntes mon commentaire... C'est moi qui dis ça d'habitude. Dis-moi, alors, à quoi je pensais !

— Je suis sûr que tu pensais aux bons moments de ta vie, à l'artisanat, à ton projet de boutique, aux peintures que tu pourrais faire si tu avais assez de technique.

— Tu fais des déductions d'après ce que tu sais de moi et les pensées que je te confie.

— Je le sens, surtout. Quand tu es collée sur moi ainsi, je remarque les variations de ta posture, la position de tes cuisses, de ta poitrine et de tes mains, l'inclinaison de ton corps. Parfois, tu me caresses, tu te presses sur moi, et à d'autres moments, je perçois une tension. Et il arrive que je ne sente plus aucun poids, comme si tu n'étais plus là. Alors, je sais qu'il y a un mystère et que tu m'en parleras plus tard, quand tu sauras...

— Je vais te faire une confidence : je t'aime. Embrasse-moi. En parlant de confidence, j'aimerais que tu me dises pourquoi tu roulais si vite depuis Puerto Valdivia.

— Pour moi, c'est la partie la plus longue, la plus pénible.

— Comment peux-tu dire une chose pareille ? Tu apprécies le réseau d'affluents, j'en suis sûre.

— Cette partie du voyage me rend paresseux. Il n'y a pas de défi. Tout est en ligne droite et il y a plein de couillons qui se mettent sur mon chemin. Des maisons colombiennes avec des jardins entourés de piquets de clôture, j'en ai vu plus d'une au cours de ma vie ! De plus, je n'ai pas ta fascination pour les petites maisons, moi.

— Il est vrai que mon enfance a été vécue dans une grande ville, entourée de maisons, et que j'y avais la mienne, construite à mon goût. Toi, tu partais explorer les collines et les environs de Toro, le village où tu es né. Enfant, tu descendais à la rivière écouter chanter son murmure quand l'eau frappait sur les roches ; tu oubliais de revenir à l'heure prévue ou de ramener à la maison ce qu'on t'avait envoyé chercher pour le repas. Tu t'étendais sur le gazon pour découvrir les petits animaux, les insectes. Un jour tu m'as montré l'endroit où tu avais su que tu existais pour la première fois.

— J'étais si petit. Trois ans, peut-être. C'était avant le jardin d'enfance. J'étais couché sur le plancher près de la porte, l'oreille collée sur la fente du bas. Le vent faisait "Ouuu Ouuu !"... J'écoutais, je pouvais déceler quelque chose qu'on ne voit pas. J'ai su alors que j'existais. J'étais tellement ému. C'est ça la vie, ma beauté : savoir, découvrir les détails qu'on ne voit pas à première vue, deviner ce qu'on ne verra jamais, s'intéresser aux phénomènes de la nature, voir comment on peut se débrouiller, ce qu'on peut comprendre de plus.

— Tu es un explorateur-né, mon ange. Personne n'a pu et ne pourra jamais mettre ton âme en cage, et ce n'est certainement pas moi qui aurais envie d'essayer ! »

* * *

« Alors, ce poisson ?

— Délicieux, c'est vrai. Je me sens mieux.

— Tu as les feuilles moins molles, ma beauté ?

— Je suis ragaillardie grâce à l'eau, à une nourriture équilibrée et à la blouse légère que j'avais pris soin de garder dans mon sac à dos. As-tu remarqué ? Les gens nous regardent. Il faut dire que notre apparence jure.

— Jure ?

— Ça veut dire que c'est voyant, au sens péjoratif du terme. Regarde, les clients sont tous bien mis, proprets, calmes. Nous avons les cheveux tapés, poussiéreux, les souliers sales. Et tout le "grément" que nous avons déposé sur une chaise, regarde-moi ça ! Les casques, les mouchoirs, les lunettes, les gants, le foulard d'Égypte, les sacs à dos... Sans parler de la moto, qui semble avoir traversé le Sahara ! Nous devons sentir la nature et, dans un restaurant bien mis, avec nappe et service, ça jure.

— On s'en fiche ! Pourvu que nous ayons l'argent pour payer ! En plus, ça se voit que nous sommes décents, que nous avons de belles manières. Nous parlons une langue étrangère et nous avons le loisir de voyager alors qu'ils doivent retourner travailler. Moi, je dirais qu'ils nous envient. C'est plutôt pour cette raison qu'ils lorgnent de notre côté.

— Peu importe, en effet. Je ne me souciais pas de leur jugement. J'avais juste le sentiment d'être différente d'eux. Nous avons le temps de siroter un café, n'est-ce pas ?

— Bien sûr, ma belle.

— Ensuite, nous entrerons dans le département de Cordoba, selon la carte.

— Cordoba ! Tu verras la richesse de la terre colombienne, ma beauté. C'est un secteur agricole important et la première région d'élevage de bovins. Il doit y avoir quelques millions de têtes de bétail.

— Rien que des têtes !

— Oui. La chaleur commence à faire effet.

— Je suis heureuse, enjouée. Laisse-moi exulter.

— Exulte, ma belle, exulte !

— C'est de ta faute, tu m'as transmis ta passion d'explorer, par osmose, quelque part sur le Plano de Ventanas. J'ai envie de continuer, je veux connaître Cordoba, la vallée del Sinu me fait rêver, les grandes fermes comme celle de la série américaine *Bonanza*, les champs de coton où le coton ressemble à de gros flocons de neige sur les branches...

— Le maïs, les bananes, le manioc, le riz, le sésame, le cacao, l'igname...

— L'igname ?

— C'est un tubercule aux tiges aériennes.

— Il y a aussi la mer, à l'Ouest, et de belles plages, selon ce que j'ai lu. Si jamais la tentation nous prenait d'y aller un jour...

— Il n'y a pas que la région de Cordoba qui touche à la mer. Il y a aussi le département d'Antioquia et ceux de Sucre, de Bolivar, d'Atlantico et de Magalena, évidemment.

— Et la Guajira, près du Venezuela. On y va, mon amour. Je n'ai plus envie d'être attablée. C'est bien beau ici, bien bon, mais trop sage à mon goût. Mon beau cavalier romantique, emmène-moi sur ton cheval d'acier admirer les terres fertiles de ton pays adoré !

— Ça promet ! »

* * *

José n'a rien dit de sa « grande faveur » et je n'ai pas abordé le sujet, par respect. L'ambiance ne s'y prêtait pas, et puis il est encore dans l'action pure, celle de conduire cette moto avec moi derrière, jusqu'à Sincelejo, à des heures d'ici. Ce sera pour ce soir, comme prévu. Sa faveur m'intrigue. Je suis sûre qu'il ne s'agit pas d'un projet d'affaires ni de la transformation de notre bar en pharmacie, puisque cette idée est déjà sortie au grand jour. Il ne s'agit pas non plus de l'achat d'un terrain pour construire des appartements d'étudiants, comme il en a déjà eu l'intention, puisque le terrain convoité a été vendu. Je ne crois pas non plus qu'il planifie pour bientôt l'achat de la maison de campagne avec potager et basse-cour, dont il rêve pour ses vieux jours. Je pourrais jurer qu'il ne s'agit pas de ce genre de projets, que j'appelle les projets réalité. À mon avis, il n'envisage pas non plus de partir en Équateur ou au Pérou avec son groupe de motards, ni d'aller explorer la région amazonienne avec son frère Arturo, ni d'aller rejoindre son ami Jimmy dans le *sertao* brésilien pour admirer les chevaux sauvages. Ce n'est pas son genre de demander une permission pour ses activités de mâles entre mâles ! Il sait de toute façon à quel point je favorise l'expression de soi et la réalisation des rêves, surtout les plus fous.

Nous avons lui et moi chacun notre monde, nos aspirations, nos coins sombres aussi, et dans nos réalités respectives, des parties de nous crient au secours. Aurait-il encore des relents de culpabilité, malgré la maturité affective, pour avoir trop aimé la vie à une époque où le plaisir de la chair signifiait danger et où le rouge passion s'apparentait aux flammes de l'enfer? Il me semble qu'il est passé à autre chose. Il ne croit plus que le sexe signifie péché ni que notre union soit interdite. Est-ce que ce serait ça, sa grande faveur? Demander l'annulation de nos précédents mariages pour légaliser notre amour devant Dieu? Aurait-il fait cette promesse à sa mère avant de partir? Non, je ne le crois pas. Enfin, j'espère que non, car il est certain que je refuserais. Je ne veux pas défaire ce qui a été au temps de ma jeunesse, et je ne crains aucunement le courroux de Dieu puisque notre amour a été béni autant de fois qu'il y a eu de jours depuis notre rencontre.

Aurait-il une crise de conscience? Son besoin de savoir a toujours dominé toutes les valeurs malgré son éducation prônant le don de soi, pour ne pas dire l'abnégation. Il se questionne souvent sur la générosité, se demandant s'il en a assez fait, s'il a partagé suffisamment le bonheur qu'il a reçu de la vie. Pourtant, aider n'est pas un sacrifice pour lui; sa personnalité a incarné la charité au point d'en faire une seconde nature. Quel service n'a-t-il pas rendu? Il sait toujours comment agir, quoi dire à ceux qui sont souffrants, quoi offrir. Lui, dont la verve légendaire des Gomez prend tout l'espace quand il entre dans un lieu, sait par ailleurs accueillir les autres avec autant d'amplitude; il sait écouter, consoler le cœur et soulager le corps. Combien ont laissé couler leurs larmes dans son cou? Combien de mains a-t-il serrées, combien de cadeaux a-t-il donnés à l'un et à l'autre pour un service rendu, pour une urgence, un parent malade, un enfant à mettre en terre? Que n'a-t-il pas rapporté dans ses bagages du Canada uniquement pour rendre service? Du baume chinois pour les douleurs musculaires, des cahiers de décoration pour l'une, des recettes pour l'autre, des vêtements, des petits objets domestiques... Combien de fois avons-nous rempli le panier du magasin d'articles à un dollar et celui du quincaillier pour un outil pouvant servir à un parent, un ami ou quelqu'un du village ? Combien de gens ont dit : «Merci don Dago » ou «Que Dieu vous le rende, José ! » Quelques personnes malheureuses ont abusé de son bon cœur, mais il dit que cela fait partie de n'importe quelle histoire et qu'il préfère donner pour rien que ne rien donner du tout.

Plusieurs de ses aspirations ont été élaborées en fonction des besoins des autres. Sa «grande faveur» concerne certainement cet aspect de lui. J'essaie de deviner. Voudrait-il mettre sur pied sa fabrique de baume, s'associer à un herboriste ? Non ! Je le saurais. Je soupçonne plutôt un élan du cœur, un désir spontané suggéré par une émotion vive, comme prendre une personne en charge, un enfant ou un aîné. Il a toujours voulu organiser une soupe populaire à Barrio La Paz, chez nous, à la Côte, pour que tous les enfants aient au moins un bon repas par jour. Son cheminement exigerait-il de lui un plus grand renoncement ? Mon Dieu, serait-ce possible ? Il m'a confié un jour que ses moments d'envolées spirituelles l'invitent à se dépouiller de tout, sauf d'un grand sac où mettre des médicaments de base, et de partir à pied pour le vaste monde rien que pour aider ceux qui se présentent sur son chemin. Il vivrait de charité, selon lui, de fruits cueillis, de poissons... «Il y en a plein la mer et les rivières», dit-il. Son vaste monde, j'imagine que c'est la Colombie ; je ne le vois pas cueillir des fruits et pêcher au Québec, en hiver. De toute façon, j'espère qu'il n'en est pas encore là. Il me semble que nous sommes plus utiles à deux, que la générosité n'exige pas l'oubli de soi et que notre bonheur peut donner de l'espoir à ceux qui n'en ont pas.

«À quoi dois-je cette caresse ?

— Je veux te prendre comme si c'était le dernier jour de notre vie.

— C'est beau ça ! »

Que c'est vaste par ici, semblable à la personnalité de José, riche comme le potentiel en nous, comme ce voyage que je n'arrive pas à intégrer à mon goût. Les sens, aussi développés puissent-ils être, sont trop limités pour capter tous les détails de ce qui nous entoure. De plus, on dirait que le cerveau a besoin d'un délai pour imprimer et ranger les nouvelles données dans la mémoire. Je suis hypnotisée par cette route se terminant sur la ligne d'horizon, au bout de la plaine ou en haut d'un vallon, puis de nouveau au bout de la plaine ou en haut du vallon suivant... José file à cent dix kilomètres à l'heure et je n'ai pas peur. Il n'y a pas d'obstacles par ici, pas de camions à doubler, pas de virages, pas de précipices ni de guérilleros embusqués, puisqu'il n'y a pas d'endroit où se cacher. Il n'y a que l'espace, la liberté de circuler à son aise et de laisser la pensée s'envoler. Nous sommes sur une voie enchantée, vers Oz ou Camelot, ou vers un lieu fantastique en tout point comparable à ceux que j'imagine le soir avant de fermer les yeux. Le moment du voyage n'est-il pas déjà l'atteinte d'un but espéré? Ensuite, quand on met le pied dans le rêve, rien n'est comme on l'avait prévu; c'est pire ou peut-être mieux, mais il y a toujours à faire le deuil du scénario inventé.

Il faut que je regarde ailleurs qu'en avant, je veux découvrir autre chose. Depuis Caucasia, José me fait des signes du bras, à droite puis à gauche, pour me montrer des plantations. Je regarde sans voir, je souris machinalement pour lui faire plaisir, entièrement charmée par la route. À quelques reprises, je me suis levée en me tenant aux appui-pieds et à l'appui-dos, puis, en position d'équilibre, j'ai ouvert les bras pour recevoir en plein visage, en pleine poitrine, cette étendue où je respire de tout mon être. José a su, je l'ai vu sourire dans le rétroviseur; il a même ralenti un peu. Ensuite, il a caressé ma cuisse. Je sais quoi faire pour me forcer à voir autrement:

« José, arrête un moment, j'ai soif et l'eau est dans le sac de côté.

— Maintenant ?

— Bien sûr, maintenant ! Je n'ai pas soif pour dans cinq minutes !

— Juste un moment, je t'en prie. »

Voilà, c'était ça le truc, arrêter le mouvement, déplacer le champ de vision pour pouvoir observer avec des yeux différents.

« Regarde tes cow-boys, ma chérie !

— Comment ça, "mes cow-boys" ? Ce n'est pas parce que les *gringos* ont fait des films de cow-boys que tous les Nord-Américains connaissent l'élevage du bétail ! Au Québec, ce sont des fermes laitières que nous voyons dans le paysage. Les chevaux servent à l'équitation. Au sport, autrement dit.

— Des fermes laitières avec l'odeur du Québec.

— L'odeur du Québec ?

— Celle que l'on sent quand on arrive des États-Unis, à la frontière de Plattsburgh.

— L'odeur du fumier, tu veux dire ! Tu peux bien parler, toi qui disais aimer la présence du troupeau dans le champ en face de Pegaso. Cette odeur si nature, selon toi, qui se mêlait au parfum des *churascos*, t'a obligé à transformer notre restaurant en pub, n'est-ce pas ? Tu peux bien sourire !

— Regarde, ma beauté, n'est-ce pas impressionnant, tout ce bétail ?

— Ils sont beaux, regarde !

— Qui ? Les *vaqueros* ou les animaux ?

— Les deux. Les bêtes et les *vaqueros*, évidemment. Il faut dire qu'ils ont de la classe, avec leur chapeau et leurs pantalons à franges. Regarde leur aisance. Je me demande s'ils sont heureux. Quand on les voit galoper en pleine nature, ils nous donnent l'impression d'être libres, de vivre une vie de loisirs. Pourtant, ils ne doivent pas souvent partir en vacances, à moins qu'ils ne soient plusieurs à s'occuper d'une même tâche.

— J'aurais aimé avoir un troupeau, m'occuper des animaux, les vendre...

— Les tuer.

— C'est comme ça, les humains mangent de la viande. Et s'ils n'en mangeaient pas, il n'y aurait pas d'élevage de bétail ni de *vaqueros*. Les grandes plaines serviraient à autre chose et les riches propriétaires iraient faire des affaires ailleurs.

— J'ai toujours dit que la force du nombre pouvait changer la face du monde, faire tomber des empires, en ressusciter d'autres. Pense à la cocaïne, par exemple. Imagine l'impact économique et social, imagine ton pays, si un jour chaque consommateur sur la planète, seul face à lui-même, décidait de ne plus se droguer.

— La drogue existe parce que certains en ont fait leur affaire. Ensuite, comme le mot le dit, la drogue, c'est une drogue ; elle a pris le pouvoir et plusieurs en ont profité, tant ceux qui l'interdisent que ceux qui raffinent et vendent le produit ou que ceux qui la consomment. Quand il y a un profit, aussi vil soit-il, le commerce s'enrichit.

— Oui, mais si on en est conscient, on a au moins le pouvoir de boycotter. Je crois beaucoup au pouvoir du boycottage.

— La conscience ! Voilà le vrai problème ! Tu en sais quelque chose, toi, la psychologue. La conscience, ça coûte cher. »

* * *

« On y va, ma beauté ?

— Attends, laisse-moi uriner.

— Ici ? Ce serait mal vu.

— Je ne vois pas de salle des dames dans les environs et je n'irai certainement pas sonner chez le fermier au beau milieu de sa terre. D'ailleurs, je ne vois pas d'entrée. Personne ne me verra, nous sommes quasiment seuls sur la route et les *vaqueros* ont d'autres intérêts qu'une bonne femme accroupie à côté d'une moto. Mets-toi devant moi, dans la direction de ceux qui viennent de notre côté. Tu verras : vite dit, vite fait. »

« La conscience, ça coûte cher », dit mon homme. Il a raison. La prise de conscience mène à des conséquences, elle suggère des changements, et l'être humain, en général, n'aime pas les changements parce qu'ils désorganisent l'ordre établi ; ils obligent à des pertes, des deuils. Il en va de même pour ceux qui aiment le mouvement, la diversité ; ils ne veulent pas changer leur manière d'agir. On préfère le connu même si sa réalité est loin d'être satisfaisante, même si on rêve à une autre vie. On se contente de ses malaises au cas où le changement ne ferait qu'empirer notre sort. Pourtant, le changement, c'est la liberté. Au bout des efforts, on gagne en résistance, on éprouve le sentiment d'être vivant, capable d'influencer sa destinée.

* * *

Le département de Cordoba inspire la liberté et la synergie, peut-être en raison du plein soleil, du ciel immense sur la plaine, des fleurs mauves des *mataratones* plantés en bordure des terres en guise de clôture ; peut-être en raison du vent qui tournoie où il veut, des plantations et de l'eau, aussi, des bassins, des marécages et des fleuves qui drainent la terre jusqu'à la mer. Nous avons croisé la rivière San Jorge, tout à l'heure.

Une synergie des forces pour une abondance extraordinaire. Comment ne pas respirer à pleins poumons, ne pas désirer avoir une vision panoramique comme celle des oiseaux ? Comment ne pas vouloir rassembler toutes les instances de son être, les qualités, les talents et les sources dormantes ? J'ai le désir d'harmoniser le cœur, la raison, le corps et l'esprit.

Il y a dans l'air ambiant les pirouettes du vent et le jeu des nuages, des âmes d'une autre époque. Je les sens, elles sont partout, se parlent avec des mots de langues différentes, se comprennent, se rappellent le temps des semailles, des récoltes, de la pêche, du bétail, les moments passés ensemble au soleil couchant et les jours de fête. J'entends leurs bavardages, leurs rires. Nedjibia est parmi eux, j'en suis certaine, près de grand-mère. Elles discutent de couture, de tricot. L'une raconte les longues soirées d'hiver dans une cuisine aux fenêtres habillées pour l'hiver, l'autre parle de dentelle, de tissus peints, de la texture du bois et du voyage à la Côte où elle a trouvé la porte sur l'éternité. Il y a un homme aussi, il parle des petits-enfants qu'il a laissés trop tôt et de l'aide qu'il cherche encore à leur donner avant de trouver le vrai repos. C'est mon grand-père, celui qui faisait des affaires, qui savait comment remplir le bas de laine mais qui oubliait de calculer quand de pauvres gens lui racontaient leurs peines... Comme José. Je vois des petites étoiles noires, partout, partout.

« Ça va, ma chérie ?

— J'ai un peu chaud, je pense que ce serait une bonne idée d'arrêter dès que tu verras une *tienda*.

— J'ai eu peur, je ne te sentais plus du tout ! Tu es toute pâle. Je n'aurais pas dû tant rouler.

— Je me sens un peu faible.

— Enlève tes souliers, le foulard d'Égypte aussi. Je vais chercher de l'eau tiède. Penche la tête, je vais t'en verser sur la nuque. C'est ça, dans le visage aussi. Partout.

— Un peu dans le dos aussi, sur la poitrine. Ah! Ça fait du bien! Achète deux autres bouteilles, froides cette fois, une pour boire et l'autre pour le visage. C'est qu'il fait vraiment chaud! Quelle heure est-il?

— Treize heures trente, nous sommes dans le gros de la chaleur. Prenons un bon quarante-cinq minutes pour éviter le plus possible de circuler sous ce soleil de plomb. Pourquoi ne m'as-tu rien dit, ma chérie?

— Je rêvais, je ne ressentais pas la fatigue ni la chaleur. C'est venu tout d'un coup, comme une chute de pression. Je pensais à Nedjibia, à mes grands-parents, je voyais leurs yeux et ceux des gens qui ont vécu sur ces terres. Ils parlaient des langues différentes. J'hallucinais, je crois bien.

— *Dios mio!* C'est méchant, ça! Il était temps, un peu plus et tu allais les rejoindre. *Pouta!* Je m'en veux.

— Ne t'en fais pas, je vais mieux.

— C'est étrange que tu dises qu'ils parlaient des langues différentes.

— Comment ça?

— Dans la région des Caraïbes, y compris le département de Cordoba, la population provient de mélanges entre les indigènes, les colons espagnols, les immigrants juifs et les Noirs africains.

— Étrange! Le mot qui me venait à l'esprit tantôt sur la route, c'est "synergie". J'ai associé le terme aux éléments naturels, mais il est possible que les êtres vivants laissent une partie d'eux-mêmes dans le milieu, des particules, je ne sais pas. On peut supposer qu'il reste quelque chose de notre passage ici-bas, et pas seulement de la poussière. À moins que cette poussière n'ait des propriétés plus intéressantes qu'on le pense…

— Ça se peut! J'aimerais bien savoir. Qu'est-ce qui nous arrive après la mort? Nous nous transformons, c'est certain, mais est-ce nous restons vivants sous une forme ou sous une autre?

— Avant ce voyage, je pensais qu'après la vie, c'était le néant, qu'au moment où le cœur cesse de battre, l'âme disparaît à tout jamais. Je pensais que la mort était comme une anesthésie opératoire nous éliminant complètement du réel, pour un moment. Maintenant, je suis certaine qu'il y a une forme de vie après. Je te jure avoir un lien avec Nedjibia, avec mes grands-parents aussi. Avec mon grand-père, surtout; il me vient souvent en aide.

— Un lien?

— Je crois de plus en plus que les étoiles noires sont des yeux qui me dirigent vers mon but, m'aidant à puiser la force d'y arriver, à vaincre mes faiblesses. Au cours de ce voyage, il m'arrive d'avoir des inspirations surprenantes. Tu te souviens au restaurant à l'Alto de Minas, quand je t'ai demandé d'attendre un moment avant de partir?

— Oui, je me souviens.

— J'ai pris une pierre, en symbole de ma peur des hauteurs, et je l'ai laissé rouler dans le vide, comme je l'avais fait de la passerelle à Las Lajas. Quand on se défait ainsi d'une partie rigide, nuisible de soi, une quantité d'énergie est libérée, et cela nous donne plus de pouvoir sur nos actions, plus d'audace et de plaisir dans la vie. Après cette halte routière, au lieu d'entretenir ma peur, j'ai moulé mon corps au tien, ma personnalité à la tienne, et j'ai reçu en cadeau ton adrénaline de mâle.

— Mon adrénaline de mâle!

— Oui, ton adrénaline de mâle. Ici, dans la plaine de Cordoba, l'expérience de l'osmose avec toi m'a suggéré, comme je te di-

sais, le mot "synergie", la mise en commun des forces respectives pour un but partagé.

— Avec qui veux-tu partager tes forces, femme ? C'est avec
papa que tu dois tout partager !

— Disons que nous pourrions partager nos talents, nos idées,
des connaissances avec des gens avec qui cela nous serait utile,
et vice versa.

— Pourquoi faire ?

— Franchement, parfois, tu as de ces questions ! Pour en
apprendre plus sur nous-mêmes, toi qui aimes Savoir avec un
grand S. Pour donner plus de soi-même et recevoir d'autres
données, d'autres points de vue. Pour se sentir plus capable et
pour se régénérer, autrement dit. Pour toi qui es dans les affaires,
ce serait utile, non ?

— As-tu une idée en tête ?

— Non, justement. Rien que des pistes floues comme des
mirages. Je pense toujours au kiosque d'artisanat, dans le jardin
de notre motel, mais il manque Nedjibia pour le côté affaires.
Et puis, il faudrait construire, et ça se complique, vu que la planification du jardin est loin d'être terminée. J'espère qu'au bout
du voyage, j'aurai trouvé.

— Demain, nous passerons à Calamar...

— Je sais...

— Je te montrerai l'endroit... Nous arrêterons, même, si
tu veux.

— J'y compte bien. J'attends une inspiration.

— On y va, ma belle. Le soleil est un peu plus bas. Viens,
je vais te montrer les mines d'or. »

* * *

Des mines d'or, de l'argent. Des affaires! Aurais-je envie de faire des affaires? J'ai toujours nié cet aspect de moi. Pourtant, c'est bien ce que j'ai proposé à Nedjibia. Spontanément, en plus, comme un cri du cœur. Je ne me comprends pas. L'argent a pour moi une connotation négative. Même les mines d'or. Ce n'est pas la valeur du métal précieux que je vois en premier, mais l'exploitation des mineurs, leur vie périlleuse et misérable et ceux qui capitalisent dans le seul but d'amasser pour eux-mêmes, en créant de faux besoins, en produisant des biens nuisibles ou inutiles. Il faut voir ce que l'exploitation des mines a fait à l'environnement. Je n'aime de l'or que sa couleur. Je n'en porte pas et je n'en ai pas, sauf une alliance de mariage que j'ai eue à vingt ans, une pépite que je vendrai un jour. Si au moins les affaires étaient honnêtes, si les travailleurs bénéficiaient de leur labeur dans une juste proportion, si tous les concernés en profitaient également... En somme, ce ne sont pas les affaires qui m'indignent, mais bien l'exploitation d'une partie par une autre, la détérioration du milieu au profit de quelques-uns. Le maudit argent ne serait pas si méprisable si personne n'en manquait, s'il servait à améliorer le sort de chacun ainsi que celui de la planète. José dit toujours qu'il ne faut pas finir avec les riches mais plutôt avec la pauvreté.

Faire des affaires! Je n'avais jamais vu les affaires sous un angle positif, quand elles permettent de bons échanges, l'amélioration du milieu de vie, l'accessibilité de services indispensables. Ça existe, des gens d'affaires au cœur d'or. J'en ai connu. Mon grand-père, par exemple. Il faut dire qu'il avait du talent. Ma grand-mère disait de lui: «Il vendrait un réfrigérateur à un Esquimau ou un manche à balai habillé!» Heureusement, il ne se servait pas de son talent pour abuser des gens, et si son commerce du marché Bonsecours, au port de Montréal, servait à faire des sous, les légumes et les fruits profitaient aussi aux mendiants, aux clients préférés, à de bonnes causes et à toute personne qui en avait besoin. D'accord, il s'adonnait aussi à des affaires moins catholiques: les coqs de combat par exemple, quelques paris au champ de course. Mais il ne comptait pas les dollars qu'il donnait. Je dis bien donner : il ne prêtait pas et ne demandait donc pas d'intérêt. Il donnait sans questionner ni juger. Il achetait aussi pour dépanner quelqu'un, en respectant ainsi sa dignité. Nous l'avons su, à sa mort, au salon mortuaire. Des centaines de personnes sont venues saluer Joseph Napoléon Ledoux une dernière fois et nous raconter comment il leur avait rendu service.

Mon homme est de cette trempe. Il dit : « Je ne veux pas être riche, je veux vivre richement. » Vivre richement, pour lui, veut dire pouvoir lire, apprendre, passer un moment en bonne compagnie, sortir à moto, le soir, dans le vent tiède de Tuluá, serré contre moi. Cela veut dire s'arrêter dans un champ pour contempler les étoiles, faire des projets, construire peu à peu selon nos moyens, partir en voyage simplement, faire avec ce qu'on a et compter avec ce que l'on pourrait faire. Mon homme est un homme d'affaires qui aimerait doubler ses avoirs pour aider ceux qui ont le cœur à l'envers. « Ça fait de la peine, dit-il, pauvre homme, il travaille tellement dur avec si peu de moyens et pour un si maigre résultat. J'aimerais tellement lui offrir mon aide, l'équipement qui lui manque ! » Si je réponds qu'il l'aide souvent en achetant ses produits, en lui offrant à manger ou en lui donnant des conseils, il dit que c'est trop peu, que son don est une misère. Bien sûr, comme la plupart des Colombiens, il aime négocier, faire une bonne affaire, c'est-à-dire faire une proposition ou refuser une contre-offre, faire mine de s'en aller et revenir avec une autre proposition, refuser la contre contre-offre, hésiter, penser en restant figé sur place et recommencer le manège pour ne gagner ou ne perdre que quelques petits sous... En somme, les affaires représentent pour lui un échange social gagnant-gagnant, où les deux parties se serrent la main à la fin.

Voici Sincelejo ! Je connaîtrai enfin sa grande faveur.

Jour 3

Sincelejo – San Jacinto

« E ssayons de partir tôt ma chérie, il vaut mieux profiter de la fraîcheur du matin pour gagner du terrain. Tu le sais, plus nous approcherons de la Côte, plus le soleil sera méchant, encore plus accablant qu'hier, dans la vallée del Sinu. Prends, ma beauté, un petit café.

— Pourquoi as-tu changé d'idée? Nous avions dit que nous passerions l'avant-midi à Sincelejo pour revoir les sites du premier de nos voyages de noces.

— Tu y tiens vraiment?

— Euh! Plus ou moins. C'était surtout pour changer un peu de la moto. Mais quelle heure est-il donc?

— Je vais descendre les sacs de cuir. Lève-toi doucement. D'accord, mon ciel d'été.»

Il ne m'a pas répondu. Il doit être tôt en s'il vous plaît! Il fait encore noir. «Mon ciel d'été», a-t-il dit! Ce serait plus approprié, il me semble, de m'appeler «Mon ciel de nuit»! Me lever doucement! Il est drôle, lui! On ne peut pas se lever doucement. C'est toujours cruel de quitter le lit en pleine noirceur, surtout quand on n'a pas beaucoup dormi... Seigneur! Au moins il est chaud, son petit café, et délicieux, comme tous les cafés colombiens. D'après ce que je comprends, nous ne déjeunerons pas et il dira sûrement : « Nous prendrons quelque chose en chemin. » En fait, ça me convient. Comme ça, je suis sûre que nous ferons une pause.

« Les valises sont sur la moto, tout est prêt. J'ai trouvé un *pan de queso*. Ça te soutiendra un peu.

— Merci, tu es gentil.

— Je suis toujours gentil.

— Toujours, mon amour.

— Pourquoi ce petit sourire malicieux ?

— C'est un sourire de bonheur. Le fait de te voir me rend de bonne humeur. Tu es mon soleil, même en pleine nuit. Merci pour le *pan de queso*, je l'apprécie. Quelle heure est-il, au fait ? Tu ne m'as pas répondu tout à l'heure.

— Presque six heures !

— Passe-moi ta montre. Il est cinq heures vingt, homme ! À quoi penses-tu, dis-moi ?

— Je te le dis, femme, plus nous tarderons à partir, plus tu le regretteras en chemin.

— Je sais, l'air tropical lance des boules de feu.

— C'est sérieux.

— Pour un gars qui ne craint pas la chaleur, je ne comprends pas trop ton inquiétude. Ne me regarde pas comme ça, je me lève, je me lève. »

* * *

J'ai quitté l'hôtel à cinq heures quarante, les yeux dans la même orbite, en suivant un homme frais et dispos. Je l'ai regardé s'installer sur la motocyclette, j'ai admiré son allure magnifique, sa position sportive : dos légèrement arrondi, mains tenant fermement les guidons, prêtes pour les changements de vitesse. Comme d'habitude, il a dit : « Monte, ma cavalière. » J'ai répondu, comme chaque fois : « Bien sûr que je vais monter, je ne vais pas rester là sur le trottoir, sans toi, mon bel amour ! »

Il faut dire pour sa défense que le petit matin est splendide. L'aube d'un nouveau jour, la fraîcheur sur les joues, le chant des oiseaux, les premiers piétons, l'activité urbaine qui s'amorce et, plus stimulantes que tout, les lueurs du soleil sur les prés, hors de la ville. Nous voilà de nouveau seuls passagers sur une route pareille à un ruban gris sur une courtepointe verte. Tiens, ici aussi, dans le département de Sucre, les fermes sont bordées de *mataratones* aux fleurs lilas. Que c'est beau !

Qu'est-ce qui nous attend devant ? Qu'allons-nous expérimenter d'ici à la mer ? Je sais que nous affronterons les fameuses boules de feu, un peu plus loin, lorsque le soleil sera au zénith. Je ne les crains pas, nous n'aurons qu'à prendre des pauses plus souvent. Plus rien ne nous presse maintenant ; nous pourrons dormir à Barranquilla si nous tardons trop, ou mieux, là où Nedjibia a trouvé son passage vers l'autre monde. J'aimerais rester un moment à Calamar, une nuit au moins, pour me laisser atteindre par l'ambiance mystérieuse de l'au-delà. Il me semble que le goût de vivre, de bien utiliser son temps, est mille fois plus fort lorsque la présence de la mort nous rappelle l'importance de l'instant présent.

José souffrirait trop ! C'est possiblement pour éviter cette option que le départ s'est annoncé tôt. Sa peine demeure aussi vive qu'une blessure ouverte. L'effet des années n'a encore rien cicatrisé. Le souvenir du corps de sa sœur, déjà transformé par la chaleur, est encore trop cuisant. Je doute même qu'il puisse

se recueillir, tel que promis, sur les lieux de l'accident. Il dira :
« C'est là », il s'essuiera les yeux, se raclera la gorge et ajoutera :
« Je ne suis pas capable, pas capable. »

Pour le moment, il roule à cent à l'heure, s'amuse dans les
courbes, ne pense qu'à son petit paradis sur la Côte, au palmier du jardin, celui pour lequel il a tant lutté et qui devrait
produire des cocos cette année. Il se voit en train d'arroser les
deux palmiers plantés l'an dernier, près de la porte d'entrée. Il
prévoit cimenter la cascade plus largement en y incrustant de
petites pierres. Il s'imagine en train d'émonder les grands arbres
de façon à laisser le soleil mûrir les citrons, les oranges, les
guanabanas, les *chirimoyas*, les mangues et les fleurs parapluies.
Moi, je navigue dans les courbes de mon voyage intérieur, moti-
vée par l'idée de faire des affaires même si je ne sais trop par
où commencer, encore remuée par la soirée d'hier.

Hier, nous sommes arrivés à Sincelejo, alourdis par le soleil,
assoiffés, cherchant une chambre avec air climatisé et deux
bouteilles d'eau glacée. Nous avons trouvé rapidement, près du
parc central, où se trouvent habituellement les bons hôtels.
Nous avons garé la moto, nous sommes passés à la réception,
le chasseur a monté les bagages et aussitôt la porte refermée
sur nous, souliers, bottes, casques, pantalons, chandails, petits
dessous, bref, tous nos vêtements poussiéreux, humides de
sueur, se sont étalés sur le plancher, du centre de la pièce
jusqu'à la douche. Chacun notre tour, nous avons laissé l'eau
nous couler sur la tête, la nuque, le bas du dos, entre les orteils
en poussant des « Ah ! Ça fait du bien ! » et des « Que c'est
délicieux ! ». Nous nous sommes allongés sur le lit à peine sé-
chés pour nous rafraîchir davantage. Nous avons fermé les yeux
et sombré rapidement dans les bras de Morphée.

Il était dix-neuf heures lorsque nous avons commandé un
repas à la chambre. Jusque-là, nous n'avions pas encore parlé
de la journée, ni de nos observations ni de nos états d'âme.

Nous avons mangé en poussant de profonds soupirs de satisfaction et, d'un commun accord, nous avons cherché un film
à la télévision, sans nous soucier du désordre dans la chambre.
Nous avons choisi un film intimiste, où les personnages se ques-
tionnaient, cherchaient le sens de leur vie. José a dit: «Il faut
faire quelque chose, *pouta*!» Il s'est levé, a marché de long en
large, a ouvert le petit réfrigérateur, a pris une bouteille de vin,
m'en a versé dans le verre de l'hôtel. Il s'est assis sur le bord du
lit et, après un moment de silence, il m'a enfin parlé de sa
grande faveur.

«Là-haut, sur le Plano de Ventanas, dans une des maisons
de fortune, en bordure de la route, j'ai vu une femme âgée, assise
sur un fauteuil roulant tout déglingué. Je me suis juré qu'au
retour je me chargerais d'elle, que je l'emmènerais à Tuluá.

— C'est étrange... J'ai bien aperçu un fauteuil roulant sur
un plancher de terre battue, mais je n'ai pas vu la femme. À
moins qu'il ne s'agisse d'une autre maison? De toute manière, tu
as vu une femme dans un fauteuil roulant. C'est ça qui compte.

— Je veux m'en occuper. Je le veux! Absolument! Je demanderai à mon ami Fortino de m'accompagner en camion
jusque chez elle. Qu'est-ce que tu en dis, ma chérie?

— Comment pourrais-je dire non? Cette vision est inou-
bliable. On ne peut pas être heureux si on ne fait rien pour ses
semblables. Certains besoins nous interpellent, s'adressent
directement à nous. Il y a des milliers de personnes comme
elle, mais celle-là t'a touché, et il t'appartient de l'aider. Nous
pourrions même contacter Alvaro, l'ange de Bucaramanga, tu
sais, le petit garçon qui s'occupe des personnes âgées. Il y a eu
des reportages sur lui. Je vérifierai, il a peut-être créé un site
Web, ça ne m'étonnerait pas. Il est plus avisé que le meilleur
des hommes d'affaires.

— Ce petit garçon a plus de vingt ans maintenant. Ça, c'est quelqu'un, *pouta*! Par rapport à ce genre de personne, je trouve que je n'ai pas suffisamment aidé les autres. Lui, Mère Teresa, Gandhi, Patrice Lumumba, Nelson Mandela. Je te jure, ma beauté, je suivrais une personne comme ça!

— Qu'un adulte dédie sa vie à une cause, c'est admirable. Et quand c'est un enfant qui s'occupe de vieillards, comme dans le cas d'Alvaro, c'est un ange descendu du ciel. Quel enfant exceptionnel! Il savait comment laver les vieillards, et il trouvait moyen de leur donner à manger au moins une fois par jour. Il savait comment leur remonter le moral en les faisant bouger, danser ou jouer au ballon, pour ceux qui en étaient capables. Il a même rassemblé un groupe de jeunes pour l'aider dans ses tâches quotidiennes, après les heures d'école. En plus, il veillait à défendre leurs droits, à recueillir des fonds dans son propre pays et ailleurs dans le monde. J'ai vu dans un reportage récent qu'il étudiait maintenant la gérontologie et qu'il avait réussi à ouvrir une maison grâce à des fonds européens. En plus d'être généreux, il est intelligent et capable de faire des affaires. Il sait négocier avec ceux qui ont le pouvoir de l'aider. Il possède tout pour convaincre: la patience, la parole, l'information nécessaire et toute la bonté du monde dans les yeux.

— Quoi qu'il en soit, avec ou sans moyens, facile ou pas, je ferai au moins ma part. Au retour, nous inviterons cette femme à venir avec nous. Je m'en veux, j'aurais dû réagir sur le coup; il faut apprendre à écouter son cœur. Ça fait au moins deux fois que cette situation se présente à moi.

— Je sais. L'autre fois, c'était dans le parc, à Tuluá, pendant une de nos balades quotidiennes à moto. Nous regardions les lumières de Noël dans les arbres et nous avons vu un homme d'une trentaine d'années assis sur les marches de ciment. Toi et moi, nous nous sommes tus en voyant la détresse dans ses traits et dans son allure. Il ne nous a rien demandé, il a même détourné la tête. Deux coins de rue plus loin, je t'ai dit : "As-tu vu le jeune homme dans le parc ? Quelle tristesse ! Que peut-il bien vivre ? Nous aurions dû lui donner quelque chose, lui parler, l'inviter à manger, je ne sais pas..." Puis, tu as fait demi-tour, mais il n'était plus là.

— Je téléphonerai à Fortino en arrivant à la Côte.»

Après la conversation, nous avons bu encore un peu de vin et nous nous sommes installés pour dormir, mais lui et moi avons tourné longtemps et nous avons eu un sommeil agité, tourmenté. Pensait-il, comme moi, à rebrousser chemin, dès le lendemain, jusque chez la femme infirme ? Plusieurs fois, j'ai voulu lui en parler, mais ma propre quête, le défi du voyage et son aboutissement me semblaient aussi importants. Je n'en suis plus certaine, ce matin, sachant bien que la proposition aurait été acceptée sur-le-champ. En fait, il est encore temps.

«Mon amour ! Arrête un moment...

— Déjà !

— Juste un moment.

—Alors ?

— Voudrais-tu retourner sur le Plano de Ventanas, maintenant ?

— Maintenant ?... Hier soir, je t'aurais dit oui sans hésiter. Mais ce matin, je veux me rendre chez nous. Il y a aussi des gens qui nous attendent, qui ont besoin de nous. Mon compromis avec moi-même, je veux le réaliser au voyage de retour, dans deux mois.»

Au moins, c'est clair. Aider, c'est indispensable, mais pas n'importe comment, et chacun sa manière. Il y a des besoins de tout ordre ; on a le choix. José réagit face à la détresse des personnes âgées, au ventre creux des enfants, à la souffrance physique. Pour ma part, je veux aider ceux qui se sont reconnus un talent, une passion, un intérêt particulier et qui manquent de moyens d'aller de l'avant. Comme j'aurais voulu imaginer l'émission télévisée péruvienne *Vale la pena soñar* (*Cela vaut la peine de rêver*), grâce à laquelle certaines personnes reçoivent un outil, un objet dont ils ont besoin pour travailler et retrouver leur dignité. Ce concept est admirable ! Lorsque j'étais jeune, bien avant de penser à la profession de psychologue, je rêvais d'avoir les moyens de visiter certaines demeures le 24 décembre, incognito, pour déposer le cadeau nécessaire devant la porte d'entrée. Comment concrétiser mon souhait ? Il me faudrait plus de sous, plus de moyens. C'est pour ça que je veux faire des affaires. Des affaires ! Si je savais par où commencer, mais je me sens limitée, si ordinaire. M'aideras-tu enfin, Nedjibia ?

« Pourquoi t'arrêtes-tu ? Y a-t-il un problème ?

— Non. Enlève ton casque, ma beauté !

— Mon casque ?

— Enlève ton casque, je t'en prie.

— Que me vaut ce baiser ?

— Je voulais seulement te dire merci, un gros merci pour la dame infirme.

— Tu aurais dit oui, toi aussi, si je t'avais demandé une telle faveur. Tu l'as déjà fait, d'ailleurs, quand j'ai voulu accueillir chez nous un étudiant sénégalais. Lorsque tu as lu sa lettre, tu as dit : "Il faut aider ce garçon." Tu vois, mon amour, nous sommes faits pour être ensemble. Est-ce que ça me vaut un déjeuner ?

— Femme, nous sommes en plein champ !

— Je sais, je le vois, mais il doit bien y avoir un village à proximité.

— Rendons-nous à San Jacinto, si tu n'es pas trop affamée.

— Combien de temps faut-il ?

— Une heure environ.

— San Jacinto ? Là où les artisans fabriquent les hamacs colorés ?

— Oui, ma beauté, là où papa t'a acheté ton hamac en dentelle.

— Bien sûr que oui ! Allons-y vite ! D'accord ! Youpi ! »

* * *

J'ai dit : « Oui, oui, d'accord ! » et je l'ai embrassé dans le cou. Une heure, c'est bien peu, me suis-je dit, si je compare ma situation à celle des affamés sur la terre. J'ai donc supporté les cris de mon ventre creux souriante et enthousiaste. J'ai supporté vaillamment, jusqu'à maintenant. L'heure a passé depuis un moment, et José me répète, de dix minutes en dix minutes, que San Jacinto n'est pas loin, que nous arriverons bientôt. Mon estomac me lance de l'acide à présent, il fait un grand trou s'élargissant à la moindre imperfection du chemin. Le *pan de queso* est digéré depuis longtemps. Pourtant, je résiste à l'idée de manger n'importe où, mal installés sur le bord du chemin. Et San Jacinto est si tentant ! Je me souviens bien de ces objets aux couleurs vives étalés sur la devanture des boutiques alignées. Mon ventre n'a qu'à manger la graisse en réserve partout dans mon corps. Je vais penser à autre chose. La verdure est plus terne par ici, et les fleurs de *mataratones* moins éclatantes, il me semble. La faim et le manque de sommeil biaiseraient-ils ma perception ? On pense moins clairement quand les besoins physiques ne sont pas comblés, c'est connu et logique.

Qui veut aider ses semblables doit savoir cela. Et je dirais que le même phénomène vaut aussi pour la personnalité : quand elle ne se réalise pas à son goût, elle devient obsessive, cherchant désespérément à contenter son désir sacrifié. En somme, tout malaise nous empêche de voir réellement ; ainsi, les détails du paysage défilant sous nos yeux et les événements quotidiens sont perçus selon notre état personnel et non d'après une vision claire de la réalité.

Que c'est bête ! Il est fort probable que je ne repasse jamais par ici ! Allez, femme, fais un effort, apprécie le paysage, admire les *guayacanes* à fleurs jaunes ou orange intense posés dans le paysage comme un bouquet de corsage sur une longue robe verte. Des *guayacanes*, il n'y en a que de temps en temps. Ce qu'il y a en abondance, ce sont des champs ternes et des vaches, encore des vaches. Des blanches à volants, des grises et des brunes, des vaches à lait, des vaches à viande et, comme toujours en bordure de la route, des *mataratones* de plus en plus épars. Tiens, une *rancheria*, un groupement de maisons au toit de paille. Nous devons approcher d'un village. Non, fausse joie, la route s'étire et s'étire. Je ne veux plus chercher quoi admirer, plus rien entendre du ronronnement de la moto, plus rien expérimenter de l'adrénaline de mâle ni du défi du voyage. Je suis fatiguée, j'ai un ras-le-bol. Tiens, je l'enlève de mon visage, ce mouchoir déjà poussiéreux. Nous sommes dans le scénario d'*Il était une fois dans l'Ouest*, version colombienne, avec des vautours comme compagnons de route. Depuis tantôt, je les vois tourner autour. Je n'arrive plus à sentir autre chose que l'inconfort ; j'ai mal à l'estomac, au bas-ventre et à toutes les jointures même si nous ne sommes partis que depuis quelques heures. L'accumulation, sans doute. Franchement, il me semble que nous aurions pu nous arrêter une demi-journée ! Décidément, une structure d'homme ne comprend pas un corps de femme.

San Jacinto

Le département de Bolivar. Enfin! Nous approchons. Je me promets bien d'arrêter et de profiter de l'artisanat. Veux, veux pas, mon cher homme va devoir m'espérer. Je vais marcher un peu, changer de position, étirer les jambes, regarder de près, sans casque, sans lunettes ni mouchoir. Je suis quand même fière de moi. Je n'ai rien dit, j'ai réussi à supporter, à endurer. Voilà une belle victoire physique à mon actif, une preuve de résistance mentale. J'ai même trouvé des trucs : des changements de position, minimes mais assez significatifs pour moins souffrir des jointures et désengourdir l'entrejambe. Quand je m'assois trop en avant, sur l'intérieur des cuisses, je ne sens plus mon sexe à la longue, c'est-à-dire que je le sens trop, comme lorsqu'on a des fourmis dans un membre. En basculant légèrement le bassin vers l'arrière, le poids du corps repose sur les muscles fessiers et c'est plus confortable. Enfin, pour un moment, car ensuite, ce sont les reins qui se lamentent... Le truc, c'est osciller légèrement, masser les genoux et changer la position des pieds en passant de l'avant-pied au talon ou en les orientant en alternance, vers l'extérieur puis vers l'intérieur. Je pourrais donner des cours de passagère à toutes les compagnes de la bande du club Los Tornados, quand ils auront le courage de s'aventurer dans notre sillage, évidemment.

Jusqu'à maintenant, nous n'avons pas eu d'ennuis mécaniques, ni manqué d'essence en plein champ et nous n'avons pas vu de paramilitaires ni de guérilleros ; je les avais même oubliés, ceux-là. Il paraît qu'il y a une zone rouge après San Jacinto, qu'il ne faut pas manquer la route vers Barranquilla, car celle vers Cartagena est peu recommandable, dit-on.

« San Jacinto, enfin !

— Nous avons fait un bon bout. Voilà, ma belle. J'avais raison, n'est-ce pas, il fait déjà chaud.

— Disons! Arrête ici, c'est typique et propret.

— Propret!

— Tu ne connais pas l'expression.

— Certainement, ma chérie, c'est comme "coquet ou chipet".

— Ce n'est pas "chipet", mais "cheapette". Le mot vient de l'anglais *cheap*, que les Québécois de ma génération ont francisé en ajoutant le "ette". Ça veut dire...

— Oui je sais, de moindre qualité.

— C'est ça! "Cheapette".

— Tu es heureuse, je le sais.

— Maintenant, oui, mais tantôt je t'en voulais de me pousser autant.

— Il le fallait, il n'y a rien d'intéressant sur la route principale. Il faudrait s'éloigner pour voir de beaux paysages, mais en plus d'être risqué, ça allongerait le voyage. Je ne crois pas que tu aurais apprécié le détour. Nous n'avons pas le choix, il faut faire de longs bouts de chemin. Je peux dire que tu es vaillante!

— Tu me trouves vaillante, pour de vrai?

— Oui, ma beauté.

— Dis-moi pourquoi!

— Tu ne te plains pas, quand tu te dis fatiguée, je le suis aussi, et puis je ne sens pas de poids en arrière. Tu es une passagère extraordinaire!

— Merci, mon amour, j'ai grandement besoin de tes encouragements. »

Tu vas me donner le temps de regarder l'artisanat? Ne réponds pas, c'est oui, et ne me dis pas que toutes les boutiques sont les mêmes. J'ai besoin de marcher un peu, de me délier les jambes, de ne plus être dans la position de passagère extraordinaire. Donne-moi une grosse demi-heure ; j'assumerai les attaques des boules de feu, c'est promis. J'apporterai de l'eau, que je garderai à ma portée dans mon sac à dos. Ne souris pas, embrasse-moi.

« Qu'est-ce que tu veux manger ? Il y a du foie. Je te le conseille, je leur fais confiance.

— Du foie ! Pour déjeuner ! Pas trop tentant ! Hum ! À ton air et à tes yeux ronds, je devine que ce sera un déjeuner-dîner.

— Un déjeuner-lunch, un "brunch" comme vous dites au Québec. Je te propose de manger du poisson après Barranquilla, chez mes amis les pêcheurs. Nous devrions y être vers treize heures.

— Un court instant. N'oublie pas que je veux arrêter un moment à Calamar.

— Calamar !

— C'est trop dur ?

— C'est la seule partie du voyage que je voudrais éviter. J'ai pensé bifurquer vers Cartagena et passer la nuit dans un bon hôtel, mais je sais que pour toi, ce lieu représente quelque chose d'important.

— Tu sais, l'évitement, c'est souvent pire que l'affrontement. Ravaler sa peine, c'est apparemment moins souffrant que pleurer, mais c'est plus insidieux et cela fait certainement plus de ravage à l'intérieur, parole de psychologue.

— Je veux bien te croire. Si tu savais comme j'ai encore de la peine pour ma petite sœur. Je crierais de douleur...

— Pourquoi ne le fais-tu pas? Prends la moto seul, pendant que je siroterai un café, roule un moment et donne ta peine au paysage, laisse le vent l'emporter.

— Je l'ai fait une fois. Au dernier voyage, avec Fercho.

— Raconte-moi.

— Nous approchions de l'endroit et Fercho venait de me doubler. Il filait à toute vitesse, heureux d'arriver. J'avais mal au cœur, à la tête, je la voyais étendue sur le côté de la route, avec ses grands yeux noirs, fixes, sa beauté incroyable éclaboussée par le sang des trois autres corps, les morceaux de chair et de cerveau répandus partout. Comment oublier que je l'ai prise dans mes bras, fou, désespéré, et que c'est moi qui lui ai fermé les paupières? Ma petite sœur. Encore aujourd'hui, je pleurerais comme un enfant.

— As-tu pleuré comme un enfant?

— Je me disais qu'un homme doit garder le contrôle de lui-même, je l'avais dit assez souvent dans ma vie. Je me disais aussi: "*Pouta* de contrôle! Il s'en va par en dedans, il me mord l'estomac..." Alors...

— Alors?

— Je me suis dit: "J'approche de l'endroit, c'est le moment, je devrais oser, il n'y a personne. Et même s'il y avait des gens, avec le bruit du moteur et la vitesse, personne ne m'entendrait." J'ai crié: "J'ai mal! J'ai mal!" aussi fort que j'ai pu, plusieurs fois. J'étais presque rendu à l'endroit de sa mort quand la moto a soudain perdu sa stabilité. J'ai eu beaucoup de difficulté à ne pas me laisser emporter en dehors de la route.

— Mon Dieu! Qu'est-ce qui s'était passé?

— Une crevaison. Un gros clou s'est planté dans le pneu arrière, et Fercho était loin devant. Il m'a fallu pousser la moto jusqu'au village en passant devant l'endroit où est morte Nedjibia, que je reconnais facilement en raison d'un muret de pierres en travers du fossé, juste avant une courbe.

— Il y a une étoile jaune sur l'asphalte ?

— Non, je ne crois pas. Je n'ai jamais remarqué.

— Je m'excuse, continue.

— J'ai marché les yeux embrouillés par la sueur et les pleurs puis, à l'endroit où est morte Nedjibia, je me suis assis sur le bord de la route. Un homme qui venait de je ne sais où, à pied, je crois, ou à bicyclette, je ne sais pas, a posé la main sur mon épaule en me demandant si j'avais besoin d'aide à cause du pneu. J'ai expliqué que nous venions de Yarumal, mon fils et moi, et je lui ai raconté l'accident de ma sœur : le téléviseur qui a heurté sa tête quand l'autobus a basculé, la fuite du chauffeur avec l'argent des passagers, Alonzo et moi partis à l'aube, avertis du drame au téléphone par mon neveu Andre Felipe, qui voyageait dans le même autobus. Je lui ai parlé d'elle, de sa peur de vieillir, de perdre sa santé, ses capacités, de son désir de mourir jeune et, selon moi, de l'absurdité de la mort, de cette inévitable séparation. L'homme m'écoutait avec son cœur, comme s'il comprenait tout de ma peine. Je me suis dit que le peuple colombien était mille fois plus généreux que violent. Ça m'a fait du bien.

— Est-ce qu'il t'a aidé pour la moto ?

— Non. Non. Ça, c'est étrange ! L'homme a disparu comme il était apparu. Je me confiais encore à lui quand la scandaleuse moto de Fercho est revenu dans ma direction. Mon fils a dit : "Je me suis rendu jusqu'à la route vers Barranquilla et j'ai vu que tu ne suivais pas, *poucha*, je comprends. P'pa, mets-toi à l'ombre, je vais au village chercher de l'aide et quelque chose à boire. Tu as des sueurs froides."

— Parle-moi de l'homme.

— Je ne l'ai même pas remercié. Je ne comprends pas ce qui s'est passé avec lui.

— C'était peut-être elle ?

— Elle ?

— La crevaison, c'était peut-être voulu par Nedjibia, pour que tu puisses libérer un peu ta peine !

— *Dios mio !* Tais-toi, femme, tu me donnes des frissons !

— Ton idée de bifurquer vers Cartagena est valable, après tout. Je commence à avoir peur moi aussi.

— Voyons, Jocy, toi qui voulais tellement passer par là ! Allons plutôt voir l'artisanat.

— Tu as raison, je m'en voudrais de fuir juste au moment d'arriver. Allons voir l'artisanat comme tu dis. »

* * *

« Regarde, mon amour, le hamac jaune soleil agrémenté de fils rouges.

— Tu le veux ?

— Peut-être. Regarde le bleu, pareil à la couleur de notre piscine, et le vert et mauve. Je ne saurais pas lequel prendre !

— Viens voir cet objet, ma beauté, on l'appelle *poporó*.

— C'est un produit naturel ?

— C'est une sorte de citrouille que les paysans utilisent pour garder l'eau fraîche ou leur *chicha*. Ils se servent du cœur d'un épis de maïs comme bouchon.

— Ingénieux! La *chicha*, c'est la fameuse boisson maudite faite avec des pelures d'ananas, la fameuse boisson qui rend malade, n'est-ce pas? Ne compte pas sur moi pour en prendre à nouveau.

— C'est une boisson d'homme, ma beauté.

— Une boisson d'homme! Une boisson du diable, tu veux dire! Chers hommes! Sans commentaire... L'objet est intéressant, par ailleurs, et surtout le support tissé sur lui. C'est pratique pour transporter le *poporó*, et si joli à voir!

— J'ai toujours voulu en acheter, mais...

— C'est le temps de te contenter, mon amour.

— Le joli petit meuble en bois! Il pourrait nous servir à garder les médicaments. Je peindrai des fleurs parapluies sur les portes et celles du bougainvillier sur le dessus et sur les côtés. Je le veux! Ah! Regarde le hamac en forme de chaise! C'est parfait pour lire. Nous le prenons, oui?

— Si tu veux.

— Ce sera compliqué d'attacher deux hamacs, quelques *poporós*, une chaise tissée et la petite armoire sur le porte-bagages?

— Avec papa, rien n'est impossible.

— Bravo!

— Tu es heureuse, ma beauté?»

Heureuse? Bien sûr! Je suis toujours heureuse avec lui. Heureuse de son enthousiasme, de sa capacité de dire «oui», et de l'effort qu'il a mis, dans ce cas-ci, à installer ces objets sur le support déjà chargé de la moto. Heureuse de partager des moments intenses, voire dramatiques, et de la joie, par-dessus tout. Heureuse et comblée, nourrie, détendue, fière et disposée à recevoir un peu de mystère. Maintenant, je souhaiterais voir apparaître les petites étoiles noires. Je ne les ai plus revues depuis la Valle del Sinu. Aurions-nous pris une mauvaise décision? Aurait-il fallu retourner chercher la femme infirme? Il faut dire que nous approchons du but. Si les étoiles noires sont bien les yeux de Nedjibia, quelque chose devrait arriver en ces lieux.

«C'est près d'ici que nous devons trouver la route vers Barranquilla. Je ne vois pas d'indications. *Pouta!* Où est-elle?»

* * *

Quel malaise! Nous roulons depuis presque deux heures et il n'y a eu aucun panneau de signalisation, annonçant Calamar ou une autre ville. José est tendu. Il n'y a pas d'ouverture dans sa posture, pour aucune de mes questions. Il file vite, trop vite, à plus de cent dix kilomètres à l'heure, et il se tient au centre de la route. Les arbres s'allongent de plus en plus haut, se serrent les uns sur les autres. La route devient inquiétante, mal entretenue et sombre, comme si c'était l'heure entre chien et loup. Nous nous enfonçons dans une forêt, comme Hansel et Gretel, vers l'antre d'une sorcière. Il me semble que je rebrousserais chemin, dès maintenant. Avons-nous assez d'essence? Oui, mais à condition de retourner immédiatement. Il file trop vite, je n'ose pas bouger, troubler sa stratégie. Il en a une, c'est certain. Mon homme n'est pas du genre à risquer sans savoir ce qu'il fait. Je suis sûre que nous sommes dans une zone rouge, c'est-à-dire en territoire de guérilleros, justement celle que nous devions éviter. L'éternité, le «toujours jamais» de l'enfer, c'est ça: être mal sans savoir où est l'issue, chaque minute augmentant l'inquiétude jusqu'à l'angoisse. C'est dans ces moments qu'il faut puiser une force à l'intérieur de soi, se préserver de la panique, un danger souvent plus grave que ceux anticipés. Soyons réalistes. Pourquoi les guérilleros seraient-ils là à nous attendre? Comment sauraient-ils, en supposant qu'ils nous

aient dans leur collimateur, que nous nous trompons de chemin ? D'autre part, s'ils ne savent rien de nous, quel avantage
auraient-ils à se poster sur une route déserte ? Je n'ai vu ni autobus ni automobiles depuis que nous roulons ici. Il me semble,
en tout cas.

J'ai vu bouger dans les branches, José aussi ; il a tourné la
tête. Si ce sont les guérilleros, ils vont aviser leurs complices
en avant et, dans peu de temps, ils feront un barrage pour
nous arrêter. Voyons, femme, tu fabules. Leur stratégie, c'est
d'arriver à l'improviste et de disparaître aussitôt. Ils ne vont
pas se risquer à faire un barrage sur la route. S'il n'y a pas de
barrage, comment pourraient-ils nous arrêter à cette vitesse
et comment pourraient-ils nous suivre ? Je n'ai jamais entendu
dire qu'ils avaient des motos ou des autos. Ils ont des armes.
Voilà le problème, il faudrait éviter leurs tirs de mitraillettes,
ce qui serait possible à condition qu'il y ait une courbe. Beau
raisonnement ! À quoi deux morts pourraient leur servir ? À
faire peur, à montrer de quoi ils sont capables, à envoyer des
photos d'une Québécoise tuée en Colombie sans revendiquer
l'attentat, seulement pour augmenter la terreur des groupes
terroristes. Si au moins nous pouvions leur parler, leur dire
que nous ne sommes ni des politiciens ni des révolutionnaires,
ni des moralistes ni des *gringos* capitalistes, que nous prônons
la justice sociale, que nous aimons la Colombie, que nous la
voulons saine et belle, que nos actions de retraités ne nuisent
ni à l'environnement ni à personne, que... Mon Dieu que je
suis rendue loin ! Il faut croire que j'ai très peur ! J'ai peur et
j'ai des crampes partout. José, ralentis !

« Qu'est-ce qu'il y a ?

— Une intersection, enfin ! *Pouta !*

— Tu avais pris la mauvaise route ? Dans une zone rouge,
n'est-ce pas ?

— Que c'est mal indiqué! *Pouta*! Je pense que ce n'est pas indiqué du tout. J'allais vers Cartagena, dans une zone rouge plus que foncé. Voilà! L'indication vers Calamar, à droite, je me suis sorti d'un mauvais pas, d'un bien mauvais pas. Que nous avons perdu un temps précieux, en plus. *Pouta*!

Je ne sais plus qui a dit: «On se sent si petit, petit quand on a peur.» Petit comme le Petit Poucet! Faut-il toujours un danger pour faire jaillir sa force, pour passer de la soumission à l'action, de la passivité à l'audace, pour chausser ses bottes de sept lieues? Ainsi va la morale des contes de fées. Pour devenir adulte, l'enfant doit quitter ses parents, affronter les dangers, développer des stratégies de survie et trouver la route de son bonheur. Il y a toujours une part d'enfant en nous, et ce, peu importe le degré de maturité atteint, une part vulnérable attendant l'épreuve pour se renforcer, sortir à l'air libre et profiter de la beauté du jour. J'aurai grandi par ce voyage, car j'aurai réussi à me réconforter tout au long du chemin, assez pour continuer, au moins.

Nous approchons de Calamar. L'ambiance est meilleure, la route, plus large, les grands arbres laissent voir les prés. Il y a plus de mouvement, par ici, et quelques *rancherias*. Nous sommes de retour chez les humains. Chez les humains et les esprits.

«Tu frissonnes, ma beauté?

— Je sens des courants froids de temps en temps

— Il fait chaud, pourtant. Fais-tu de la fièvre?

— Je ne crois pas.

— Monte ton foulard plus haut dans le cou. Ça va?

— Oui, ça va. Est-ce que nous approchons?

— C'est tout près d'ici. Cherche un muret juste avant une courbe. Là! Je vais arrêter à l'endroit exact où je l'ai trouvée.

— C'est ici?»

C'est ici! Ici... Je ne la sens pas. Elle n'est plus là. Il n'y a rien, pas d'âme ni mystère. Rien, pas d'émotion qui monte en moi, aucune inspiration, rien que le néant comme la mort. Aucune insinuation du drame, aucune trace de l'impact. Le gazon a recouvert le sol à nouveau. Aucun signe de sa présence spirituelle non plus, ni étoiles noires dans le ciel à l'horizon, ni bruissement dans les arbres, ni mouvement autour. Rien. Il n'y a d'elle que la peine de José, son envie de partir d'ici. Je ne vois pas cette porte donnant sur l'éternité. Elle est étanche, refermée sur elle à jamais, invisible à nos yeux. Je m'attendais à tout, sauf à cet état de vide intégral, à l'absence de sentiments de ma part. Nedjibia, si tu es dans les parages, si tu veux me livrer un message, aide-moi à le recevoir, à comprendre ton langage, je t'en prie.

«On y va, ma beauté, il n'y a plus rien ici, rien que du noir.

— Nous pourrions mettre un petit monument, une pierre avec son nom, dessiner une fenêtre et une fleur d'orchidée mauve et bleue, comme elle les peignait sur les tissus, et une *mochilla* brune et beige. Il faudrait de la peinture, des pinceaux et trouver une pierre significative.

— Significative?

— Je veux dire une pierre d'une forme particulière, propre à elle, et qui soit facile à déplacer.

— Nous y verrons, ma beauté.

— Au moins, il y aurait un souvenir d'elle ici, au lieu de ce vide.

— D'accord, nous mettrons une pierre.»

C'est terrible de ne rien ressentir, aucune émotion au creux de l'estomac, aucune peine dans la gorge, aucune peur dans la respiration, aucune idée en tête ni impulsion dans les membres. C'est une espèce de mort, une mort vivante. C'est ce que tu voulais que je comprenne, Nedjibia ? Il y a des morts vivants parce que des accidents affectifs, des conditions malsaines, des événements défavorables ont étouffé leurs sentiments ; parce qu'ils n'ont pas de modèles encourageants, pas de muse ni assez de confiance en soi pour recourir à la *llama interna*, à l'appel intérieur, à la passion, source de vie. Ça, je le savais déjà. Mais quel est le lien avec les affaires ?

« José ! Arrête, vite, vite !

— Qu'est-ce qui se passe ?

— Mon foulard s'est détaché ! Le vent l'emporte ! Vite, retourne en arrière !

— Ton foulard d'Égypte ?

— Oui ! Vite ! Je ne veux pas le perdre !

— Le vois-tu quelque part ?

— Non, non ! Cherchons, je t'en prie !

— De quel côté l'as-tu senti partir ?

— Vers l'arrière, vers le haut au centre du chemin, je dirais.

— C'est étrange, il n'y a pas de vent.

— Non, mais le déplacement de la moto fait du vent.

— Je sais, mais il aurait dû se déposer quelque part.

— Je ne comprends pas. Pourtant, je l'avais bien noué, deux fois plutôt qu'une, et nous ne roulions pas vite. En plus, comme tu dis, il n'y a pas de vent.

— Je ne le vois pas, ma beauté.

— Regarde de ton côté, moi je vais voir du mien.

— Non, je ne peux pas croire que j'ai perdu mon foulard d'Égypte. Je serais trop triste, trop triste. Ton premier cadeau, mon objet fétiche... Non, je ne peux pas le croire. Nous sommes trop loin maintenant. Reviens, tourne ! Avance lentement, re-garde bien, mon amour. Mon Dieu ! Nous sommes sur le lieu où Nedjibia est morte.

— Précisément ! *Dios mio !* »

* * *

Pourtant, je l'avais bien noué, ce foulard. Ça, j'en suis cer-taine. J'ai même vérifié les deux nœuds quand je l'ai remonté sur la nuque à cause du frisson. Comment expliquer que les pointes se soient défaites, ici, sur un chemin bordé d'arbres, à un moment où il n'y avait pas de vent et où nous roulions len-tement ? Pourquoi notre recherche s'est-elle arrêtée sur le lieu de l'accident ? Pourquoi le seul ennui mécanique que José ait eu avec la moto se soit aussi passé ici ? Un hasard, il n'y a pas de doute... Quand nous aurons les pieds sur la terre ferme et que nous serons sortis de l'enchantement du voyage, je ne serai plus tentée d'associer ces incidents à un message venant de l'au-delà. Pour le moment, cependant, j'ai la conviction que tu cherches à me dire quelque chose, Nedjibia, que c'est toi qui as pris mon foulard. Pourquoi ? Tu ne m'as pas enlevé un objet investi de souvenirs, un symbole de sensualité et d'amour, dans le but de me faire du mal. Serait-ce toi également qui aurais provoqué la crevaison du pneu ? Tu voulais que ton frère exprime sa peine, n'est-ce pas ? Que sa douleur s'échappe de son cœur... Il n'avait pas pleuré avant ce moment. C'était toi, ce personnage sur la route, cet homme venu d'on ne sait où pour mettre la main sur son épaule et recevoir ses confidences ? C'est pour que je m'exprime aussi que tu m'as enlevé le foulard ? Ce serait ton message, Nedjibia ?

Que je m'exprime ! Je vois ton sourire dans la lumière du jour entre les feuilles. J'entends ta voix, aussi enjouée que ta voix terrestre, mais infiniment plus douce, comme une brise, un murmure de muse. Dans le fond de ton cœur, ton caractère de femme puissante tournait à la tendresse, n'est-ce pas ? Que dis-tu ?

« Vis, puisque ton cœur bat, au rythme de ta vraie nature. Refais un autre foulard, Jocy, d'autres créations. Donne l'exemple. »

Donner l'exemple ! Produire, avoir des idées, des projets, des objets, les partager, les améliorer, les faire évoluer. Donner et recevoir dans le but de créer, et créer pour accéder à l'âme. Être soi avec les autres et leur permettre d'exprimer le meilleur d'eux-mêmes. C'est cela que je voulais dire quand je t'ai invitée à « faire des affaires » : négocier des accords et produire, peu importe les bénéfices financiers. Je comprends tout : on est vivant quand on s'exprime, agit, échange, à n'importe quel âge, selon ce qu'on est, ce qu'on sait et ce qu'on veut dire. Un mort vivant renaît de ses cendres quand il donne à nouveau de lui-même. Et si, par surcroît, le produit ou le service plaît à son entourage, c'est la gloire, le plein bonheur. Il suffit de commencer quelque part, n'importe où, modestement, sans penser à rien d'autre.

Je voudrais écrire ce que je viens de penser, mais j'ai peur de l'oublier. Je suis dans un état second. Je ne sens plus les roues de la moto sur l'asphalte. Nous flottons au-dessus du sol, dans une dimension intemporelle, vertigineuse. Arrête, mon amour, j'ai besoin d'intégrer tout ça ! Il ne m'entend pas, je n'ai plus de voix, plus de force. Arrête, mon amour.... Un pont ! Mon Dieu qu'il est haut et étroit ! Il nous mène droit vers ciel.

«Nous sommes à la jonction des départements de Bolivar et d'Atlantico, ma beauté, la *tierra del bocachico*.

— *Del bocachico*, dis-tu? Ce petit poisson plein d'arêtes?

— Plein d'arêtes, oui, mais quand on l'entaille finement avant de le frire, c'est aussi agréable que de manger des croustilles.

— Des croustilles! Laisse-moi au moins acheter de l'eau.

— De l'eau? Bien sûr, à la première *tienda*. D'ailleurs, il vaudrait mieux faire provision d'eau avant la chaleur du bord de mer. L'avant-midi est déjà avancée et nous avons pris du retard à cause de mon erreur. J'aimerais ensuite que nous filions jusque sur l'île de Salamanca.

— Après le pont de Barranquilla?

— Exactement.

— Regarde, il y a une *tienda*. Je t'en prie, va chercher de l'eau!»

* * *

«*Dios mio*, tu es toute pâle. C'est vrai que tu avais besoin d'eau!

— Si tu savais...

— Tu as mal quelque part? Tu te sens faible?

— Non, je vais bien, mais quelque chose de spécial vient d'arriver, j'ai l'impression que... je ne sais pas si je devrais en parler, ça n'a pas de sens.

— Dis-moi.

— J'ai l'impression… d'avoir entendu Nedjibia. C'était si clair, tellement réel. C'est peut-être l'enchantement du voyage, l'approche de la victoire.

— Raconte-moi!

— Plus tard. Ce soir. Je ne sais si maintenant je pourrais verbaliser son message et ce que j'en ai déduit.

— Essaie, je t'en prie, au moins l'essentiel, même si c'est mal dit.

— Tu as raison! Tout de suite, sinon, dans quelques minutes, quelques heures, je croirai avoir imaginé tout ça. Voilà: la voix m'encourageait à créer, à donner l'exemple. J'ai compris le sens de la proposition que je lui avais faite, celle de faire des affaires.

— Le projet de boutique?

— Oui, mais il s'agit d'affaires artistiques, tu comprends? Je n'ai pas à me soucier de l'aspect commercial. Mon rôle, c'est d'aller vers les gens qui ont du talent et de les aider à s'exprimer, sans plus, pour le moment. Vois-tu? C'est facile!

— Je comprends, ma beauté. Tu es sûre que c'était la voix de Nedjibia?

— J'en suis sûre.

— *Dios mio!*»

Bien des gens en Colombie croient à ces liens surnaturels. Ceux-ci font partie de la culture, des histoires que les gens racontent à voix basse. Personne n'a jamais rien vu, sauf certains anciens, parents ou proches de ceux qui ont vu. Ma belle-mère, Josefina, jure avoir été témoin d'un phénomène semblable et avoir vu, de ses yeux vu, une revenante, Lettitia, une cousine morte à dix-huit ans. La jeune femme apparaissait à l'aube, vêtue de blanc, près du puits de la maison délaissée par ses parents car il leur était trop douloureux de l'habiter sans elle. Selon la croyance, quand l'esprit d'un mort revient, c'est dans le but de terminer une tâche interrompue juste avant la mort. Ceux qui l'ont aimé se font un devoir de l'aider, afin que l'esprit du disparu puisse trouver le repos éternel. C'est ainsi que les proches de la revenante se sont mis à explorer chaque recoin de la maison. Ils auraient alors trouvé une lettre d'amour sous une latte du plancher. En ce temps-là, les jeunes filles de bonne famille ne révélaient pas leurs sentiments, elles jouaient les indifférentes jusqu'à la proposition de mariage. L'amoureux était trop jeune et trop timide ; il n'avait pas su ouvrir son cœur. Le jour des funérailles, plusieurs l'ont vu pleurer dans son coin. La lettre lui fut remise et, après l'avoir lue, le jeune homme s'est rendu à la tombe de Lettitia. Il a déposé des roses rouges devant la pierre et s'est recueilli un bon moment, les yeux fermés. La revenante en robe blanche n'est plus jamais apparue à personne, mais plusieurs années plus tard, le jeune homme est venu s'installer près de la maison de Lettitia, avec sa femme, dans l'intention de fonder une famille. Le puits existe toujours, et les petits-enfants de l'amoureux viennent aujourd'hui y puiser de l'eau.

Jusqu'à maintenant, je pensais que les anciens finissaient par croire en leurs propres dires, probablement inventés à partir d'impressions, de phénomènes inexpliqués ou de besoins psychologiques, parce que la mort d'un être cher, surtout s'il était jeune, cause une douleur qui ne s'atténue pas avec le temps. Maintenant, je me dis qu'il existe peut-être un espace, un pont entre ici-bas et l'autre monde, où les esprits ont l'occasion de faire leur deuil de la terre en accomplissant une action importante en guise d'adieu utile.

* * *

Les kilomètres s'accumulent. Mon Dieu que nous venons de loin! De quoi est-il fait, mon homme? D'acier comme un robot ou de plumes comme un oiseau? C'est peut-être un ange? Un ange charnel doté d'une nuque invitante, racée, ornée de boucles noires soyeuses. Un ange aux mains fines, tendres et marquées d'histoires, au torse solide et accueillant, aux jambes et aux cuisses fermes. Que je l'aime! Je l'aime parce qu'il est homme, et j'aime l'homme qu'il est. S'il était une femme, il serait ma complice, ma sœur, mais puisqu'il est du sexe fort, je profite de sa nature, la reçois les bras ouverts, l'honore, l'intègre parfois quand mon corps se moule au sien, quand son adrénaline de mâle me prend dans son élan. Elle a quelque chose de sublime, l'endurance; elle nous rend plus capables, nous fait plus souples, vigilants; elle repousse nos limites, nous donne de l'espoir, nous rend plus confiants. J'aimerais nous voir de haut, tous les deux en ce moment, sous le ciel bleu d'Atlantico, fiers, encore légers malgré l'âge et les kilomètres, unis aussi totalement que dans l'acte d'amour, amants de la vie, tant lui que moi. Si d'autres années nous sont données, nous referons d'autres voyages, au sens large du terme, et peut-être même des affaires ensemble.

On dirait une banlieue... Ce serait Soledad? Oui, je reconnais le chemin de l'aéroport. Soledad! Victoire! Nous avons gagné, gagné! La Côte! Je n'arrive pas à y croire. C'est mon fils qui sera fier de moi! Le meilleur héritage que je puisse lui laisser, ce sont mes victoires sur mes peurs, mes faiblesses, mes doutes. Je lui téléphonerai ce soir du Rodadero, je sais qu'il suit notre voyage sur la carte, qu'il est inquiet, tout comme mes parents et ceux de ma belle-famille. Maintenant, ils pourront prier pour remercier le Ciel. Au moins, c'est plus joyeux que prier pour se protéger des malheurs! L'aéroport! Je me souviens du premier voyage. Mon fils n'était pas venu, et certains des miens avaient réussi à semer le doute dans mon cœur de mère. «Et si c'était un Sobraj?» avaient-ils dit. Sobraj, ce bandit de l'époque. Ils disaient: «On ne sait rien de ce José», en sous-entendant que la Colombie était un pays dangereux, que je serais peut-être utilisée comme Marie-Andrée Leclerc pour transporter de la drogue ou des armes, ou pour tuer des gens, que je finirais dans le fond d'une prison ou traquée, forcée de me cacher dans des repères de bandits, ou encore qu'ils trouveraient mon corps décomposé quelque part. Ou, pire encore, qu'ils ne le trouveraient jamais car on l'aurait jeté dans un abîme ou au fond d'une rivière, ou bêtement donné aux vautours.

Ils avaient réussi à me foutre la trouille et j'en avais fait des cauchemars rouges de sang. J'entendais des cris, des plaintes. Je me réveillais en sueur, angoissée. J'étais partie quand même, en me fiant à cette certitude au fond de moi, mais laissant mon enfant de douze ans sur le quai, passeport et certificat de vaccination en main, les yeux dans l'eau. J'étais partie, le cœur coupé en deux mais lui faisant une promesse formelle : « Ton passeport est bon pour cinq ans. Je te jure que si tout va comme je pense, au prochain voyage, personne ne pourra m'empêcher de t'emmener. Ce n'est que partie remise, mon enfant, un temps d'attente, par prudence. Je pars en exploratrice. Si j'ai raison, si mon jugement et mon instinct l'emportent sur la peur des autres, ce sera ta porte ouverte sur le monde. Fais-moi confiance, ce n'est que partie remise. »

J'ai eu raison, j'ai tenu ma promesse et la porte s'est ouverte, pour lui, sur le monde. Après la Colombie, mon fils a profité d'échanges étudiants et mis les pieds au Sénégal, en France, en Belgique, en Bolivie. Puis il a voyagé au Pérou, au Costa Rica, dans les montagnes de la République dominicaine. Il a étudié en Angleterre, aux États-Unis, à Cali, en Colombie, et dernièrement, il a obtenu un contrat à l'ONU, au Brésil, où il est appelé à voyager partout dans ce pays. Il a vu Brasilia et son allée des ministères, les dunes de Natal, les plages de Rio, la route vers Manaus, Rio Branco, à la frontière bolivienne, Belem, San Luis, Fortaleza, le *sertao*, des régions où les touristes ne vont pas. J'ai eu raison pour moi aussi. J'avais trouvé mon

Eldorado, le grand amour et la clé pour libérer mon être, lui donner tout l'air dont il avait besoin pour respirer à son aise.

Il y a de la drogue en Colombie. Qui pourrait prétendre le contraire? Mais ce n'est pas mon histoire. Il y a des manigances politiques, selon certains, de la corruption, dit-on, des jeunes qui s'engagent dans les factions terroristes, des mères violentes et violentées, des ivrognes insignifiants, des hommes irresponsables, comme partout ailleurs, soit dit en passant, et d'autres horreurs annoncées avec éclat dans les journaux et à la télévision tous les soirs de l'année. Pour ma part, j'ai vu en Colombie de bonnes gens, de la débrouillardise, de la joie, de la générosité, de l'entraide. Et je sais leur désir de progresser en paix et sainement. J'ai vu des améliorations tangibles, l'éducation valorisée aussi par les filles, un meilleur système de santé, une classe moyenne plus importante, des efforts pour mieux organiser le pays. J'ai entendu leur musique, participé à leurs fêtes, connu le soutien familial, et je peux dire maintenant que j'ai voyagé du Sud au Nord, d'Ipialès à Santa Marta, et de l'Ouest à l'Est, de Cartagena au Venezuela, non seulement sans aucun incident social mais toujours avec le respect de tous, allant du plus humble jusqu'aux autorités postées le long du chemin. La Colombie est belle; sa terre est riche, colorée, enivrante dans les hauteurs, ensorcelante dans les parcs luxuriants de la côte, douce et verdoyante dans les plaines, et splendide dans ma Vallée.

« Barranquilla! Nous y voilà, ma beauté. C'est le temps de lancer ton cri de victoire.

— Pas encore, mon amour. J'attends d'apercevoir les vagues de la mer. Patience, c'est pour bientôt! Qu'il fait chaud! Une chaleur de ville tropicale, que dis-je, un enfer possédé par des conducteurs en rut totalement incontrôlables! Mon Dieu, je ne conduirais pas ici! Je me ferais tuer avant d'arriver au premier coin de rue. Ça, c'est sûr.

— Tu sais que j'ai été chauffeur de taxi ici?

— Je sais, je t'admire. Conduire ici, c'est quasiment pire que doubler dans les côtes de la cordillère, entre les camions et les remorques. Que la route est mauvaise! Des trous, de la poussière, des mulets, des autobus décorés de guirlandes et de clinquant, et dont il s'échappe une musique tonitruante. Quand j'ai vu Barranquilla la première fois, j'ai cru que c'était jour de fête tellement il y avait du monde dans les rues!

— Imagine un peu dans le temps du carnaval...

— Aïe! tu ne me verras pas ici! Je n'ai plus les os ni les nerfs pour ça!

— Voyons, ma beauté! C'est toi qui vantais le carnaval de Recife. Rappelle-toi tes paroles: "Le carnaval rend la beauté du diable aux femmes âgées."

— Barranquilla, ce n'est pas Recife. Les Colombiens sont plus turbulents que les Brésiliens, tu l'as dit toi-même, tu as même ajouté qu'en débarquant dans n'importe quel aéroport du pays, on reconnaissait tout de suite la verve légendaire et la gestuelle de tes compatriotes.

— La passion, ma beauté, la passion.

— Comme tu dis. En attendant le carnaval et la passion, sortons vite d'ici!»

* * *

«Le pont de Barranquilla! Youpi!

— Le Magdalena! Regarde, ma chérie, n'y a-t-il pas de spectacle plus, plus...

— Plus familier.

— C'est ça, exactement! Nous sommes chez nous. Que je suis heureux, heureux! Un jour, ma chérie, je te ferai découvrir des merveilles, sous l'eau.

— Avec le truc qu'on met dans la bouche pour respirer? Oublie ça, mon bel amour, je préfère les beautés terrestres. Sous l'eau! Des plans pour que j'avale un grand bol d'eau salée et que je m'étouffe raide!

— Tu viendras! Fais confiance à papa! Tu me remercieras, je le sais, je le sais, moi, je te connais.

— On verra. Ça y est, mon amour! Ça y est! La mer! C'est incroyable! Nous avons réussi, j'en ai les larmes aux yeux. Ralentis un peu, que je me mette debout sur les appui-pieds.

— Allez, ma beauté, lance ton cri de victoire, les bras ouverts, les doigts en V. Vas-y!

— J'y vais. Vic-toi-re! Vic-toi-re! Je t'ai-me.»

Quelle allégresse! La Côte! Nous y sommes! En vainqueurs! Nous avons réussi, c'est à nous pour toujours cette victoire éclatante, ce voyage! Il n'y a aucune faim, aucune soif, aucune fatigue, aucune chaleur qui puisse dominer l'énergie qui déferle en moi, libre comme les aigles dans le vent du large, belle comme le bleu turquoise de ce jour, puissante comme le soleil tropical, immense comme l'infini de ce moment. Je suis avec toi, mon bel amour, sur une île de notre bord de mer, sur une bande de terre entre l'eau salée et l'eau douce.

Je connais beaucoup de ces soixante-dix kilomètres, depuis vingt ans que j'y passe chaque année pour aller chez nous dans le village de La Paz. J'y suis venue en taxi, en jeep, en autobus, à toutes les heures du jour et même en fin d'après-midi, en pleine fureur des vents de quatre heures, en pleine violence, devrais-je dire. Je me souviendrai toujours avec effroi de cette journée où nous avons dû voyager de Santa Marta à Barranquilla pour accompagner un cousin dans le deuil. Nous nous étions promis de revenir tôt pour éviter les vents de fin d'après-midi, mais nous avons oublié. La douleur des parents nous avait remplis de compassion. La vue de ce beau jeune homme assassiné gratuitement par des voyous en mal de violence, ce beau jeune homme étendu dans un cercueil noir, la tempe trouée, nous avait cloués sur place pendant des heures.

Au retour, nous roulions tristement, atterrés par cette autre manifestation de la bêtise humaine, quand une bourrasque a tassé la motocyclette, déplacé nos lunettes et retroussé nos casques. Nous nous sommes cramponnés, José sur les guidons, moi sur ses cuisses en me collant sur lui pour éviter les poussées et les gifles des rafales venant de toute part. José essayait de maintenir la vitesse, moi, je me faisais la plus lourde possible en restant immobile, endurant la courroie du casque pressant ma gorge, les lunettes pesant sur le nez et les crampes dans les pieds. Nous avons roulé ainsi pendant au moins une heure, comptant les secondes, nous accrochant à l'idée que chaque minute passée nous ramenait vers la sécurité. Au bout de l'île de Salamanca, à Pueblo Viejo, José a levé le bras en riant fort et en disant «*Pouta!*» à répétition. Lorsque notre équipée a finalement pris fin, soit au premier restaurant maritime, nous marchions comme des astronautes après un séjour dans l'apesanteur. Les jambes et les bras de José étaient durs comme de la pierre, et dans ma tête, les rafales avaient laissé sens dessus dessous l'organisation des neurones qui se frappaient sans arrêt sur les parois du crâne. Il nous a fallu une bonne heure avant de nous détendre et de remettre notre corps à l'endroit.

Il n'est que midi trente, et dans moins d'une heure nous serons sur le pont de la digue de Pueblo Viejo, construite pour laisser circuler l'eau entre la mer et celle de l'intérieur. Il paraît qu'il existe trois cités lacustres dans la *cienaga*, avec des églises, des écoles, des magasins et tout ce qu'il faut habituellement aux humains. José dit que le summum de l'exotisme serait de vivre sur pilotis, de pouvoir s'asseoir sur la galerie de la maison, de tirer la ligne à pêche et de faire cuire le poisson pour dîner. Un jour, j'ai failli lui proposer l'expérience, mais je me suis ravisée en pensant à l'hygiène. J'imagine que les toilettes sont à ciel ouvert, l'eau des canaux remplie de restes de poissons et de déchets domestiques, sans parler des moustiques autour de la maison... J'ai pensé lui proposer de partir quelques jours là-bas, entre hommes ; leur sens un peu lâche de la propreté leur permettrait d'apprécier l'expérience. Il faut dire qu'ils ne verraient peut-être pas grand-chose de la réalité pure car, selon leurs habitudes, ils prendraient pour leur expédition de gros mâles supérieurement intelligents, sportifs dans l'âme, une provision de *cerveza*, de bouteilles de *run caña*, d'*arguardiente* et quelques joints de bon «pot», il va sans dire.

Compte tenu de ce que je connais des fêtards de la Côte, semblables à leurs compères de l'intérieur du pays et à d'autres partout sur la terre, je suis mieux de ne pas pousser mon homme dans la gueule du loup ; il est fort bien capable de s'y mettre lui-même. Je ne vais certainement pas encourager leurs comportements avilissants, qui ne leur donnent, au bout de compte, que quelques instants de plaisir pour des journées de malaises, où ils reposent sur un grabat froissé, sale et malodorant, la bedaine gonflée et le visages terne. Tiens, je devrais organiser une campagne avec leurs femmes dans le but de trouver le moyen de les faire grandir un peu. Si seulement nos compagnons pouvaient nous considérer autrement que comme une autorité maternelle les privant sans raison de si délicieux plaisirs !

Des plaisirs, mon œil ! Ils ont si peu l'air de s'amuser avec leur expression molle et leurs muscles avachis... Pauvres dégénérés ! Mon Dieu que je les méprise quand je les vois attablés devant des bouteilles alignées, alignés eux-mêmes les uns sur les autres, assis sur des tabourets bancals en bois gris, maintenus en place les uns par les autres, les tabourets et eux-mêmes tous autant qu'ils sont, fiers de payer la traite aux autres avec leur petit pécule de misère qui serait pourtant bien apprécié par leur famille, au déjeuner. Qu'ils sont répugnants avec leur sueur, riant grassement de leurs grossières histoires de cul et de gars soûls, toujours les mêmes d'une beuverie à l'autre, avec leur denture imparfaite, leur haleine fétide et leur voix cassée... Que dire d'eux quand ils se lèvent à tour de rôle, titubant pour aller du côté de la maison, fouiller dans leur pantalon à la recherche de leur supposée virilité, la soulager en rentrant les fesses, une main sur le mur pour ne pas tomber et la remettre en place encore dégoûtante, en essayant de ne pas la pincer avec les dents de la crémaillère, quand ils pensent à la fermer, évidemment?

Il n'y a pas que des beautés à la Côte, pas seulement une flore et une faune extraordinaires. Il y a des hommes à l'état végétatif et des batailles de bêtes, parfois à cause d'une insignifiance heurtant leur gros ego de mâles dominants. José dit que j'exagère, que c'est plaisant de boire entre copains, que c'est culturel, une façon de socialiser et que je ne peux pas comprendre parce que j'ai le foie délicat. C'est culturel! On dit bien ce qu'on veut quand on cherche à se justifier. Il me remerciera un jour de toutes mes stratégies protectrices de femme aimante, s'il arrive vigoureux à l'âge de pépère, assez articulé pour m'embrasser encore, cultiver son potager, soigner ses animaux et s'enthousiasmer de la beauté des fleurs tout autour de sa fermette, comme il en rêve. Je pense que les femmes seront toujours condamnées à protéger les hommes des diables à queue pendante laids et vicieux, émergeant d'eux-mêmes non seulement à chaque pleine lune, mais également à toutes ses phases.

Que ça fait du bien de se vider le cœur, de sortir sa hargne en espérant que l'iode en fera son affaire! S'il savait à quoi je pense, mon homme, moi qui le caresse si tendrement en ce moment, moi qui l'admire, le dorlote, le bichonne, moi qui veille sur son cœur et sur son corps, moi qui le couvre de baisers, le masse, l'enduis de crèmes délicates. Moi qui lui fais des «journées sourires» et des «nuits velours». S'il savait comme je lui tordrais le cou quand il jette le beau et le bon par-dessus bord pour aller patauger avec ces adolescents attardés dans des remous toxiques qui leur volent, de gorgée en gorgée, leur santé, leur intelligence et leurs espoirs. Je ne comprendrai jamais comment un homme capable de lire Kant, Pascal, Schopenhauer et les livres saints de toutes les religions, un homme qui a dévoré mes livres de psychologie et les collections complètes des ouvrages de Hesse et d'Asimov, comment un amant de poésie, de littérature fantastique et de science-fiction peut-il avoir besoin ponctuellement des bavardages insipides de maudits ivrognes? Un jour d'ambiance particulière où l'objectivité de psychologue me prendra tout entière, j'essaierai de découvrir les causes de cette attirance aussi puissante qu'un chant de sirènes.

Pour le moment, j'ai le cœur léger, l'esprit alerte et l'âme inspirée. Je pense à la mer, à la fantaisie, aux fantaisies de la mer. Fantaisies de la mer! Tiens, tiens... *Fantasias del Mar!* Bien sûr! Pourquoi n'y avais-je pas pensé avant? Je l'ai! C'est par cela que je vais commencer mon projet, par des objets représentant la mer, symbolisant l'eau, le vent. Je vois des coquillages, des algues, des méduses, la transparence, des perles d'eau, la couleur aigue-marine et des châteaux de sable. C'est formidable! Je rêve comme lorsque j'étais enfant, dans ma maison rouge et blanche. C'est beau, comme dirait Ferland, et tentant! J'en ai des fourmis dans les doigts! Nedjibia, je peux voir ton profil sur les Caraïbes, tes cheveux au vent, comme sur la photo que je garde dans un de tes coffres en bois, avec ton chapelet de cristal et tes tissus peints. Je le ferai, c'est promis, l'atelier-boutique au toit de paille avec des fenêtres à persiennes et des boîtes à fleurs où seront peintes des orchidées, des roses et des fleurs de jasmin. Je les vois, c'est vrai de vrai, tes yeux noirs, en plein ciel bleu. Que je suis heureuse! Je sais où je vais, tout est clair : je ferai des affaires rien que pour le plaisir de créer et d'échanger, des affaires pour révéler les talents et donner de l'espoir, et tout ça sur le thème de la mer. Je suis chez moi, maintenant, et je mettrai ce projet sur pied, étape par étape. Tiens ! Je l'enlève, ce mouchoir sur mon visage. Celui-là, je le lance moi-même au vent en signe d'accord avec elle. Nedjibia comprendra.

Nous avons roulé environ quarante kilomètres sur l'île de Salamanca. Nous approchons, je vois les montagnes de la Sierra Neveda de Santa Marta juste en face. Les vents sont forts sur la bande de terre, même à cette heure, mais il n'y a pas de boules de feu. Voilà l'eau rougie par le sel marin ; les gens le recueillent pour nourrir le bétail. C'est magnifique, mais tellement aride, même si nous sommes entourés d'eau. Il n'y a que des arbustes de temps en temps, aucun endroit où nous réfugier si un ennui mécanique nous empêchait de continuer. Je ne me vois pas marcher pour chercher de l'aide sous ce soleil de plomb, ni attendre José ; il me retrouverait comme un poisson séché. Il faudrait inventer une tente avec nos vêtements en attendant les secours d'une âme charitable et en espérant que les vautours ne penseraient pas à dévorer un être vivant !

Nous approchons, de toute façon. Je vois les palmiers, exactement comme sur la couverture du livre de Marquez, *Cent ans de solitude*. C'est près d'ici que l'intrigue se déroule, à quelques kilomètres vers l'intérieur, à Fundaciòn et Aracataca. Un jour, quand la zone sera moins rouge, nous irons sur les lieux précis de l'action. C'est toujours émouvant de voir les lieux qui ont inspiré un auteur ; on se laisse enchanter par la muse au point de voir les personnages dans leur milieu de vie, même s'ils n'ont existé que dans l'imaginaire. Je pense au domaine El Paraïso, où Jorge Isaac a écrit le célèbre roman d'amour de Maria et d'Efraïm. Quand on visite les lieux, on imagine Maria assise sur la pierre, espérant que son amoureux revienne de la chasse au tigre, car il y avait des tigres dans la Vallée au dix-neuvième siècle. On la voit, au balcon de sa chambre, sourire au jeune garçon troublé par les mouvements de sa robe de mousseline. On ressent presque la tension érotique des amoureux d'une époque où l'union n'était permise qu'après l'engagement religieux, et on souffre du dénouement dramatique, si injuste et si frustrant, comme s'il avait réellement été vécu. Un jour, peut-être des gens viendront-ils visiter la boutique Fantasias del Mar pour se laisser inspirer par la légende de Nedjibia.

* * *

« Est-ce que nous nous arrêtons chez mon ami pour manger du poisson frit ?

— Bien sûr, mon bel amour, quelle question ! Il faut arriver le ventre plein et le cœur content, comme vous dites ici !

— Tu as perdu ton foulard... Ton visage est rougi.

— Ne t'en fais pas, et puis je n'ai pas perdu mon foulard, je l'ai lancé au vent. Je te raconterai, mais cette fois, en temps et lieu. C'est un secret de femme, un beau projet, clair et précis, tu verras. Je veux te faire une surprise.

— Tu vas construire ta boutique d'artisanat ?

— Chut ! Secret et mystère !

— Si tu voyais comme tu es belle ainsi, les yeux brillants, coquine, enjouée, heureuse. Je te veux toujours heureuse, ma beauté.

— Es-tu fier, toi mon amour ? Fier de toi, de nous ? Tu es mon idole, mon champion, mon ange. Comment as-tu fait pour m'emmener jusqu'ici ? Tu sais une chose ? Je crois que je vais accepter ton invitation à découvrir le monde sous-marin, d'abord parce que je te fais confiance et aussi parce que j'en aurai besoin pour m'inspirer.

— T'inspirer?

— M'inspirer pour la grande Fête de la mer.

— La Fête de la mer? Ce n'est qu'au mois d'août!

— Je ne parle pas du carnaval de la mer. Il s'agit d'un autre événement. Je te dis seulement que tu aimeras mon projet.

— Parle-moi. Tu ne peux pas avoir de secret pour ton mari. Je veux tout savoir.

— Tout dire à mon mari! Ai-je déjà fait cette promesse? Un peu de patience, mon homme. Changeons de sujet. J'aime être ici, dans ce restaurant. L'ambiance me rappelle mon enfance en raison des chaises en planches espacées, peintes en bleu et blanc. Aussi en raison de l'espace.

— Je ne veux pas changer de sujet.

— Nous y reviendrons, ne t'en fais pas. Pour le moment, offre-moi plutôt une *cerveza* bien froide. Ne t'en fais pas, amour de ma vie, demain, quand nous serons bien installés chez nous, un café à la main, je te raconterai une belle histoire. »

Il est contrarié, veut tout savoir, tout posséder de moi jusqu'au moindre secret. Chez lui, l'instinct territorial domine parfois le respect, son amour pour moi. Il ne saura rien, pourtant, pas avant que je décide du moment. Une femme doit protéger son mystère, garder la distance nécessaire au désir, savoir initier le plaisir de la chasse. Il me regarde du coin de l'œil, tente de revenir sur le sujet. Je fuis, mine de rien, joue à l'innocente. Il sait qu'il aura à me suivre, à tourner autour sans succès, jusqu'à ce que je veuille bien lui ouvrir cette porte secrète sur un aspect de moi, intime et féminin. Que je suis bien! Quel bonheur!

Santa Marta

Quartier La Paz

V oilà l'enseigne bleue de l'hôtel Irotama, du côté plage de
la route chez les touristes, devant La Paz, et du côté de
la montagne chez les gens du quartier, chez nous. L'aspect du
lieu n'a pas changé depuis des années, mis à part le chemin
pavé, en fer à cheval entre les deux entrées du village. La Paz !
Un milieu hors du temps, sans usine ni centre commercial,
sans cinéma ni construction magistrale ni église. Rien que des
maisons basses en stuc, peintes chaque mois de décembre, et
quelques écoles pleines d'enfants. Des maisons, des enfants
et des arbres, surtout au fond de la dixième rue, près du grand
mur séparant notre jardin du terrain vacant acheté par un pro-
moteur qui, selon les rumeurs, veut faire construire éventuellement un complexe domiciliaire, ce qui veut dire du monde
et du bruit. Belle affaire !

Pour le moment, de chez nous, nous n'entendons que la nature : le vent, le bruissement des feuilles, les oiseaux, le chant
des coqs même avant l'aube, les pas des iguanes sur le toit de
la maison, qui leur sert de pont entre les arbres, et les hiboux
hululant au clair de lune. Depuis que nous habitons plus souvent à La Paz, les hiboux sont revenus sur les hautes branches
du jardin parce que nous ne les chassons pas comme le faisaient
les gardiens des lieux pendant notre absence. Selon eux, ces

oiseaux portent malheur; ils les considèrent comme un présage de mort. Une superstition comme tant d'autres servant à
expliquer les causes des mystères, des non-sens, des injustices,
en somme de l'inexplicable. Bref, chez nous, nous n'entendons
que les bruits de la nature, sauf certains jours de fête, lorsque
rugit une musique endiablée venant des rues plus en hauteur.

Chez nous, enfin! Quel bonheur! Se doucher en plein air
sous les feuilles de palmier, se vêtir à peine et s'étendre sur la
toile du hamac coloré de San Jacinto, les orteils en éventail. J'en
rêve depuis Barranquilla! Tant de kilomètres sans bouger, les
genoux pliés, le corps couvert de la tête aux pieds sous la chaleur tropicale! Il ne me faudra que trois secondes, pas une de
plus, pour enlever cette pesanteur humide et l'étaler en pièces
détachées, à partir de l'entrée jusqu'à la galerie côté jardin.

« Nous passons par le motel pour saluer mon frère, tu veux?

— Maintenant?

— Rien qu'un moment. Je sais qu'il nous attend.

— Ne serait-ce pas mieux arriver à la maison en premier?

— Rien que pour le saluer, c'est promis, ma beauté. »

« Rien que pour le saluer », a-t-il dit, en ajoutant « ma beauté »
à sa demande. Comment dire non? Comment lui dire non, de
toute façon? Je le comprends. Il est fier de ce voyage, il veut
partager ce moment avec Alonzo, son frère de sang et d'âme.
Sans lui sur terre, la vie de José ne serait pas la vie. « Promis »,
a-t-il dit, la main levée. J'aurais dû m'en douter, je connais ses
promesses gonflées de bonne volonté mais sans mémoire, pas
même à court terme. Franchement, nous aurions pu passer par
la maison d'abord. Je m'en veux de ne pas avoir voulu lui dire
non.

«Mon frère! Jocy! Comment allez-vous! Tu l'as fait ce voyage, Jocy! Tu es toute une femme. Bravo! Venez! Venez vous rafraîchir, boire quelque chose!

— Alonzo! Je suis content de te voir! Je ne viens que pour te saluer. Jocy est un peu fatiguée, nous reviendrons tantôt.

— Tantôt! Comment ça, tantôt? Nous avons des mangues, des *guanabanas* et des *chirimoyas*. Tes *chirimoyas*, qu'en dis-tu, Jocy?

— Des *chirimoyas*? Toi, tu sais comment me gagner, Alonzo!

— Entrez, entrez! Cory, Olga et les enfants ont nettoyé votre maison. Tout est propre, vous n'avez plus qu'à vous installer.

— Tu pourrais prendre une douche ici, ma beauté. Oui?»

Je le savais! Le «promis, ma beauté» n'a pas tenu le coup. Les accolades fraternelles sont trop émouvantes, le plaisir de parler et de rire, rien que pour se sentir en contact avec les autres, est trop tentant, mon désir de le rendre heureux trop puissant. Et puis, je n'ai pas à être surprise, en Colombie, ce sont les gens d'abord, surtout ceux de la famille. Je n'ai qu'à m'y faire, encore et encore. L'individualité, je le sais, c'est pour le Nord, pour l'autre partie de moi-même.

«Mon Dieu! Alonzo? C'est une coque de bateau. Et quel bateau! Il prend tout l'espace. C'est à toi?

— Regarde, Jocy, c'est de la pure fibre. Il y avait du bois aussi, mais je l'ai utilisé pour... Non, je ne le dis pas tout de suite, c'est une autre surprise.

— Tu le savais toi, José?

— Tu sais bien que je sais toujours tout, femme, même quand je suis loin d'ici.

— Tu sais aussi pour la surprise?

— Qu'en penses-tu ?

— Évidemment, tu sais ! Commencez donc par me parler de ce projet de bateau.

— Allez d'abord vous mettre à l'aise, je vais apporter les jus et les fruits. »

Cher Alonzo ! Si l'action de rêver était un métier, mon beau-frère serait millionnaire. Il nourrit toujours un plan, quand ce n'est pas deux ou trois. Il est aussi rafraîchissant que l'eau de cette douche sur ma peau en feu. L'eau ! Si jamais je m'engage dans une cause, ce sera celle de l'eau. L'eau de la planète bleue, l'eau verte des Caraïbes, l'eau en gouttelettes sur les carreaux de céramique blanche, l'eau des paroles d'Alonzo, aussi fluides que son imaginaire. Un soir, il y a une dizaine d'années, il avait approché son banc de bois de ma chaise, de façon à pouvoir me murmurer son plan à l'oreille : « Mon cousin Chucho veut vendre son terrain, un grand terrain à l'entrée du village, à cinq minutes de la plage, une plage avec tous les services grâce à l'hôtel Irotama, en face. » Hum hum, avais-je répondu par politesse, occupée que j'étais à profiter de mes vacances de l'hiver québécois, à respirer l'air chaud d'un janvier tropical. Il continua, les yeux brillants. « Il ne demande pas beaucoup, environ cinq mille dollars en argent canadien. C'est une aubaine. Nous pourrions construire des unités, six au moins, et une terrasse dans le coin à droite. » La proposition était alléchante. Il m'a convaincue et nous sommes devenus associés. Une part pour lui, une pour Marta et son neveu Jorge Alberto, une autre pour José et moi.

Aux vacances suivantes, la construction avait pris forme, sans formalité, sans plan, directement de la tête d'Alonzo, au stuc peint en blanc. J'ai essayé de m'impliquer, de proposer, d'influencer la manière brute faite par les hommes, surtout en ce qui concerne l'aménagement de la salle d'eau et des espaces de rangement, mais il est difficile d'entrer dans le rêve d'un autre même quand il se concrétise sous nos yeux. Les unités de motel sont devenues l'œuvre exclusive d'Alonzo. L'idée d'une boutique d'artisanat près de l'entrée était une façon de participer, de faire ma part et de me sentir chez moi. J'avais imaginé mon kiosque avec un toit de paille, des boîtes à fleurs de chaque côté, des persiennes et un banc tout près de la galerie, à l'ombre de l'oranger. Nedjibia était ravie. Le projet était conçu et tellement désiré, mais, un matin de juillet, à l'aube, une ombre a soufflé sur mon rêve, l'a mis à mort. Enfin, c'est ce que je croyais jusqu'à ce voyage.

— Installe-toi dans le hamac, Jocy. Veux-tu le ventilateur ?

— Merci, Alonzo. Quel délice !

— *Chirimoyas* ?

— Bien sûr que oui ! Aucun fruit n'est plus savoureux. Il goûte la côte des Caraïbes, les vacances ; mieux, le jardin d'Éden.

— Savoureux, c'est le mot.

— Alors, ce bateau ? Racontez-moi enfin ! »

Alonzo parle avec ferveur, articulant chaque mot, le regard intense, le corps énergique penché vers l'avant comme un coureur sur la ligne de départ. Il raconte que son neveu Eugenio et lui, ainsi qu'une bonne dizaine de passagers, longeront la Côte, de Santa Marta jusqu'à Panama, en Amérique centrale.

« À Panama ? Pourquoi si loin ? Il y a tant d'endroits paradisiaques tout près. Les plages du parc Tayrona et celles de certaines îles, à quelques minutes de la plage. Tu sais naviguer en mer, Alonzo ?

— Bien sûr que oui ! »

Bien sûr qu'il sait naviguer, Alonzo, même s'il n'a jamais conduit la moindre embarcation. C'est une insulte de poser une pareille question à un Colombien. Une insulte ou plutôt une provocation! S'il ne le sait pas, il est convaincu qu'il le saura. Il démontrera pour sûr sa capacité, même s'il doit tricher en se faisant aider pour y arriver. José écoute, le sourire sceptique mais complaisant. Il se laisse bercer sur les vagues du rêve d'Alonzo, heureux de son enthousiasme, se gardant de commentaires pouvant affecter la base même du projet bateau.

De mon côté, je pose des questions. Je veux savoir comment il s'y prendra, quel sera l'itinéraire, le but, d'où viendra l'argent. Actuellement, les revenus du motel ne peuvent financer l'aventure, nous le savons très bien, lui comme moi. Je questionne quand même Alonzo, car à mon sens, tout projet mérite d'être considéré. Un rêve, c'est l'essence d'un être, son potentiel, ses espoirs, son originalité. Sans l'apport de ses rêves, on ne fait que se joindre en bêlant au troupeau de moutons forcés à donner leur laine à ceux qui ont su, eux, concrétiser leurs aspirations. Je me questionne donc et cherche des moyens pour que le rêve ait au moins une chance d'accoster dans le réel.

«Alonzo, ne serait-il pas plus rentable de miser sur la publicité du motel ou encore sur l'amélioration de son apparence? Autrement dit, de remettre à flot ce projet échoué en rentabilisant le motel? Ainsi, tu aurais les moyens de financer le projet bateau.

— Moi, je pense que c'est le bateau qui attirera les clients au motel. Je te le dis, Jocy, il y a une clientèle pour ce genre de tourisme.

— Une clientèle d'anciens beatniks qui imaginent les confins de la terre dans leur fumée de «pot», se prenant pour des découvreurs mais ne s'éloignant jamais de la côte.

— José, mon amour, comment oses-tu parler ainsi?

— Ma beauté, mon frère Alonzo sait ce que j'en pense.

— Tu te trompes, José. Avec Eugenio, qui travaille aux États-Unis, et même toi, quand tu voyages au Canada, ce sera facile de tenter une dizaine de touristes. Penses-y, mon frère, tu l'as dit toi-même : dans le Nord, les gens ont besoin de changement, d'exotisme, besoin d'oser.

— Alonzo, mon cher beau-frère, l'aventure pour les gens du Nord, c'est de prononcer le mot "Colombie". Si tu voyais comme ils me regardent quand je dis que je voyage ici, partout dans le pays. Ils cherchent une faille dans ma conduite, quand ils ne me soupçonnent pas de traficoter, de vendre des substances illicites. Une amie a même utilisé un ton réprobateur pour me demander : "Qu'est-ce que tu veux prouver et à qui ?"

— Ne vous en faites pas, les touristes colombiens ne craindront pas ce genre d'expédition. Moi, j'ai confiance. Je sais que ça marchera, je le sais. Vouloir, c'est pouvoir. »

Vouloir, c'est pouvoir ! Je dirais que c'est le commencement, comme poser une échelle sur le bord de son rêve. Ensuite, il faut gravir les échelons un par un, en s'assurant de leur solidité, sans se désespérer, avec constance et courage, contrôlant le vertige ou les malaises de tout ordre chaque fois qu'ils se présentent. Ce processus vaut aussi pour Fantasias del Mar...

« Ça va, ma beauté ? Qu'est-ce que tu fixes ?

— Rien, rien. Une illusion...

— Dis-moi.

— J'ai cru... J'ai cru voir mon foulard d'Égypte dans les feuilles de l'oranger. Les jeux de lumière, sans doute.

— Tu dois être fatiguée. Je m'excuse, ma chérie, c'est trop de chaleur, de soleil... Allons chez nous, maintenant, tu pourras te détendre. Papa va installer ton hamac dans le salon, sous le ventilateur. Viens, ma beauté, allons chez nous. »

* * *

« Allons chez nous », avait-il dit! Nous y sommes, « chez nous », mais il nous a fallu plus d'une heure pour faire moins de deux cents mètres à moto. Une vraie torture en douze stations, à cause de la fatigue et de la chaleur me crucifiant sur le banc arrière, me vidant de mon eau, de mon essence humaine. Il y a d'abord eu l'arrêt chez le cousin Chucho, à quatre tours de roue du motel, juste au coin de la rue principale, les bisous à notre filleul, Miguel Felipe, à ses frères et sœurs, à Cory, leur mère, à sa sœur et à ses enfants. Comme j'aurais voulu avoir l'endurance colombienne, le sang des gens de la Côte pour apprécier l'échange avec ces beaux yeux noirs, ces sourires francs.

Ensuite, à deux maisons du coin de chez Chucho, il y a celle de Chemo, le père de notre filleule Joyce, qui était assis devant chez lui, comme souvent l'après-midi. Comment résister à cet accueil à bras ouverts? Un salut de la main, quand on rentre de loin, ce n'est pas assez, bien entendu. Et quand on est parrain de l'enfant de son voisin, les accolades s'imposent, il faut trinquer. Et puis, la bière est si fraîche! J'aurais aimé entrer dans le tourbillon des conversations typiques de la côte, faites de mots escamotés, de rires à pleines dents, provoquées pour le seul plaisir du contact. Comment fait-il, José, pour se ragaillardir au point d'être frais comme une rose après autant de kilomètres? Un corps d'homme comme le sien, ça m'impressionne, ça me dépasse même... et de beaucoup, je l'avoue!

L'ascension vers notre maison a continué. Lentement! En fait, jusqu'à deux maisons de celle de Chemo, chez la mère Julianita, la petite-fille de José.

« C'est ton grand-père et Jocy, dit Doreide.

— J'ai un cadeau pour toi. Tu viendras à la maison avec maman, d'accord ?

— Oui.

— Oui, madame, a repris la mère. »

Ne m'appelle pas madame, je t'en prie, Julianita. Je lui dirai quand nous serons seule à seule : « Appelle-moi Jocy. » Je veux qu'elle me reconnaisse de visite en visite, je veux l'aimer, avoir la possibilité de développer une relation agréable avec Doreide, même si elle ne vit plus avec Julian, le fils de José. Je souhaite jouer avec Julianita à la maison de poupées, dessiner, colorier, lui apprendre à nager et peut-être aussi quelques mots de français. Je serais bien restée avec elles sous les feuilles de l'*almendro* et j'aurais bien accepté l'*agua de panela* glacée avec du citron, surtout parce que j'aime la compagnie des enfants et que la perspective de continuer l'ascension vers la maison me semblait trop aride. Pourtant, il fallait continuer et, comme je l'avais prévu, José s'est arrêté trois tours de roue plus loin, devant le dépanneur de monsieur John, loué dans le premier de nos locaux. Cinquième station, première chute.

Après avoir salué monsieur John et sa femme et souri à quelques clients, je me suis affaissée sur le bord de la terrasse, la tête appuyée sur le tronc d'arbre servant de soutien au toit. José parlait, riait. La tête me tournait.

« Tiens, ma chérie, monsieur John nous offre deux litres d'eau.

— Deux gros sacs ? C'est gentil, mais c'est lourd et froid. Nous reviendrons les prendre tout à l'heure.

— Un peu de courage, ma beauté, nous sommes arrivés. Tu seras heureuse d'avoir de l'eau potable et fraîche à la maison, je te connais ! »

« Nous sommes arrivés », avait-il dit. Parlons-en. J'ai transporté sur mes cuisses les deux sacs d'eau congelée de chez le dépanneur de monsieur John à l'atelier des bicyclettes, de là jusqu'au local des jeux électroniques, puis à celui de la coiffure et, finalement, au magasin de variétés. Pendant que chaque locataire jasait de son bilan financier avec José, l'eau glacée s'était mise à dégouliner sur moi désagréablement.

« Je m'excuse, m'a dit José, mais je dois voir à mes affaires.

— Je comprends, mais pourquoi maintenant ? Tu ne peux pas revenir dans une heure ou deux ?

— C'est comme ça, tu sais, il faut savoir profiter du moment. »

Nous avons enfin tourné sur la dixième avenue, celle de notre maison, puis je ne sais plus qui nous a interpellés, certainement des joyeux lurons du village. C'est là que j'ai abandonné ma monture et mon homme à ses plaisirs sociaux.

« Donne-moi les clés, mon amour, je continue à pied.

— Je ne les ai pas, mais Fabian est là. Je vais au club, je te rejoindrai dans quelques instants. »

À peine une centaine de pas à faire, mais ce fut quand même un calvaire. Le chemin entre la voie pavée et l'entrée de la maison est irrégulier, en terre, parsemé de pierres, de branches, de racines d'arbres, et quoi encore. J'ai trébuché, je suis tombée de tout mon long en essayant de retenir le casque et de sauver les deux sacs d'eau. Des enfants sont venus, ils ont pris le casque, les sacs souillés de terre mais encore pleins de glace et d'eau, et m'ont accompagnée jusqu'à la porte d'entrée en fer.

J'ai crié plusieurs fois : « Fabian, Fabian ! » sans recevoir de réponse. Je me suis soutenue, les bras en croix, au fer forgé de la porte, résignée, indifférente aux sacs d'eau et au sang sur ma main.

« Madame Jocy !

— Fabian, où étais-tu ?

— Derrière la maison. Je suis venu parce que j'ai entendu la moto.

— Qu'est-ce qui se passe, ma beauté ? Mon Dieu, tu saignes ! Papa ne peut pas te laisser deux minutes. J'étais avec Pedro au club, il voulait me montrer quelque chose dans le local, j'aurais dû... »

« J'aurais dû », a-t-il dit. Je jure, paroles de femme, qu'à la prochaine arrivée, ou bien José acceptera de me conduire *directo,* ou je marcherai seule de l'entrée du village jusque chez nous.

10 août 2001

Le chant du *chupa huevos.* Quel bonheur ! Nous voilà enfin dans le jardin des merveilles, au matin d'une autre étape. José est déjà debout, j'entends le ronronnement du presse-jus ; il est sûrement passé d'abord par le motel pour jaser avec Alonzo et cueillir des oranges. Il a repris ses habitudes de la Côte, il est heureux, je le sais. Il apprécie ce moment où je dors encore comme une reine, sa reine, caressée par le souffle du ventilateur, protégée sous le tulle pêche du grand lit, le nez blotti dans ses oreillers à lui. Il a tout son temps, le temps de savourer sa félicité, son bonheur de vivre, d'explorer. Le temps de désirer ma présence. Il sait que j'ai ouvert les yeux. J'entends ses sandales glisser sur le plancher en petites saccades, un jeu qu'il a inventé au temps du travail, pour rendre mon réveil plus joyeux.

«Ma beauté d'amour! Regarde, un jus d'oranges fraîches, cueillies pour toi, mon ciel!

— Je le savais, je t'ai entendu penser et agir quand je dormais. Quel délice! Toi, notre vie, ce jus!

— Tu es heureuse, oui? Tu veux déjeuner au lit?

— Maintenant qu'il y a des moustiquaires à toutes les fenêtres de la maison et deux hamacs bordés de dentelle, comme j'en rêvais, j'irai déjeuner avec toi au salon, même si tu as déjà partagé ton repas avec Alonzo, n'est-ce pas? Tu prendras au moins quelques cafés avec moi?»

Que c'est beau chez nous! Beau et confortable! Il ne manque que des tuiles au plancher. À force de travailler et de vouloir, on finit par atteindre ses buts. Je me souviens des premières années... Les murs extérieurs n'arrivaient pas au toit, les oiseaux se perchaient sur le mur, les opossums nichaient entre les poutres. Et quand nous étions trop longtemps partis, même les chauves-souris se réfugiaient ici. Comme c'est la coutume dans les pays tropicaux, une coutume que je ne comprendrai jamais, il n'y avait pas de moustiquaire aux fenêtres ni aux portes. Ainsi, mouches, maringouins et autres moustiques venaient manger chez nous, surtout à cette époque de l'année, en août, à cause des pluies. La nuit, les grosses coquerelles brunes, les grillons, les lézards et parfois même des souris circulaient comme s'ils étaient chez eux. Que j'ai souffert! Au Québec, il n'entre pas la moindre petite fourmi. Je n'ai rien contre les insectes tant qu'ils sont dans leur territoire, mais ici, c'est le mien, mon domaine, mon refuge. Les animaux doivent aussi respecter les humains, veiller à leur conservation.

«Alors, comment te sens-tu chez nous, ma beauté?

— Au paradis! Il n'y a pas d'autre mot. Quand je pense à tout ce que nous avons fait depuis cinq ans. Il n'y a pas un mur qui n'a pas été touché, pas une année sans poussière de ciment. Que j'en ai avalé de la poussière de ciment... Au point de me retrouver malade au lit!

— Que dis-tu de nos fenêtres en bois? C'est ton homme qui les a pensées pour que tu puisses voir le vert partout.

— C'est un enchantement! On dirait une maison dans les arbres.

— Il faudra un jour changer la dernière fenêtre du côté de la cour et en installer une autre dans la cuisine, ainsi qu'une porte donnant accès au lavoir.

— Avec moustiquaire et fenêtres à battants? Comme celles de ma maison d'enfant!

— Avec moustiquaire et fenêtres à battants! Je mettrai une clôture à l'extrémité, dissimulée par des bougainvilliers aux fleurs de couleur orangée, tes préférées. Ainsi, personne ne pourra venir te surprendre dans ton lieu à toi, tout à fait privé.

— Nous pourrions installer de grandes pierres plates sur la terre, une table et un parasol.

— Tout ce que tu voudras, ma beauté.

— Le plus merveilleux, c'est qu'il y aura toujours de quoi nous occuper: un petit coin à construire, un espace de jardin à créer, une maisonnette à bâtir par là pour les invités, un kiosque à monter par ici pour bavarder ou jouer aux échecs, sans parler de l'aménagement paysager, des branches à couper, des fleurs à cueillir et à semer, ni de la quantité de livres que nous consommons ici à chaque séjour!

— C'est chez nous, et si nous voulons nous gratter les couilles, nous n'avons qu'à nous gratter les couilles!

— Nous gratter les couilles! Parle pour toi!

— Pour le moment, je t'adore, ma chérie. Je suis merveilleusement bien avec toi, nos conversations m'enchantent, mais il faut que je bouge.

— Il le faut ? Nous venons d'arriver... Donne-toi au moins une journée de répit ! Reste avec moi, je n'ai pas terminé de vanter la maison. S'il te plaît !

— Si tu veux te baigner, ma belle, il faut nettoyer la piscine et la peinturer. Et, pour ce faire, il faut que j'aille à Santa Marta acheter la peinture. Autre chose : si tu veux manger des fruits, il faut couper des branches. Tout a tellement poussé que les arbres à fruits sont trop à l'ombre. C'est le matin...

— Je sais : « Si on ne fait rien le matin, on perd sa journée. » D'accord, je te laisse aller. Dehors, c'est ton royaume, et je ne veux pas brimer ta liberté, mais demain, au déjeuner, je te parlerai du côté jardin. Sers-moi un autre café. Ensuite, je ferai mes efforts moi aussi.

— Qu'est-ce que tu vas faire ?

— Comme la maison est propre, je suis libre de tâches ménagères. Je vais donc concevoir.

— Concevoir ? Ce n'est pas un peu trop tard ?

— On peut concevoir d'autres réalités qu'un enfant, mon bel amour, et tu verras que tu pourrais être un autre type de géniteur.

— Ça promet ! Je suis toujours disponible pour quelque conception que ce soit.

— Merci pour ta disponibilité ! »

Créer avec des enfants et les artistes locaux, puis offrir nos produits inspirés de la mer dans un kiosque blanc près de l'oranger, chez Alonzo, là où me sont apparues, dans les jeux de lumière, les couleurs du foulard d'Égypte... Le projet est clair, pareil au ciel sur le Plano de Ventanas. Il me grise, m'enchante. J'ai la certitude qu'un jour je m'assoirai sur un banc de bois, appuyée sur le tronc d'arbre, sirotant un jus de *lulos* ou de *guanabanas*, les doigts tachés de peinture, et j'admirerai, le sourire aux lèvres, le cœur fier, la boutique de Nedjibia.

Rêver, c'est bien beau mais avant le kiosque blanc, il faut des objets à offrir. Et, avant les objets à offrir, il faut un atelier où travailler. Et, avant l'atelier où travailler, il faut trouver un lieu où l'installer. Et, avant de trouver le lieu où l'installer, je dois sortir de ce hamac, sans quoi les délices d'un repos mérité se transformeront en une mollesse avilissante! Du courage, Lazara, lève-toi et cherche un lieu où engendrer Fantasias del Mar. Maintenant! Un lieu simple, accessible, de façon à éviter de reporter le projet faute d'espace. Un projet est fort tant qu'il vit dans la tête, mais il devient fragile quand on le met au présent, vulnérable à la moindre embûche; il perd son audace, se déforme. Il faut lui tenir la main, encourager chacun de ses pas, le nourrir suffisamment. Je ne veux pas que Fantasias del Mar prenne le large pour aller couler dans les fonds inaccessibles de mon être, ni qu'il s'échoue sur une rive à la première tempête. Nedjibia n'aimerait pas le voir apparaître dans l'éternité. J'écarte donc, pour le moment, l'idée de construire la boutique dans le jardin du motel, faute de moyens et en raison d'autres priorités, comme la réfection de la fosse septique et d'autres urgences de ce genre. Je rejette aussi l'option du terrain en face de la maison. Là encore, il faudrait construire, installer des services, du fer forgé aux fenêtres, c'est trop coûteux et trop long. Ici! Je vais faire naître mon projet ici, aujourd'hui même, dans le petit salon attenant à la chambre, dans le ventre de la maison, au cœur de mon intimité.

C'est idéal, du côté du jardin, avec vue sur la piscine et les grands arbres, la *mamonsillo*, le *guayabo rosado* et les palmiers, où des aigles viennent parfois se poser. José dit que dans un an ou deux, quand les branches seront plus hautes, ils viendront y faire leur nid. D'ici, je vois tomber l'eau de la cascade, dont la musique rappelle le clapotis de la rivière de Toro sur les roches. José a disposé les roches d'une certaine façon, puis d'une autre, jusqu'à faire jaillir la mélodie de son enfance. Chaque fois que nous nous baignons, il m'invite à coller l'oreille près de l'endroit précis où le bruit cristallin évoque en lui ce bonheur d'autrefois. Il est si fier d'avoir ramené ici, chez nous, un souvenir du passé dont il peut profiter à son gré.

C'est idéal, côté jardin, avec la vue sur mes fleurs semblables à des parapluies, présentes partout : en bordure de la piscine, près des arbres à fruits, sous les palmiers et dans l'allée jusque devant la maison. Partout où le regard se pose apparaît la blancheur laiteuse des six pétales longs et arrondis, avec au milieu les pistils, dressés comme des flèches à pointes de feu. Chaque matin, après le café, avant toute autre activité, je vais cueillir une fleur parapluie pour que sa beauté et son parfum honorent la joie de vivre dans ce jardin et pour que le bonheur sur mon visage rende grâce à l'homme qui a su les cultiver.

C'est si facile de se laisser distraire ! Me voici encore étendue à rêver. Je suis passée du hamac brésilien acheté à Caruaru, suspendu en permanence aux murs du salon, au hamac colombien acheté à San Jacinto, accroché aux poteaux de la galerie. La contemplation, dans mon cas, s'apparente à la passivité, ou même à une paresse de bord de mer. En fait, je ne sais pas trop par où commencer. Je voudrais déjà pouvoir entrer dans un atelier organisé, m'attabler et produire. Tout ce qu'il faut faire avant d'en arriver là me semble tellement ordinaire... Du courage ! Si je commençais par sortir les mille et une choses du ramassis appartenant à mon homme : outils, bouts de corde, vieux clous rouillés, et quoi encore ! Allons-y !

« Qu'est-ce que tu fais, ma belle ?

— Du ménage !

— Ne jette rien, surtout.

— Je sais, ça peut toujours servir.

— Où vas-tu mettre mes affaires?

— Dans le hangar. Veux-tu m'aider?

— Le hangar est plein.

— Donne-moi au moins un espace pour ranger tes plus gros outils. Tu pourrais organiser les plus petits dans la pièce des invités pour le moment.

— Laisse-les sur la galerie. Je vais chercher Pedro pour m'aider d'abord à libérer le hangar pendant que Fabian peinturera la piscine. J'ai acheté une peinture du même bleu que l'an dernier. Aimes-tu?

— C'est parfait. J'apprécie surtout que le travail soit fait aujourd'hui. Ainsi, dans deux jours, nous pourrons nous baigner. Quel bonheur! Merci aussi de m'aider à dégager ma pièce. Je t'annonce que, par nos petits efforts, nous sommes en train de concevoir. Qu'en dis-tu, mon amour?

— J'aurais aimé que ce soit un peu plus sensuel, mais tu sembles si heureuse que j'en ferai mon plaisir!

— Je t'adore.»

C'est inimaginable tout ce que peut conserver mon homme! Regarde-moi ça, des bouts de tuyaux, de la corde, des roches, des planches de bois, un bâton de baseball et des araignées en prime! Il m'attendrit quand même avec ses trésors pêle-mêle, qu'il enrichit dans chacune de nos demeures. Une des plus grandes marques d'amour que je puisse avoir pour lui, c'est respecter ses choses, comme il dit. En tout cas, lui aussi y verra plus clair! Mon Dieu qu'il fait chaud! Lorsque j'aurai

fini ce ménage, je m'accorderai un plaisir, peut-être, une salade
de fruits que je dégusterai en savourant le paysage.

10 septembre 2001

Une autre journée lumineuse. Les pluies du mois d'août ont
rendu cette végétation luxuriante encore plus dense, d'un vert
intense. Les branches fleuries des bougainvilliers ont pris pos-
session de la clôture, et les fleurs de Cayenne rouges, exubé-
rantes, devant la fenêtre du déjeuner, me donnent envie de
créer mieux et plus souvent. Bien sûr, il y a les mouches, en
quantité, et tous ces insectes désagréables, surtout le matin
et en fin de journée, mais cette année, je les regarde tournoyer
dans l'abondance du jardin sans craindre leurs aiguilles ni
leurs morsures, bien à l'abri derrière les moustiquaires ou dans
l'eau traitée de la piscine.

L'atelier prend forme. José a fait peinturer les murs en blanc
et il m'a offert une table en métal, coupée selon les dimensions du mur du fond. Il a fixé des tablettes pour le matériel
de couture, d'autres pour les pinceaux et les crayons, et j'ai
récupéré une table en bois sur laquelle j'ai installé le cadeau
de ma belle-mère. Un cadeau important, un cadeau clé pour
l'avenir de Fantasias del Mar. Un matin au téléphone, elle nous
a annoncé qu'un colis adressé à mon nom avait été envoyé par
courrier spécial. Un colis pour moi... Une surprise en lien avec
mon projet, j'en étais sûre. Nous nous sommes rendus dans
les bureaux de Servientrega, à Santa Marta, le cœur content.
C'est toujours plaisant de recevoir un cadeau.

« Il y a un colis pour Jocy Gomez.

— Voilà, madame.

— Mon Dieu, qu'est-ce que ça peut bien être? Une si
grosse boîte!

— Une si grosse boîte… et lourde! *Pouta!* Il va falloir l'ouvrir. Nous ne pourrons pas la transporter comme ça sur la moto.

— Une machine à coudre! Regarde mon amour, une Singer en parfaite condition!

— Sa machine à coudre! C'est tout un cadeau qu'elle te fait, ma beauté. J'en ai les larmes aux yeux. »

Sa machine à coudre! Lourde de tout un passé, vibrante du labeur de Josefina au temps où elle cousait des journées entières. La voici aujourd'hui toute enfilée de promesses, pour moi. Je l'ai prise sur ma cuisse gauche à l'aide de mon bras et m'agrippant de l'autre à la hanche de José, prête à affronter un double défi, celui de garder l'équilibre sur la moto, surtout dans les courbes des collines entre la baie de Santa Marta et celle du Rodadero, et de supporter le poids du métal. J'en ai eu des marques pendant plusieurs jours, mais comme j'avais le cœur léger de passer, grâce à ce cadeau, à une étape plus concrète de mon projet! Ce cadeau m'a donné de l'élan. Le jour même, j'ai commencé à border des serviettes de plage sur lesquelles j'ai cousu des appliqués en forme d'étoiles de mer et de coquillages, et du tissu imitant les vagues et le sable.

* * *

Quel matin de grâce! Un matin fertile qui s'étire comme des branches gorgées de sève poussant à une vitesse accélérée. Je les imagine s'enlacer dans ma tête, courir sous ma peau jusqu'aux doigts, sortir de mes ongles et se transformer en textures, en couleurs. Quel luxe de pouvoir se prélasser avant de produire, de rêver éveillée dans la tiédeur du lit en entendant par la fenêtre la chaude voix de mon amour. Bientôt, mon soleil illuminera la chambre et dira: « Ma beauté, voici du jus frais pressé. J'ai cueilli les oranges ce matin pour toi! »

« Ma beauté, voici du jus frais pressé, j'ai cueilli les oranges spécialement pour toi, mon ciel d'été. Le petit-déjeuner t'attend dans le salon, et il y a une petite surprise.

— C'est toi, ma surprise quotidienne, depuis vingt ans. Je peux te garder un moment ? Au moins pour le café ?

— Je t'accompagne toujours, tu le sais bien.

— Du pain aux fruits et des croissants au chocolat ! Quel délice !

— Papa est allé les chercher à la boulangerie, à six heures.

— Tu es un ange et je suis au paradis. Quelle paix ! Dire qu'il y a des conflits dans ce pays. Maudit que c'est dommage ! C'est presque indécent de vivre ici, aussi comblés.

— Ne me fais pas penser à ça. Mon si beau pays ! Je voudrais tellement faire quelque chose !

— Nous faisons peu, c'est vrai, par rapport à l'ampleur de la bêtise, ici et partout sur terre. Et je suis sûre que les horreurs sont encore pires que tout ce que nous pouvons imaginer. Si les gens pouvaient s'allier, faire front commun, s'ils boycottaient les aberrations des grands systèmes, si les jeunes hommes de la planète refusaient, en bloc, l'engagement militaire... Si chaque personne décidait de ne plus consommer de poudre blanche ou d'autre drogue, ce serait la fin des pouvoirs maléfiques, du jour au lendemain et sans violence.

— Tu t'illusionnes, femme. Si les gens croient sans réfléchir à ceux qui leur promettent un monde meilleur, c'est qu'ils n'ont trouvé aucune issue à leur misère, aucun remède à leurs maux. Il est facile de convaincre quelqu'un qui a faim. Ceux qui vont à la guerre ne sont pas les fils de ceux qui la proposent.

— Tiens, ça c'est une bonne idée! Ceux qui prônent la guerre devraient la faire eux-mêmes, face à face. Ce serait intelligent, ça! Nous devrions obliger les dirigeants à s'affronter entre eux sur une île, seuls et sans armes, sans quoi ils seraient bien capables de tout détruire autour d'eux. Seuls avec leurs poings pour attaquer et se défendre. On verrait bien ce qu'ils ont dans le ventre! Ça leur apprendrait, à ces enfants cruels, bien installés dans leurs grands bureaux, bien nourris, bien vêtus, que les batailles ne se font pas avec des soldats de plomb, des avions et des chars miniatures, mais avec des êtres grandeur nature, faits de chair, de sang et d'espoir. Pauvres idiots, ils ne se rendent pas compte qu'à la longue, leur propre arsenal les détruira eux-mêmes, tout comme leurs beaux grands bureaux, et qu'il empoisonnera l'eau qu'ils boivent et l'air purifié qu'ils respirent.

— Je pense que le monde devrait être dirigé par des femmes, de vraies femmes. Seules les femmes savent protéger la vie.

— Le problème, c'est que les femmes ne veulent pas se commettre avec ceux du pouvoir par crainte de passer leur temps à tenter de contourner leurs stratégies douteuses dans le but de se tailler une place. Il est presque impossible, dans ces conditions, d'exercer une action sensée sur des problèmes réels. C'est pour cela que je n'ai même pas voulu envisager la carrière de gestionnaire dans un monde d'hommes. Il me semblait plus facile d'avoir une pensée libre en étant dans une position neutre. Franchement, je ne sais pas quelle puissance pourrait maîtriser ou, mieux, canaliser les forces destructrices des mâles.

— Je ne sais pas quoi penser.

— En tout cas, pour ma part, je boycotte tout ce qui me paraît insensé. Je boycotte les films de violence, la cigarette et même l'alcool. Je boycotte les produits de consommation inutiles, les billets de spectacle des *superstars* – à des coûts exorbitants, soit dit en passant –, les best-sellers à sensation vendus rien que pour un coup d'argent, les collections écrites à l'encre rose, les auteurs qui utilisent le talent des autres pour enrichir leurs textes et ceux qui se servent de citations célèbres pour donner de la valeur à leurs propos. Je boycotte aussi les orgasmes à répétition.

— Les orgasmes à répétition?

— Je veux dire, les orgasmes par obligation, parce qu'il ne faut rien manquer, parce qu'il faut offrir une bonne performance pour prouver je ne sais quoi à je ne sais qui. Il y a des moments où je n'ai envie que de tendresse et je ne veux pas me sentir influencée par des courants de plaisir à tout prix, quels qu'ils soient, surtout pas dans mon lit. Je boycotte les produits me promettant une jeunesse obligatoire. Est-ce que je peux vieillir en paix? Être simplement une belle femme de cinquante ans?

— D'ailleurs, je suis mûr pour un petit repassage. Nous pourrions demander un deux pour un!

— Tu n'es pas sérieux! Tu serais laid, tu aurais la bouche tout étirée. Je t'aime comme ça, je t'aimerais sans cheveux et sans dents, et je sais que tu m'aimes comme je suis, vieille et moche. Laisse-moi continuer à me défouler, cela m'aide à garder l'esprit critique. C'est important, c'est notre seule marge de liberté face à la somme d'influences pernicieuses que nous subissons chaque jour.

— Vas-y, ma belle, mais je ne te donne que dix minutes pour te libérer. À neuf heures trente...

— Je sais, tu as beaucoup d'occupations. Je continue... Je boycotte aussi les vêtements de marque. Ça me fait pitié de voir ces personnes tentant de mieux paraître en portant un vêtement riche et très tendance. Pauvre Victor, lui qui craque pour les vêtements de marque! Je l'ai savonné, un jour, en essayant de lui faire comprendre que la fierté d'une personne ne peut se satisfaire de la valeur d'un vêtement. "Un vêtement de marque, lui ai-je dit, n'est qu'un leurre de l'image de soi, à moins qu'il n'ait été choisi pour une autre raison." Il me regardait en coin, probablement pas du tout d'accord avec moi et surtout incapable de porter avec confiance un vêtement ordinaire. J'espère au moins qu'il aura compris mon message. Pour ma part, je préfère encourager les gens talentueux et moins nantis, qui ont besoin d'encouragements pour se faire connaître. Je boycotte aussi la télévision à chaque séjour à la Côte, pour me purifier un peu l'esprit. Je boycotte la visite qui vient se baigner dans ma piscine, parce qu'elle ne sait pas quoi faire le dimanche. Je boycotte les assurances sur les assurances, les cartes de crédit d'argent, de platine ou d'or, les cartes Air Miles, la loto...

— Tant que tu ne boycotteras pas ton homme...

— Toi aussi, je te boycotte quand tu fais un fou de toi, quand tu te détruis par des comportements de mâle dégénéré.

— Dégénéré! Tu n'as pas honte de parler ainsi à ton amour?

— Je ne parle pas de ta personne mais d'un comportement dégénéré, comme boire jusqu'à ne plus savoir ce que tu dis ou fais, rouler pendant des heures à moto, oubliant la fatigue ou la faim et mettant ainsi ta vie en péril. Tu vois, c'est ça, une femme, mon bel amour, une protectrice de la vie. Une vraie femme, c'est beaucoup de rigueur et de vigilance, pas juste de la tendresse mielleuse, des petits bisous qui pardonnent tout en oubliant les conséquences.

— Ma femme à moi, elle comprend que son petit mari adoré doit s'arracher de son agréable compagnie pour aller travailler à faire un paradis de ce jardin.

— D'accord, vas-y, mon ange, mais reviens vite!

— Au fait, avec tout ça, tu m'as fait oublier ce que je voulais te dire, femme. Ah oui! je me rappelle. Ramon, Pedro et les autres sont prêts à venir demain pour changer la fenêtre du côté de la cour, comme tu dis, installer la porte et ajouter une autre fenêtre près de la cuisinière. C'est bien, non?

— La porte? Quelle porte?

— Je voulais te faire une surprise. J'ai fait faire une porte et deux fenêtres en métal du même style que les fenêtres en bois du salon, et une porte-moustiquaire, comme tu voulais. Je suis allé ce matin chez Eduardo et tout est prêt.

— Tout est prêt? Encore de la démolition! Je ne peux pas le croire. Moi qui étais si heureuse de ne pas vivre dans la poussière, pour une fois! J'étais dans une espèce de nirvana entre la victoire du voyage et la conception de Fantasias del Mar. Mon amour, nous partons dans un mois. Remettons la construction au prochain voyage, je t'en prie.

— Mais, ma chérie, je préfère les faire installer maintenant que les laisser traîner dans la maison. Et penses-y, ce serait vraiment pratique d'avoir une porte de côté. Tu te plains toujours que je traverse la maison les pieds sales.

— La solution pour les pieds sales, ce sont de simples sandales à chaque porte. Tu n'as qu'à les changer quand tu entres ou que tu sors.

— Ce serait pratique une fenêtre dans la cuisine.

— La cuisine donne sur la salle à manger, elle-même bien aérée.

— Femme, c'est toi qui as demandé une fenêtre près de la cuisinière.

— Tu ne peux pas t'empêcher de démolir. Un vrai mâle!

— Alors ?

— Alors, c'est la saison des mouches et des maringouins. Les insectes vont entrer en quantité... Pour une fois que je me sens à l'abri.

— Il suffit de couvrir la porte de la chambre avec un drap. Tu ne seras pas incommodée. Les hommes vont tout nettoyer.

— Les hommes vont tout nettoyer ! Laisse-moi rire !

— Tu superviseras, ma beauté. »

Que je suis injuste ! Je serais incapable de démolir des murs comme ils le font si bravement, de travailler le ciment sans rouspéter contre la chaleur, la poussière. Je dois reconnaître que c'est la somme de leurs efforts qui a créé l'enchantement de ce lieu. Qu'est-ce qu'il ne ferait pas, mon homme, pour me donner une maison aussi ravissante que le petit palais rouge et blanc de mes souvenirs ? C'est vrai que ce serait plus commode une porte avec moustiquaire du côté de la cour, et une fenêtre sur le mur de la cuisine. L'apparence serait plus esthétique. Et nous avions prévu apporter une amélioration à chacun de nos séjours ici. Ce n'est pas parce que le projet Fantasias del Mar est venu s'imposer que notre havre de paix doit être négligé.

Je suis quand même très contrariée. J'étais sur ma lancée, en parfait équilibre entre le temps de travail du projet atelier et la contemplation ; entre les moments de solitude et le plaisir à deux ; entre le hamac et les exercices dans la piscine ; entre le silence, les conversations et la musique ; entre les repas frugaux, les copieuses salades de fruits et les soupers fins à quatre services des restaurants terrasses, à la Puenta de l'Este ou à la Ballena Azul. Une harmonie quotidienne baignée des plages du Rodadero, de l'île Playa Blanca et de la baie de Taganga, et agrémentée de nos escapades à moto jusqu'à l'aéroport, avant le couchant, dans l'espoir de voir apparaître le rayon vert, un phénomène possible uniquement lorsque l'horizon est pur et au moment précis où le soleil achève son entrée dans la mer. Jusqu'à ce jour, je n'ai pas encore pu prouver à mon homme l'existence du rayon vert.

« Alors, femme ?

— D'accord. Une promesse, cependant.

— Tout ce que tu voudras.

— Nous ne mangerons pas ici, dans la poussière, tant que la construction ne sera pas terminée. »

Demain, il n'y aura pas de petit-déjeuner disposé sur la table en cuir entre les hamacs, ni bavardage ni chants d'oiseaux. Je dois en faire mon deuil et me préparer à supporter les bruits de masse et la voix de mon amour que j'entends déjà plus forte que de coutume, dominante, parfois impatiente. Je servirai de l'eau régulièrement, en faisant le tour de la maison de l'arrière jusqu'en avant, sans pouvoir travailler de mon côté, déconcentrée par la musique de pompier qu'ils mettront pour se donner du courage. De mon côté, je m'encouragerai à l'idée de faire une promenade sur la plage en fin de journée et d'aller grignoter un repas dans un des restaurants du Rodadero le soir venu, pas avant, car il n'y a jamais de mouches quand il fait noir. Ensuite, nous reviendrons chez nous, nous allonger dans des draps saupoudrés de particules de poussière grise qui, malgré mes précautions, se seront infiltrées dans l'air de la chambre. Je masserai les jambes et les pieds de José, épuisé d'avoir vu à tout, de l'idée jusqu'aux travaux durs.

Il me reste une journée avant la démolition, le désordre, avant la venue d'envahisseurs de tout acabit. Que vais-je faire de cette journée ? En somme, j'ai deux choix : le plus facile serait de continuer à me plaindre, de freiner pour de bon mon élan créateur et d'assombrir, par surcroît, la joie de mon amour. Le second choix, le moins évident, est de rassembler mon courage et mon ardeur pour garder en moi la fraîcheur stimulante du petit matin, comme si ce début de journée, riche en échanges, n'avait pas de fin. C'est le moment, je crois, le moment idéal pour ouvrir la boîte magique, celle que je gardais pour une occasion spéciale. Je vais d'abord faire un plongeon dans la piscine, cueillir une fleur parapluie, me servir un café, puis déballer le contenu de la boîte sur la table de l'atelier.

« J'aime t'entendre chantonner.

— Je chantonnais ?

— Oui, ma beauté.

— Tu es heureuse ? Est-ce que l'eau est bonne ?

— Délicieuse. Déjà de retour ?

— J'avais oublié un outil.

— Viens dans l'eau avec moi. Rien qu'un moment ! Dis oui. Oui ?

— Il y a des gens qui m'attendent, mais... pourquoi pas ?

— Enlève tout et plonge. Non, pas comme une bombe ! Tu m'éclabousses. Tu es indomptable, espèce d'enfant terrible !

— Prends-moi, dis-moi que tu m'aimes. »

C'est si facile de lui dire que je l'aime, si facile de le prendre comme un tout petit enfant, de caresser son corps, de me mouler à son être, d'entrer dans l'océan de son âme. Si facile, si tentant. Je l'ai pris dans mes bras, lui ai dit « Je t'aime » avec l'émotion du premier aveu, et je l'ai redit avec profondeur, comme si c'était la dernière fois. Nous sommes restés là un moment, enlacés et libres.

* * *

La boîte est là, sur la table de métal. Une boîte de carton scellée contenant des objets trouvés dans l'appartement de Nedjibia quelques mois après sa mort. Le souvenir de cette journée me trouble encore. J'étais seule, José jouait dehors, comme j'aime dire pour désigner ses activités. L'appartement encombré de caisses mais déserté par les membres de la famille semblait mort lui aussi. Nous occupions la chambre de Nedjibia le temps de nos vacances à Tuluá. J'étais là, intriguée, au milieu de meubles, d'objets divers et de boîtes entassées, je cherchais quelque chose d'elle, une lumière, l'indice d'une énergie. Rien! Je ne trouvais rien, je ne ressentais rien, pas le moindre souffle. Je me résignai à broder, assise sur le banc de sa coiffeuse. Dans le parc intérieur, des hirondelles bleues effleuraient parfois la fenêtre sans rideau. Elle devait aimer les regarder voler, Nedjibia, me suis-je dit, elle qui avait tant besoin d'espace. Ces murs étroits, ces plafonds bas l'emprisonnaient; elle me l'avait confié un soir de réunion familiale.

Je brodai donc, sans plaisir, le dessin d'une maison que je n'ai jamais terminé, d'ailleurs. C'est alors qu'un rayon de soleil a fait briller un objet au pied du meuble. J'ai perçu le scintillement du coin de l'œil, c'était un chapelet de couleur transparente, en cristal. Le sien. Je l'ai pris avec respect, me disant qu'il avait dû tomber lorsque Carolina a rangé les objets personnels de sa mère. Puis, sans en avoir conscience, j'ai ouvert le premier tiroir de sa coiffeuse et j'ai trouvé une photo d'elle, cheveux au vent, de profil avec la mer en arrière-plan, et une pince à cheveux nacrée.

Ensuite, le fil de l'histoire s'est coupé. Je ne me souviens pas d'avoir quitté la chambre ni pourquoi je me suis dirigée vers le coin lavage, à l'étage inférieur, où d'autres boîtes s'empilaient. Je me retrouvée hébétée devant la machine à laver, plantée là comme une somnambule. Il faisait chaud et l'air était dense, figé. Soudain, un coup de vent venu de l'ouverture du toit a soulevé la poussière et, par réflexe, j'ai posé la main sur une boîte, probablement mal placée ; elle est tombée à la renverse, libérant un lot de broderies et de tissus peints, des bobines de fil et des rubans de dentelle. Je me suis mise à genoux et j'ai plongé les mains dans les textures, je les ai remuées comme on joue dans le sable, et j'ai vu apparaître au gré des mouvements ces fleurs finement peintes que j'avais admirées quelques années auparavant, au temps de Nedjibia.

Avec respect, j'ai plié soigneusement les napperons, les disposant délicatement dans la boîte, sauf quelques-uns aux motifs d'orchidées et un ruban de dentelle enroulé. Ce trésor volé à l'oubli, je l'ai mis dans mon sac avec l'intention de le remettre un jour à la famille, d'une manière ou d'une autre, après avoir trouvé le moyen de rendre hommage à cette femme aimée. J'ai transporté les objets à Montréal, les ai placés dans un coffre de bois que m'avait offert Nedjibia. Le coffre de bois fut lui-même gardé dans cette boîte encore scellée devant moi, auprès de souvenirs de mon enfance : une nappe brodée au point de croix, une photo de ma petite maison, un tablier à smocks, un point de broderie enseigné par la grand-mère de Susie ainsi que la première taie d'oreiller que j'ai cousue à l'âge de six ans, sur laquelle j'avais brodé un oiseau jaune volant au-dessus d'un nuage vert. La boîte faisait partie du déménagement en Colombie et elle est restée jusqu'à l'an dernier dans le fond d'une garde-robe à Tuluá. Puis, quand nous avons décidé de transporter la table médiévale à Santa Marta, j'ai demandé qu'on apporte aussi la boîte.

Ces objets à l'odeur de renfermé, aux teintes jaunies, étalés sur le métal frais de la table blanche, me donnent un sentiment doux-amer. J'étais si heureuse, enfant, quand je cousais, brodais ou peignais. Heureuse quand mon âme d'artisane a retrouvé son élan grâce aux créations de Nedjibia. Heureuse au cours de ce voyage aux confins de mon être, où mes idées ont pris le large. Pourrais-je vraiment donner suite au passé et conjuguer au présent les actions d'autrefois ? Saurais-je atteindre ce futur coloré de taies d'oreiller ornées d'oiseaux de mer et de soleils couchants? L'atelier Fantasias del Mar aurait-il un jour un cœur palpitant? Il n'y a pas de magie ni d'esprits aux pouvoirs fantastiques, je sais, il n'y a que des actions posées les unes après les autres jusqu'à l'atteinte du but. Je dois trouver le moyen de grossir une production. Je vois des maisons-jouets en bois et des petits bateaux baptisés selon les prénoms des clients. Ramon pourrait en tailler la structure, puis je trouverais quelqu'un pour les peindre. L'enthousiasme est là, les idées fourmillent. J'ai l'habileté de créer, j'ai foi en moi et je sais rallier les gens vers un but commun. Alors pourquoi ce doute malfaisant se pointant dans mes plans, pareil à l'odeur de la mort tapie en bordure des chemins, attendant le moment de répandre son âcreté dans le parfum des fleurs? Pourquoi ce doute?

« Marraine!

— Joyce! Comment vas-tu? Que tu es belle! Quel âge as-tu maintenant?

— Seize ans.

— Est-ce que tu étudies encore?

— Pas pour le moment, mais mon père cherche une manière de m'inscrire au collège pour que j'étudie les techniques infirmières.

— Tu veux devenir infirmière? Intéressant. Veux-tu un jus?

— Je veux bien. Je venais voir si je pouvais t'aider. Mon parrain m'a dit que tu cousais.

— Tu sais coudre!

— Ma mère me l'a enseigné. Nous avons une machine à coudre depuis quelques mois et j'ai appris au moins à faire de belles lignes droites.

— Est-ce que tu sais broder aussi ?

— J'adore ça ! »

« J'adore ça », a-t-elle dit. Ce sont des personnes comme elle que je veux aider. Joyce et Yenis Esther, des filleules belles comme des soleils. Il y a Jésus David, aussi, le fils de Chucho, avec ses yeux de lynx et ses gestes précis. Il fait déjà des bijoux avec Camilo, le fils d'Olga, et sa petite sœur, Nelly, qui passe son temps à dessiner sur des bouts de papier avec des crayons à mine. Elle est au ciel quand on lui offre des crayons de couleur ou des tubes de peinture. Au fait, elle pourrait dessiner et peindre les maisons, les petits objets en bois ! Il y a aussi mon filleul Miguel Felipe, grand, fort et serviable. Il pourrait nous aider à transporter le matériel avec sa bicyclette, j'en suis sûre ; il suffirait d'installer un support sur la roue arrière. Mon Dieu qu'il fait chaud ! Le feu s'allume au-dedans, il pétille, étincelle.

« Joyce, allons bavarder dans la piscine, j'ai des projets pour toi. »

11 septembre 2001

« Il faut te lever, ma chérie, les hommes s'en viennent.

— Les hommes s'en viennent ! Belle affaire ! Qu'ils arrivent ! Tu n'as qu'à clouer le drap sur l'ouverture de la chambre, j'ai tout préparé.

— Tu ne pourras pas dormir. Ils vont détruire le mur maintenant.

— Ils ne prennent pas de café avant, comme de coutume quand ils viennent travailler ?

— Bien sûr, mais un café, un seul, et pas pour le siroter pendant une demi-heure comme tu fais, ma beauté. Ils le boivent en trois gorgées. Je te laisse le tien sur le plateau avec du pain aux fruits et du jus ? Plus tard, ce sera difficile de te servir à manger. Nous ne pourrons plus utiliser la cuisine. »

Quelle horreur ce bruit de pioches sur le mur de béton ! Un bruit sourd et destructeur, suivi du fracas des blocs de ciment et de briques tombant sur le chemin du côté de la cour et sur le plancher du salon. Dans peu de temps, le drap couvrant l'ouverture de la chambre sera imprégné de poussière. José a raison, je fais mieux de me lever, de retirer le ciel de lit, les oreillers et les draps, et de les ranger dans une valise. Que nous le voulions ou non, ce soir, nous dormirons dans la poussière. Il y en aura partout, jusque dans l'atelier devant moi, déjà encombré du mobilier de salle à manger, qui inclut huit chaises, et de tout ce qu'il y avait dans la cuisine. L'atelier Fantasias del Mar ressemble à une plage souillée d'épaves après un orage. Du courage, femme ! Lève-toi et agis, comme le dirait mon homme. Se plaindre ne sert pas à grand-chose. D'accord. Agir !

Que vais-je faire de ma journée ? Lire, écrire, dessiner ? Dessiner peut-être ! C'est une idée ! Dessiner les formes à broder sur les serviettes de plage et les taies d'oreiller. Ensuite, il sera facile de reproduire les modèles sur les tissus. Je vais sortir la table en plastique et une chaise sur la galerie du jardin. Le ventilateur aussi, pour la fraîcheur et pour éloigner les moustiques. J'ai aussi besoin d'une tablette et de crayons de couleur. Ainsi, je ne perdrai pas mon temps et je garderai ma bonne humeur. Au prochain séjour, je demanderai à José d'installer des moustiquaires autour de la galerie, comme on a coutume de le faire au Québec. Nous agrandirons ainsi l'espace atelier tout en gagnant un coin à l'air libre, bien à l'abri des moustiques.

* * *

Depuis l'aube qu'ils travaillent... Il doit être autour de neuf heures. Je le sais par la position du soleil. La luminosité est celle du moment où nous finissons de bavarder habituellement. J'avance, je suis fière de mes dessins.

« Ma beauté, j'aurais besoin de ton opinion au sujet de la fenêtre. Veux-tu venir un moment ?

— J'arrive... Mon Dieu ! Quel désastre ! On dirait les suites d'une catastrophe !

— Ils vont tout nettoyer, ne t'en fais pas. Que penses-tu de l'emplacement de la fenêtre ?

— La hauteur est bonne, mais elle est trop vers le mur du fond. Il n'y aura pas assez d'espace pour ouvrir le battant. En plus, la distance entre la porte et la fenêtre de l'autre côté n'est pas symétrique.

— Attends, je vais vérifier de l'intérieur. *Pouta !* C'est bien vrai ! Les gars, il faut tout recommencer. La fenêtre n'est pas centrée.

— Voilà Alonzo. Il vient sûrement voir où en sont les travaux.

— Il a un air étrange, je n'aime pas ça. Quelqu'un est peut-être malade. Bonjour, mon frère !

— La tour ! Un avion est entré dans une tour.

— Un avion dans une tour ? Quelle tour ?

— Une des tours jumelles, à New York. L'avion s'est encastré dans le haut de la tour nord.

— À New York ? Je ne peux pas le croire ! Tu es sûr, Alonzo ? C'était peut-être un film de science-fiction ?

— Je te le dis, Jocy, toutes les chaînes ne parlent que de ça. Un avion d'American Airlines.

— American Airlines? Un vol commercial? C'est horrible! Pauvres gens! Comment est-ce possible? American Airlines? C'est dans leurs avions que je voyage habituellement. Mon Dieu! Je ne comprends pas.

— Tu vois, ma chérie, il nous faudrait un téléviseur. Ça fait longtemps que je le dis.

— Acheter un téléviseur pour voir les catastrophes!

— Qu'est-ce que tu racontes, femme? Je ne veux pas un téléviseur pour voir les mauvaises nouvelles, je veux simplement me tenir au courant.

— Au courant! Si au moins on y pouvait quelque chose.

— Je vais emprunter un des deux téléviseurs de Selmira.

— Bonne idée! Ramon, va le chercher.

— Moi, je retourne au motel. »

Je ne suis pas sûre de vouloir voir ça. Ça me rend mal à l'aise de m'asseoir pour regarder l'horreur, et puis je n'aime pas entendre les annonceurs. Ils ont presque l'air en extase avec leur nouvelle fracassante. Si un des miens était mort de cette façon, j'interdirais à quiconque d'allumer le téléviseur. J'ai du mal à le croire. Un avion commercial américain s'écrasant sur une tour. À New York. Impensable! Qu'est-ce que c'est encore? Alonzo qui revient déjà, en compagnie de Chucho.

« Un deuxième avion a frappé l'autre tour. En direct! Il paraît que le Pentagone a aussi été attaqué.

— Attaqué? Ce n'était pas un accident?

— On parle d'attentats. L'Amérique est attaquée, disent-ils.

— Des attentats! Je comprends mieux. Un accident dû à une erreur humaine ou à un bris mécanique, c'était difficile à croire. Un attentat! L'Amérique attaquée! C'est pire que pire! Pourquoi maintenant? Par ce moyen? Par qui? Voilà Ramon avec un téléviseur.»

C'est épouvantable! Épouvantable! Les tours jumelles! New York! Un pays libre en état de guerre. Des kamikazes! Un vol commercial! C'est un cauchemar, nous allons nous réveiller.

«Mon Dieu, la tour s'effondre! La tour s'effondre, avez-vous vu?

— *Pouta!*

— C'est horrible!

— Comme un château de cartes!

— Pauvres gens!»

Je ne comprends pas mon attitude. Je reste collée sur l'appareil, incapable de penser ou de faire quoi que ce soit. C'est hallucinant! Nous sommes au milieu d'une pièce en démolition, couverts de poussière et de débris de ciment de la tête aux pieds, dans la chaleur suffocante de la partie chaude de la maison à cette heure du jour, et je dis que c'est malsain, mais qu'est-ce que ça doit être à Times Square!

Les commentateurs parlent de terrorisme. Je suis toujours collée sur l'appareil, collée comme une névrosée, sans soif, sans appétit, subjuguée, complètement défaite. Je vois pourquoi ils ont choisi ce moyen, les terroristes, quels qu'ils soient, car je suis sûre qu'on ne saura jamais qui ils sont vraiment, même si un ou plusieurs coupables sont identifiés. Ce que nous savons, c'est qu'ils ont attaqué le symbole du capitalisme et sacrifié des Américains au su et au vu de chaque personne sur la planète. Pourquoi? Pour enclencher une guerre? Au profit de qui? Je fabule, c'est certain, personne ne peut imaginer une stratégie aussi diabolique. C'est l'œuvre d'un fou, sans aucun doute. Comment expliquer autrement une horreur pareille? Que j'ai peur! Peur de l'humain... Il n'a donc pas évolué depuis la nuit des temps, il est toujours aussi barbare, sanguinaire, et même encore plus diabolique. Pourquoi?

«Regardez! Il y a des gens qui se jettent dans le vide.

— Ils préfèrent mourir d'un arrêt cardiaque pendant la chute, en plein air, plutôt que d'étouffer avant de brûler.

— La deuxième tour! Regardez, regardez, elle s'écroule aussi! Elle s'écroule...

— Tant de structures d'acier démolies en quelques secondes.

— C'est impossible! On doit rêver, on va se réveiller, on va sûrement se réveiller.

— Les gens courent, certains ont pu se sauver! C'est fou! C'est l'enfer ça, l'enfer!

— Regardez le nuage de poussière!

— On dirait une avalanche.

— Pauvres gens!

— J'espère que certains ont pu sortir des immeubles et courir, courir le plus loin possible!

— Ceux des étages inférieurs à l'impact qui ne sont pas sortis doivent être morts sur le coup, écrasés par le poids de l'édifice. Quelques secondes pour que tout s'écroule... Quelques secondes et la face de l'Amérique n'est plus la même. Tout va changer sur la planète. Qu'est-ce qui arrivera maintenant ?

Ramon a recommencé à travailler. Je l'admire. Il regarde le téléviseur du coin de l'œil, il ne commente rien, il travaille. Il a raison de se concentrer sur sa tâche ; c'est une façon de boycotter la violence, de ne pas être anéanti par elle. La meilleure manière de continuer à vivre. Les autres travailleurs s'affairent eux aussi. Alonzo et José ne tiennent pas en place, ils discutent de l'horreur, changent de sujet, parlent de tout et de rien, puis reviennent à l'horreur. Ils sortent, entrent, s'assoient, se lèvent. Le cousin Chucho est figé, comme moi, incrédule, espérant une explication, un revirement de situation, une sorte de *rewind*.

18 septembre 2001

La maison est propre à nouveau, les fenêtres et la porte du côté de la cour sont installées, les murs rafraîchis, les planchers dépoussiérés, les vitres astiquées, les draps et la moustiquaire de lit sentent bon. J'ai tout rangé dans l'atelier, lavé les souvenirs et la boîte, à l'intérieur et à l'extérieur ; je l'ai scellée sans émotion. J'ai ciré la valise en cuir noir de mon grand-père et j'y ai rangé les serviettes brodées, les dessins, le matériel de couture, les crayons et les pinceaux, puis je l'ai fermée et placée dans le placard de la chambre. J'ai dit à Joyce qu'au prochain séjour nous reparlerions de Fantasias del Mar. Elle a dit qu'elle m'attendrait.

Dans la maison, il n'y a plus de musique ; ni celle des dimanches, ni celle des travailleurs, ni les chansons françaises que j'aime écouter seule dans le noir lorsque José s'attarde au village. Nous n'entendons plus les oiseaux chanter ni l'aiguille de la machine à coudre piquer le tissu. Nos voix et nos rires n'égaient plus le petit matin et nous n'avons plus envie d'entendre le clapotis de l'eau sur les roches plates de la cascade.

Le téléviseur de Selmira reste allumé dès le déjeuner, une bonne partie de la journée jusque tard dans la soirée. La menace d'une autre catastrophe nous a pris en otages. Désespérément, nous attendons des explications, un dénouement rassurant, mais le mot « guerre » a surgi des cendres de Manhattan. Il s'est dressé dans le spectre des tours aussi rapidement qu'elles se sont effondrées. « L'Amérique sera vengée », a dit le président. Il a ajouté : « On ne peut pas laisser les terroristes gouverner le monde. »

Nous pouvons tuer pour nous défendre, c'était bien clair dans la religion d'autrefois, et il semble que cette morale bénit encore cette stratégie infernale. Personne n'a donc rien trouvé de mieux depuis des siècles d'histoires d'horreur ? J'ai du mal à croire que le cerveau humain soit si peu inventif. Elle doit profiter à quelques-uns, la guerre, elle doit payer honorablement ceux qui la défendent, la dotent d'équipements aussi imposants que des cathédrales. Elle doit glorifier les bienheureux qui la nourrissent de vies humaines au corps musclé, au visage lisse et à l'âme encore innocente. Ils me donnent envie de vomir, ces stratèges militaires, pire, de quitter ce monde à jamais. Je me méprise de ne pas savoir quoi faire. Quoi faire ? Je ne crois pas aux bénéfices des révolutions sanguinaires ni à la philosophie de l'effroyable pour un monde meilleur. Je ne crois pas non plus aux marches pacifiques, ni à la charité ni à l'entraide toujours donnée au compte-gouttes. Ils ont d'autres préoccupations, en haut lieu, que l'égalité sur la terre, que le bien-être des électeurs.

Je pourrais commencer par la fermer, cette maudite télévision, par interdire que ces messages me lavent le cerveau au savon polluant de discours pernicieux. Je ne veux plus en voir un seul, ni des supposément bons ni des affreux méchants.

— Qu'est-ce que tu fais, femme ?

— Je boycotte la télévision.

— Et moi?

— Ne t'inquiète pas, je vais t'organiser un beau petit coin d'hommes dans l'appartement d'en arrière. Tu verras, tu seras content. Tu pourras recevoir Alonzo, Chucho, Ramon, qui tu voudras, sans que vous soyez obligés de fermer les portes ni d'enlever vos souliers. Qu'est-ce que tu en dis?

— Je n'aurai rien pour m'asseoir.

— Prends le hamac de San Jacinto. Je te donnerai aussi la table blanche avec les quatre chaises. Vous pourrez jouer aux cartes, aux échecs, aux dominos... Tes amis pourront fumer leur petit joint en cachette des femmes; ce sera encore meilleur.

— Tu as besoin de cette table pour ton atelier, ma belle.

— Pour le moment, je n'ai plus envie de coudre. Fantasias del Mar est enfoui sous une avalanche de poussière.

— Voyons, femme, on ne peut pas s'arrêter de vivre.

— Bien non, on ne peut pas s'arrêter de vivre parce que des terroristes ont détruit le symbole du capitalisme en tuant des milliers de personnes, parce qu'il y a une menace de guerre mondiale, parce qu'on ne sait pas jusqu'à quel point le Canada et les autres pays seront impliqués et quels effets la lutte au terrorisme aura sur la Colombie... Je ne m'arrête pas de vivre pour si peu, voyons donc! Mais laisse-moi te dire que ça m'empêche de respirer à mon aise et de rêver, en tout cas.

— Que c'est dommage! Je te voyais si heureuse! Fils de *pouta* de bêtes sauvages!

— Bêtes sauvages! L'expression est faible. Es-tu d'accord pour le téléviseur?

— Oui, ma beauté, je suis d'accord, moi, le vieux meuble qu'on transporte partout.

— Ne dis pas ça. Tu sais que je veille toujours à ce que tu sois bien installé. »

Une bonne chose de faite ! Que faire d'autre ? Si au moins les gens se tenaient, si tous les jeunes hommes de la planète s'opposaient à l'engagement militaire, au risque de se voir mis aux arrêts et s'ils refusaient de se transformer en chair à canon, les commandants auraient l'air fin sans troupes, dans leur grands bureaux feutrés, ceux qui n'envoient jamais leurs fils à la guerre ! Est-ce qu'il faudrait cesser de faire des enfants et attendre que la folie meure d'elle-même au bout de ses réserves ? Il est aisé de penser ainsi à mon âge, après le temps de la fertilité, au moment des bilans, alors que la conscience de la mort nous suggère de vivre au présent, mais, à vingt ans, les pulsions de vie sont trop exigeantes pour cesser de se reproduire ; l'appât de la gloire est trop tentant pour que l'on renonce au combat, et les idéaux, trop élevés pour que l'on n'adhère pas aux mouvements soi-disant prometteurs. On ne peut donc rien faire d'autre que supporter la bêtise en attendant que la planète bleue ne soit plus qu'un caillou stérile perdu dans l'Univers ?

Quel gâchis mondial ! Quelle tristesse ici ! La maison a perdu sa magie. Une force maligne a sapé l'atelier de Fantasias del Mar à la base. À quoi serviraient mes pauvres dessins sur des tissus brodés à la main, mes petits objets peints aux couleurs d'aquarelle ? À quoi bon réunir des jeunes autour d'une table ? À quoi bon les aider à s'exprimer, à croire en eux-mêmes, quand la chasse aux terroristes menace non seulement chacun de nous sur la planète, mais la planète tout entière ? Le plaisir est un luxe depuis le 11 septembre, et mon esprit rêveur ne ferait pas long feu devant un arsenal de guerre du vingt et unième siècle. Je n'ouvrirai plus jamais la boîte aux souvenirs et j'espère que mon fils n'aura pas d'enfants, surtout pas de garçon ! Bientôt, qu'en sera-t-il de l'eau ? Aussi bien profiter de la piscine. Quel gâchis ! *Pouta !* Quel gâchis !

* * *

À l'aube, à la brunante et le soir, dans le halo de la lune, tous les jours depuis une semaine, j'ai regardé le ciel, mais je n'ai rien vu d'elle. Je me suis retirée au fond du jardin, mais je n'ai entendu aucun murmure, et les couleurs du foulard d'Égypte ne sont plus apparues dans les jeux de lumière sur les feuilles. J'ai le sentiment que des paupières se sont fermées sur les deux étoiles noires. Nedjibia est-elle partie à jamais ? A-t-elle renoncé à sa dernière tâche, qu'elle espérait réaliser grâce à moi ? Est-ce moi, plutôt, qui baisse les bras ? Je ne sais plus. Je n'ai plus envie d'être ici, pas plus que j'ai envie de partir. Le voyage de retour m'angoisse tout autant que le vol vers le Québec via Miami, dans quelques mois.

« À quoi tu penses, ma beauté ?

— À rien.

— Dis-moi ce rien.

— À rien ! Je veux essayer de penser à autre chose.

— Tu ne penses à rien, mais tu veux essayer de penser à autre chose ?

— C'est ça ! Tu viens te baigner ?

— J'arrive.

— Non, pas encore la bombe raz-de-marée ! Mon amour, pas aujourd'hui... Entre doucement dans l'eau, je t'en prie.

— Prends-moi comme un petit enfant. Nous sommes là, toi et moi, bien vivants, si heureux ensemble. Profitons de l'après-midi. Ne pensons à rien d'autre pour le moment.

— Tu as raison.

— Ma chérie, que dirais-tu de partir dans quelques jours ? Je pense que nous avons fait ce que nous avions planifié. J'ai envie d'aider Victor, à Pegaso, et de revoir mon chien. Je veux lui présenter une fiancée. Quand il partira pour l'au-delà, nous aurons au moins un de ses petits.

— Des chiots de Terremoto ! Ce serait adorable ! Qui sera la fiancée ?

— Luna, la chienne d'Evelly.

— Avec la couleur caramel de Luna et le poil noir du père, ça fera de drôles de petits ! D'accord, partons. Le voyage nous mettra du vent dans la tête. Tu n'as pas peur ?

— Peur de quoi ?

— Du terrorisme, voyons !

— À cause des événements du 11 septembre ? Au contraire, la Colombie ne fait pas les manchettes ces jours-ci. Profitons-en pour partir.

— Partons, roulons tant que nous le pourrons jusqu'au Plano de Ventanas, si possible, là où les paysages ressemblent à ceux d'une planète imaginaire, où l'air est pur et où il n'y a pas d'édifices en hauteur. »

Le retour

Nous repartons, laissant une partie de moi abandonnée dans le fond d'un placard. Ça me tue. J'avais réussi, au bout d'un long chemin, à force de victoires personnelles, à découvrir la mission de ma dernière tranche de vie active, à savoir qui aider et comment. Mais à quoi bon ? À quoi bon offrir le meilleur de soi-même à une modeste cause dans un tout petit milieu de vie ? À quoi bon espérer une fin de vie heureuse quand des forces maléfiques peuvent détruire en quelques secondes toute forme de vie sur la planète ? Fantasias del Mar me paraît maintenant un projet enfantin, voire insignifiant. La situation mondiale est trop grave pour avoir envie de jouer avec une machine à coudre, des pinceaux et des couleurs. Avait-elle compris les dessous de ce monde, Nedjibia, quand elle disait vouloir mourir jeune ? Mon invitation à faire des affaires avec elle, venue comme un cri du cœur, lui aurait-elle donné un peu d'espoir pour un seul petit instant ?

Mon homme, lui, pense à reproduire la vie, il veut des petits de son chien. Je voudrais avoir l'instinct de combattre, la force de croire en l'avenir, en la bonté de l'humain. Je crains malheureusement que la bonté ne soit pas assez malicieuse pour contrer le malin.

« Ça va, ma chérie ? Ta jambe ?

— Ça va, tant que je ne bouge pas. L'appui-dos me soutient bien. »

Mon nerf sciatique s'est coincé, hier, après avoir complété les préparatifs du départ. Que dois-je comprendre ? Que je ne veux pas partir ? Que je me trouve lâche d'abandonner mon rêve ? Lâche ou trop bête pour avoir un projet de taille ou pour faire partie d'un mouvement assez grand pour affaiblir les puissants ? Je m'en veux de ne pas savoir comment me défendre, comment défendre les enfants, de ne pas pouvoir plus, de ne pas être capable de risquer ma vie pour sauver le genre humain. Mais à quoi bon ? Plusieurs ont payé de leur vie pour mettre fin à l'horreur, mais personne n'a jamais réussi à couper les racines du mal. Le problème vient de l'humain, de ses forces destructrices, de son envie de puissance, comme la mienne en ce moment. Le secret de la paix viendrait-il justement de projets modestes, vécus dans de petits milieux de vie ? Encore faudrait-il que chacun y croie...

La mer est si calme. L'air est frais, il entre en moi profondément. Voilà des jours que je ne respirais qu'à moitié. Si nous pouvions arrêter le temps quand il est magnifique! Vers quoi allons-nous maintenant? Il n'y a pas de gratte-ciel par ici, pas d'avions ni d'hélicoptères de l'armée pour le moment. Rien que des aigles sur les palmiers. Ils tueront les plus faibles, eux aussi. Tuer pour manger, naître pour être dévoré, ne pas avoir droit à une fin heureuse parce que le corps a vieilli... C'est absurde. La nature n'a pas été créée par une femme, je peux le jurer, sans quoi il y aurait un autre ordre, certainement moins violent et plus équitable. La loi du plus fort perdrait son pouvoir et la sexualité serait plus évoluée, commandée par une motivation moins débridée que celle des hormones.

Nous repartons sans avoir vu le rayon vert. Après le 11 septembre, nous ne sommes plus retournés à la plage au couchant, ni au restaurant la Puenta de l'Este pour déguster un filet mignon à la sauce aux champignons. Nous avons laissé tomber notre pèlerinage à la baie de Taganga, où l'eau a de telles propriétés qu'elle permet de flotter debout, les bras en croix, et nous n'avons pas mangé le poulet aux *mangos* des cuisines de la Ballena Azul, comme à chaque séjour dans ce village de pêcheur. Après le 11 septembre, nous n'avons pas reparlé du projet d'Alonzo. José n'est pas allé pêcher avec Chemo, il n'a pas sonné le départ, comme de coutume, avec musique de pompier, gros mâles, *aguardiente* et *cerveza* jusqu'au petit matin. Hier, nous avons salué brièvement les locataires de nos locaux, nos amis, la famille, et personne ne nous a demandé pourquoi nous partions si vite ni quand nous allions revenir. Nous sommes tous dans le même état d'inquiétude, j'imagine, agissant comme des condamnés en sursis. Reviendrons-nous un jour dans notre maison de la Côte? Retrouverai-je assez de foi pour réaliser mes petits projets?

* * *

Nous avons quitté le département de Magdalena, traversé celui d'Atlantico, puis nous sommes passés à Calamar, dans le département de Bolivar, sans s'arrêter sur le lieu où est morte Nedjibia. José m'a fait un signe du doigt, il a ralenti la moto, mais je n'ai pas demandé à me recueillir un moment, car je n'avais rien à lui dire de notre projet, à ma sœur d'infortune. Si au moins j'avais fabriqué, comme promis, un petit monument sur lequel j'aurais peint des fleurs d'orchidées, je n'aurais pas eu les mains vides. La mort dans l'âme, j'ai laissé passer la tristesse avec le paysage, j'ai serré mon amour plus fort et j'ai maintenu l'étreinte comme si nous en étions à notre dernier jour, aux dernières heures de ce monde.

La chaleur était moins ardente qu'à l'aller, dans le département de Sucre, et le soleil de midi, sur la vallée del Sinu, dans Cordoba, était couvert de nuages. Je n'ai pas ressenti la soif ni la peur de quoi que ce soit. J'étais résignée, je crois.

«Nous arrêtons, mon amour? Es-tu fatigué?

— Pas du tout. Je voudrais faire un changement d'huile ici, à Caucasia. Je sais où aller.

— Est-ce qu'il y aurait un petit restaurant tout proche? Je pourrais m'étirer les jambes si j'arrive à me sortir d'ici. Ce nerf coincé est tellement douloureux qu'il me coupe l'envie d'uriner. Descends en premier. Comme ça, je n'aurai pas à enjamber l'appui-dos.

— Pauvre chérie, je vais te donner un autre médicament!

— Je ne veux pas de médicament. En général, même un simple analgésique me rend somnolente. Je risquerais trop de m'endormir. À moins que nous ne passions la nuit ici?»

* * *

«Tu ne réponds pas... Tu préfères continuer, je le devine.

— Il est encore tôt. Moi, je roulerais encore. Mais je ne veux pas te pousser, je veux respecter ton rythme.

— Moi aussi j'ai hâte de rentrer. Allons au moins jusqu'à Puerto Valdivia. Nous déciderons là-bas.

— Tu es vaillante, ma vie. Promets-moi de me le dire si tu te sens fatiguée. N'attends pas de défaillir. »

J'ai promis et je me suis tenue bien droite, sans parler ni broncher, sauf pour poser des petits baisers sur les épaules de José à chaque croisement d'un affluent de la Cauca. L'eau vive est provocante, elle nous entraîne, et je me suis reprise à rêver quelques secondes, par jets venant de l'intérieur. La source en moi n'est pas tarie, je le sais, mais elle ne trouve plus son chemin vers la rivière. J'ai pensé à mon garçon comme je ne l'avais jamais fait auparavant. Aura-t-il les mêmes réactions que les miennes face au futur ? Aura-t-il encore envie de fonder une famille ? Se dévouera-t-il toujours à la cause des enfants ? Au contraire, changera-t-il ses ambitions professionnelles de coopération ? Que disent-ils au Brésil des événements terroristes ? Quelle chance qu'il soit à Recife ! Même si là-bas, la violence de la misère sort ses griffes trop souvent, dans l'état actuel des choses sur le plan international, il me semble plus en sécurité dans ce pays. Il me manque tellement, mon garçon...

* * *

Je ne sais pas quelle heure il était quand nous nous sommes arrêtés sur le pont à Puerto Valdivia, du côté opposé à celui où les délices de la victoire m'avaient remplie d'espoir il y a quelques semaines à peine. Au retour, le ciel était brumeux, le soleil embrouillé, et l'esprit de Nedjibia n'est pas revenu. J'ai demandé à José si nous avions le temps de nous rendre à Valdivia, si nous pouvions trouver un endroit où dormir, si la moto supporterait la montée après tant de kilomètres... J'ai demandé à mon homme s'il se sentait capable de conduire encore. Il m'a répondu que le chemin n'était pas exigeant, qu'il était sinueux mais avec du plat reposant pour le moteur. Il m'a dit ne pas m'inquiéter, qu'il y avait un petit hôtel à Valdivia. Il s'est mis à pleuvoir doucement, par moments, sous les nuages. Nous montions du côté du rocher et nous n'avons pas eu à doubler de semi-remorques. Une paix surprenante a touché mon visage, ma nuque et le long de ma colonne vertébrale. J'ai étiré la jambe sans penser à mon nerf coincé, et je n'ai rien senti, aucune douleur. La bruine, l'air des hauteurs, la facilité de la montée auraient-ils eu sur moi un effet bénéfique, tant pour mon âme que pour mon corps? La dame en fauteuil roulant m'est revenue à l'esprit, et je me suis mise à la chercher en jetant un coup d'œil à l'intérieur des maisons, dont l'entrée n'était dissimulée par aucune porte ni aucun rideau. Je n'ai vu que des enfants jouant devant chez eux et dans les rigoles d'eau des montagnes, et des vêtements mouillés étalés sur les roches. La femme infirme serait-elle plus souffrante? me suis-je dit. Serait-elle étendue sur un grabat? Déjà morte, peut-être? Où est-elle, bon sang? Quelle misère! Quelle douleur de ne rien pouvoir faire pour elle!

Valdiva est apparue encastrée dans les flancs rocailleux sous un ciel bas, couvert de nimbus. Nous nous sommes attablés sur la terrasse couverte d'un hôtel et nous avons bu un chocolat chaud, puis un autre.

«Alors? Nous restons? As-tu loué une chambre?

— Je ne sais pas, ma beauté. S'il pleuvait un peu moins, juste un peu moins, je préférerais dormir à Yarumal.

— Pourquoi pas ici?

— Je ne sais pas...

— Combien de temps faut-il pour arriver à Yarumal?

— Une heure et quelques.

— Sous la pluie, sans compter le chemin boueux un peu plus haut...

— À moto, c'est facile. Tu l'as vu à l'aller.

— C'est ce que tu appelles facile?

— Je trouverais cela plus encourageant de partir de Yarumal demain matin. Le moteur serait moins surchauffé pour affronter la longue montée vers l'Alto de Minas, la plus raide de tout le voyage. Cette *pouta* de côte! Il n'y a aucun répit pour la moto, ça monte continuellement pendant une quarantaine de kilomètres!

— Il ne pleut plus.

— Allons-y, ma beauté. Si nous voulons partir, c'est maintenant. Nous avons juste le temps d'arriver avant la nuit. D'accord?

— Tu as raison. Puisque nous sommes dans le feu de l'action, allons-y donc. Tu diras à tes motards du club Tornados que ta femme est la meilleure passagère de motocyclette de toute la Colombie, capable de supporter presque treize heures de voyage à moto et de dire encore oui à son mari.

— Oui à son mari! Intéressant, ça!

— Tu me fais rire!

— Mettons les imperméables, ma beauté. Le ciel est encore très lourd et ce serait imprudent d'arrêter en chemin.»

Nous montons, encore et encore, sur un pavé humide. Un rien, l'angle de la roue dans une courbe, une flaque d'eau ou de la boue, un mouvement sec pour éviter un trou, un camion à doubler, et c'est le dérapage. Heureusement que nous roulons du côté de la montagne. Nous aurions probablement le temps de réagir avant le précipice. Probablement... Le corps de José est tendu, aux aguets, pareil à celui d'un animal sauvage. Il affronte ce trajet périlleux sous la bruine, à la tombée du jour, sa résistance affectée par plus d'une douzaine d'heures de conduite. C'est fou, ça! Nous aurions dû dormir à Caucasia. Qu'est-ce qui nous a pris? Où est l'urgence? Comment ai-je pu accepter une décision aussi inconséquente? Ce n'est pas parce que l'avenir est incertain depuis le 11 septembre qu'on doit devenir violents envers nous-mêmes et nous transformer en kamikazes, sans cause par-dessus le marché!

Il pleut des cordes maintenant, et nous en sommes au pire du voyage. Voici la filée de camions causée par un effondrement habituel à cet endroit précis en temps de pluie. C'était à prévoir. «C'est facile à moto», a dit José. Pourtant, je ne peux même pas fermer les yeux si je veux garder mon équilibre dans cette sauce boueuse, entre des mastodontes qui risquent de nous aplatir au passage! Mon Dieu que j'ai peur! Mon pauvre amour, je te trouve courageux et vaillant, encore une fois! Je ne veux pas que tu souffres, jamais! Mon ange, pour toi, j'éviterai de me plaindre, de me crisper. Je contrôlerai ma peur jusqu'à l'indifférence, jusqu'à ce soir. Et peu importe le lieu où nous dormirons, je te prendrai comme un tout petit enfant, tu verras. C'est promis. Que je l'aime!

* * *

La montagne ne nous a pas dévorés ni projetés sur ses flancs, en contrebas. Nous sommes couverts de boue, dégoulinants, mais sains et saufs. Encore quelques kilomètres en bordure des rochers et nous serons à l'abri. Enfin, pour aujourd'hui. Encore faudrait-il trouver bientôt à se loger. La nuit tombe vite en Colombie, et l'heure entre chien et loup sombre déjà dans les ténèbres. Si ce n'était de la présence de quelques véhicules éclairant la route sur un pic de la cordillère, nous serions dans l'obscurité du diable. Le ciel est couvert de nuages, et la lune, dans sa phase noire.

« Ça y est ! Yarumal, ma beauté. Yarumal ! Que je suis content, que je suis content ! On a réussi ! On a réussi ! Oui !

— Je t'aime, mon amour, gros comme la cordillère.

— Rien que ça !

— Rien que ça, dis-tu ? La cordillère dans son ensemble, c'est immense ! Immense ! »

* * *

La chambre est misérable. Un recoin sans fenêtre au bout de corridors trop étroits pour y passer sans serrer les épaules. Trop épuisés pour faire les difficiles, nous n'avons pas choisi l'hôtel, nous avons pris le premier vu. Nous voulions un abri, de l'eau chaude, un lit. C'est ce que nous avons eu. Un abri dans une trappe à feu, de l'eau chaude sortant durement d'un tuyau et un lit dont les draps ne tiennent pas sur le matelas. Pourtant, je ne changerais de place avec personne. Quand nous nous sommes étendus, propres et réchauffés, je l'ai pris dans mes bras, lui que j'avais voulu pour moi dès le premier regard, lui avec lequel j'ai traversé le meilleur et le pire, aimé sans mesure. Je l'ai pris comme un tout petit enfant, comme je le fais chaque fois qu'il a besoin de repos, caressant les parties de son corps accessibles à mes doigts, embrassant du bout des lèvres ses joues, ses cheveux, son cou.

Il dort maintenant profondément, en confiance. Mais dans l'obscurité du réduit où nous sommes, un désir de femme se réveille en moi. Il ne faut pas qu'il le sente ; il a sa journée dans le corps. Et demain, ce sera pareil, je le sais. Dors, Jocy. Ne pense pas à la peau de ses cuisses à l'intérieur, lisse ; ne touche pas au petit creux sur son bras quand le muscle se tend ; ne glisse pas le bout du pied le long de sa jambe ; ne presse pas ton ventre sur ses fesses ; oublie ton sexe déjà gorgé de plaisir. Sa respiration a changé. Qu'est-ce qui te prend, femme, toi qui te dis gardienne de sa santé, pourquoi troubles-tu son sommeil ? Laisse-le dormir, je t'en prie. Ne passe plus la langue sur ses mèches de cheveux bouclées ; ferme la bouche et respire par le nez, laisse une distance entre vous dans ce lit. Je ne peux pas maintenant que nous sommes bien installés ; il se réveillerait si je m'éloignais le moindrement. Mais je ne broncherai plus, je n'appuierai pas voluptueusement ma poitrine sur son dos, je n'effleurerai plus le bas de son ventre, je ne poserai pas la main sur son sexe doux. Je ne penserai pas à son désir, à sa patience, à ses yeux sur mon visage quand l'extase me prend encore et encore, ni à son souffle en cascade à ce moment de délices où la chair et le sentiment s'unissent.

Il bouge. Qu'est-ce que j'ai fait ? C'est l'occasion de me tourner sur le dos. Calme-toi. Il n'a besoin que de changer de position, ou il a trop chaud. Ne bronche plus, femme, apaise-toi ; tourne la tête du côté opposé à ses lèvres, mets ton bras sur ta poitrine, ferme les jambes. Trop tard. Il moule son corps au mien, tendre. Sa main presse mon épaule et il glisse le pied jusqu'à mon genou, pose la jambe sur mes cuisses, appuie le ventre sur ma hanche, étend ses doigts sur mon sein, le palpe. Je perds la tête. Jocy, caresse-le comme un tout petit enfant, tapote son bras, replonge-le dans le sommeil, vite ! Courage ! Je ne peux pas, je ne veux plus... Qu'est-ce qui m'arrive ? Je l'embrasse sur le nez, la joue, l'enlace. Il répond. C'est plus fort que tout. Il me prend. Il a su pour mon désir. Tout son être est déjà en moi. Je rêve, je crois.

« Je t'aime tant.

— Mon ciel d'été ! »

* * *

Où suis-je? Dans une cachette au fond des bois. Depuis combien de temps? Depuis cent ans, comme la Belle au bois dormant. Un prince charmant m'a trouvée, a posé un baiser sur mes lèvres endormies et m'a redonné la fraîcheur d'une rose tout juste éclose. Pourquoi fait-il si noir pour un si beau jour? Je ne vois qu'un filet de lumière, là-bas dans une clairière. Non, ce n'est pas loin, c'est tout près, juste sous la porte.

«Es-tu réveillée, ma beauté?

— Bonjour, mon amour. J'étais au pays des fées. As-tu bien dormi?

— J'ai rêvé que je faisais l'amour avec toi... C'était tellement réel!

— Tu as rêvé, tu dis? En es-tu bien certain?

— Ne me dis pas que...

— Heureusement que c'était avec moi!

— Comme je t'aime! Je fais l'amour même en dormant.

— Même en dormant!

— As-tu faim, ma vie?

— Une faim d'ogresse après un jeûne de trois jours!

— As-tu encore faim de moi?

— De toi? Je n'en serai jamais rassasiée, mais...

— Mais?

— Si je veux avoir la force de te croquer encore, j'ai besoin de manger quelques *pan de queso* avec des œufs et des fruits, par exemple. Est-ce possible?

— Possible? Vos désirs sont des ordres, ma reine.»

* * *

Nous avons déjeuné puis fixé les bagages à la moto, laissant les imperméables à portée de la main à cause du ciel encore chagrin. Nous avons fait le plein d'essence, pris deux bouteilles d'eau puis roulé sur le Plano de Ventanas jusqu'à l'Alto de Matasanos. Après une petite pause, quelques minutes à peine, nous sommes descendus vers Medellin et avons pris l'autoroute aux étoiles jaunes sur le pavé, puis amorcé avec courage la longue montée sans répit vers l'Alto de Minas. Que c'est long, quarante kilomètres de montagnes sur une motocyclette de cent vingt-cinq chevaux supportant une charge de deux personnes, sans compter les bagages! Le moteur regimbe, surtout quand il faut doubler. J'ai peur! Encore... On n'en vient donc jamais à bout de la maudite peur! J'ai beau jeter des pierres dans les précipices en signe de libération, j'ai beau entrer dans l'aura de José pour y puiser sa force d'homme, mon courage a beau gagner des victoires, crier hourra en face de la mer, la peur monte des abysses à chaque danger semblable à ceux que je croyais avoir vaincus. Que je suis fragile et vulnérable! Comment ai-je fait la dernière fois?

«Attention!

— *Pouta!*

— Qu'est-ce qui s'est passé?

— Je n'ai pas pu prendre la courbe. J'ai essayé de doubler, mais la moto n'a pas eu assez de puissance. J'ai dû ralentir pour laisser passer le camion, j'ai perdu la route de vue et j'ai mal engagé le virage.

— J'ai peur! Vraiment peur! Ça fait plusieurs fois que le moteur force en doublant.

— Je n'ai pas le choix, mon amour. Si je suis les camions à leur vitesse, sur "le bœuf", comme tu dis, c'est pire encore pour le moteur.

— Arrêtons-nous ici.

— En pleine montée ? Voyons, femme !

— Laissons refroidir la moto, je t'en prie, j'ai trop peur.

— C'est dangereux de rester ici, il n'y a pas assez d'espace sur l'accotement, si on peut parler d'accotement.

— Cherchons un endroit, je t'en supplie !

— Il n'y en a pas avant l'Alto de Minas.

— C'est encore loin ?

— Une vingtaine de kilomètres.

— Je vais marcher. J'y arriverai, tranquillement.

— Ma chérie, ça n'a pas de sens ! Fais confiance à papa !

— C'est en la moto que je n'ai pas confiance. Si tu es seul, la charge sera plus légère. Je vais marcher, je te dis.

— Écoute, ma beauté, faisons cinq kilomètres, rien que cinq, et nous arrêterons. Promis, doigts dans les airs !

— Hum ! Je les connais tes promesses, cher homme.

— Ne t'en fais pas, je t'en prie, Jocy !

— Cinq kilomètres, pas plus. »

Nous avons fait cinq kilomètres puis cinq autres et je l'ai supplié d'arrêter. Nous perdions de plus en plus de vitesse. Le moteur forçait démesurément. Il m'a dit que tout allait bien, de prendre courage, que nous y étions. Nous n'y étions pas du tout, mais je me disais que nous montions, que nous gagnions du terrain. Quand il lui arrivait de doubler, je fermais les yeux et j'essayais de lui transférer mon courage, un courage déficient, tendu, mais plein de compassion et de bonne volonté, du moins. Nous sommes arrivés à l'Alto de Minas malgré des ratés et du stress au maximum, mais avec dignité. Jamais de ma vie je n'ai eu les jambes aussi molles, même après les folles nuits de danse, de musique et de champagne les 31 décembre en hiver au Québec, ou en plein air à Cartagena, au Rodadero ou sur la plage de Recife !

« Tu veux des saucissons, ma chérie ?

— Non merci, ou plutôt oui et plutôt deux qu'un seul !

— Avec des *arepitas* et du chocolat chaud ?

— Bien sûr que oui.

— Encore ta faim d'ogresse !

— Une faim de femme vidée.

— Pauvre chérie !

— Tu me donnes une bonne heure, n'est-ce pas, mon amour ? Une bonne heure, promis ?

— Une bonne heure, d'accord. Le pire est fait. Ensuite, nous descendrons jusqu'à La Pintada et, ensuite, nous ne serons qu'à deux heures de Pereira, où nous dormirons s'il est trop tard pour continuer jusque dans la Vallée. »

La Vallée ! Mon repère, mon lieu de paix loin de la misère, des cités en guerre, des nuages de démolition. Ce n'est qu'illusion, je sais ; il n'y a pas d'endroit à l'abri de tout cela sur terre. Pourtant, j'y croirai au mirage, et pleinement. J'y croirai grâce au parc où je m'assiérai avec José et notre chien, qui aura mis ses pattes sur mes genoux, comme avant le voyage, grâce à la beauté de la lune de septembre, en croissant puis en quartier, et bientôt toute ronde, jaune et grosse sur les pics des Andes. La vie sera comme hier, mieux qu'hier, en raison de la satisfaction et de la gloire du défi, et en raison de la famille tout autour, de ses visites, de son amour et de ses dires.

Souvent, nous irons à moto de ville et nous nous arrêterons chez Evelly, où nous boirons un café, puis un deuxième chez Féliz et Marta. Ensuite, nous ferons un détour jusqu'à la maison de Sara, puis jusqu'à celle d'Alicia. Souvent, José ira jouer aux cartes chez Rodolfo avec Arturo et ses neveux Lucio, Alejandro et d'autres cousins, pendant que j'écrirai à mon fils au Brésil. Je lui dirai de continuer sa vie avec audace, lui conseillerai de profiter de chaque instant. Lui me racontera ses voyages dans le Sertaô, au cœur de l'Amazonie, à Brasilia, à Belen et à Rio, et nous planifierons des soirées sur la plage urbaine de Recife, comme au dernier voyage chez lui. Je me demande si un soir, à la brunante, ou un matin, à l'aube, ou encore dans le halo de la lune, je verrai apparaître deux étoiles noires, encore une fois.

«Où es-tu, ma beauté?

— Dans la lune.

— Dis-moi.

— Je pense à la Vallée, au Diable et au Dieu en l'humain, et à mon chien.

— Mon Terremoto. Allons-y, j'ai hâte de rentrer.»

«J'ai hâte de rentrer», a-t-il dit. Nous n'aurons donc pas de petite soirée confort dans un bon hôtel de Pereira ni de chaleureux souper avec Fercho, et encore moins une pause santé dans les eaux volcaniques de Santa Rosa. Ce que nous aurons, c'est au moins six heures de route avant Tuluá, et ce, si nous acceptons de faire un bout de chemin malgré les dangers de la nuit noire. Et je sais qu'à l'arrivée, la peau du dessous des cuisses, qui est déjà douloureuse, sera toute pelée. J'aurai aussi une petite rage contre l'adrénaline de mâle en mal d'avancer. Je jure que la prochaine fois, si prochaine fois il y a, j'aurai des jeans, bon gré, mal gré, ou des cuissards si possible... Et peut-être bien la fermeté d'imposer des conditions de voyage sensées.

En attendant ce qui vient devant, j'avoue que la descente est agréable. Nous roulons du côté du rocher, presque seuls ; il n'y a quasiment pas de semi-remorques, puisque ceux-ci voyagent peu l'après-midi. La chaleur montante est rassurante et il fait encore bon sur la terre, en tout cas par ici. Nous avons de la chance, il faut le voir. Je dois me le dire au lieu d'avoir des craintes, au lieu de voir le pire et de baisser les bras comme je le fais depuis plusieurs jours. Il faudrait peut-être repenser à aider les autres, comme je le planifiais si bien avant et pendant le voyage de l'aller, au moins pour leur donner un peu de bonheur, moi qui ai tant reçu de la vie. Regardez-nous rouler avec impertinence dans un pays en crise sur une planète en guerre, un grand amour dans les bras, des enfants talentueux dans le cœur et des projets en tête ! Fantasias del Mar est à des kilomètres, mais si proche sous la surface du drame, je le sens, j'y touche presque. Devrais-je ?...

* * *

La Pintada enfin, et la Cauca. Que c'est beau ! La rivière scintille sous le soleil de trois heures. Le vent a soufflé les nuages et la lumière dore magnifiquement les flancs de collines. Que j'aimerais installer sur le rivage avec une tablette, un pinceau et des pastilles d'aquarelle ! Je peindrais les tons de vert, l'ombrage des abords du rivage et la clarté s'intensifiant vers les hauteurs. Je peindrais les bouillons sur les rochers. J'ai toujours aimé le mouvement, la transparence aussi, toujours essayé d'illustrer l'insaisissable, sans grande technique mais avec la passion du défi artistique faisant de moi la lumière, l'eau et le vent.

« Mon amour, tiens bien la route. Je voudrais me lever sur les marchepieds.

— Vas-y, ma belle.

— Ralentis un peu...

— Ose, femme, tu es capable. Voilà, j'ai ralenti.

— J'ose, j'ose. Doucement... Oui ! L'air est bon, c'est magnifique ! Quel bonheur ! Quel bonheur !

— Ça, c'est ma femme ! Une femme heureuse ! »

Si je pouvais voir ce que je suis en train de vivre comme une spectatrice voit un film sur un écran, je serais sûrement bouche bée, un sourire de satisfaction sur les lèvres et les yeux baignés d'émotion. J'envierais cette femme au point de frétiller sur mon banc, dans le noir. Cela me ferait si mal de ne pas être à sa place que je me dédoublerais ; mon esprit quitterait mon corps, traverserait la matière pour incarner le personnage. C'est moi, c'est bien moi, l'héroïne du film roulant en passagère, debout sur les pédales d'une motocyclette, le ventre appuyé sur le dos de son amour, les bras en croix, le nez au vent, les joues rosies de plaisir. C'est moi, en mouvement dans un paysage exotique, éclairée par une lumière éclatante, ombragée ou pétillante selon l'angle du soleil sur les collines, selon les reflets de l'eau ou la densité du feuillage. « Quelle randonnée extraordinaire, quelle femme impressionnante ! », dirait la spectatrice, qui visionnerait ce passage des dizaines de fois. C'est mon expérience qui la fait rêver, c'est moi qu'elle estime, moi grandeur nature, aussi fameuse que j'imaginais l'être dans le plus audacieux de mes scénarios intimes.

«Attention, ma beauté!

— Qu'y a-t-il? Un barrage?

— Je ne sais pas. Il y a des cônes dans la rue et des policiers. Ils font signe de ralentir en pointant vers le détour.

— Qu'y a-t-il au détour? Mon Dieu, quelle horreur! As-tu vu le camion?

— *Pouta*! L'essieu d'en arrière et les roues sont partis. C'est l'auto… L'auto a raté le virage, on dirait. Elle a percuté le camion.

— Mon Dieu, l'auto! La femme! Elle est…

— Ne regarde pas, ma chérie, ferme les yeux. Partons d'ici.»

Trop tard, j'ai tout vu à cause du toit arraché. J'ai vu ce visage blafard couvert d'un petit carré de tissu blanc, ce visage tourné sur le côté, sans vie, j'ai vu les bras pendants sur la banquette avant, couverts de sang. J'ai entendu aussi le bruit des éclats de verre sous les pneus de la moto. J'ai entendu le silence, morbide, sans vent ni bruissement de feuilles, sans chants d'oiseaux, sans plainte ni soupir, ni même le bruit de l'eau. Il n'y a pas de rapides à cet endroit ni de clapotis sur les rochers. La rivière est lisse comme la mort. Il y a cependant une odeur âcre, effrayante. Une odeur d'essence, de caoutchouc brûlé, de métal surchauffé. L'odeur de la mort tranchant sur l'arôme des fleurs, comme toujours, tôt ou tard sur les chemins de vie.

«Arrêtons-nous à Pereira, mon amour, et allons souper avec ton fils. Passons un moment avec lui et dormons à l'hôtel Central, je t'en prie. Je me sens épuisée tout à coup. D'accord?

— Pourquoi pas? D'accord, c'est une excellente idée.»

* * *

Il n'y était pas, Fercho. Il était parti à sa ferme pour veiller à son nouvel élevage de cochons, nous a dit sa mère. Celui-là, il faudra l'aider à réaliser son grand projet. Depuis toujours, il ne parle que de son commerce d'animaux, je le sais, et je n'ai jamais rien fait de concret pour lui, sauf lui offrir mon enthousiasme et me dire qu'un jour il faudra y voir sérieusement. Un jour! Quand? Dans la semaine des quatre jeudis? Quand les poules auront des dents? Quand nous aurons beaucoup d'argent? Beaucoup de temps? Bon sang, que nous faut-il donc pour agir? La vie est si précaire, le temps file entre nos rêves. C'est si facile d'abandonner. Il y a toujours un obstacle, un délai dans les prévisions, des difficultés personnelles, des contraintes extérieures, quand ce ne sont pas des assauts criminels qui démolissent nos espoirs.

Il n'y était pas, Fercho. Dommage. Son cœur léger et son humour m'auraient fait oublier ces images de terreur récurrentes. Et puis, j'aime voir le père et le fils se donner l'accolade, s'émouvoir l'un l'autre. Sans Fercho, la soirée à l'hôtel n'avait plus le même attrait et nous avons donc décidé de continuer jusqu'à Tuluá. En fin de compte, il est temps que ce voyage finisse, ce voyage exaltant mais encerclé de drames. Le soutien de la famille sera apprécié. La famille, avec sa verve légendaire, ses neuvaines et ses prières.

* * *

J'aime descendre des collines de Risaralda vers ma Vallée fertile et voir la plaine de haut, les champs de canne à sucre balançant leurs tiges au vent d'un éternel été. Il n'y a pas de mois de septembre, ici. La Vallée vit sous juillet. Il n'y a pas de côtes bordées de précipices ni de courbes meurtrières. Nous roulons dans la plaine, sur la ligne entre le vert et le bleu. Il n'y a pas de chaleur extrême, ni de froid à faire claquer des dents, ni de vent de quatre heures. Le climat est toujours agréable, même au temps fort de la journée ou quand il pleut. Ma Vallée!

Comme c'est plaisant, ce qui est connu et rassurant. La Vallée, c'est chez nous, même si l'expérience me dit que chez nous ce peut être partout, qu'il suffit de faire son nid.

Nous voilà dans le secteur des boutiques de Viagra maison, en bordure de la route. Ils me font rire, ces vendeurs, avec leur mixture promettant un pouvoir sexuel hors du commun et une fertilité à produire des jumeaux! Pour ma part, je trouve que ce mélange épais donne plutôt la nausée, surtout quand on sait de quoi il est composé : de miel naturel, d'un fruit du Pacifique prisé par les noirs, le *borrojo*, si je me souviens bien, puis de vin blanc et d'embryon de canard. Ils ajoutent à cela des granules de vitamines, aussi. Enfin! J'imagine que lorsqu'on a des problèmes d'impuissance, on avale le tout avec plaisir, d'un seul coup!

« Nous nous arrêtons au magasin de Viagra maison? As-tu besoin de stimulation?

— Regarde devant!

— Oh! Je vois... De gros nimbus!

— Pas seulement de gros nimbus. C'est un déluge annoncé. Mettons nos imperméables tout de suite.

— Tu n'aimerais pas mieux trouver un hôtel au prochain village?

— Pour quoi faire?

— Tu parles d'une question! À cause de la pluie, voyons, c'est évident!

— Nous sommes presque rendus.

— Presque rendus? Tuluá est à au moins deux heures d'ici! Et, sous la pluie battante après douze heures de route, c'est pire que le supplice de la goutte d'eau!

— Voyons, femme! Ça ne veut pas dire qu'il pleuvra jusqu'à Tuluá. Tu es protégée par moi. Mets ton visage derrière ma tête.

— Je ne peux pas être protégée si je te sais malmené. J'aime autant souffrir avec toi.

— Si tu veux m'aider, ne souffre pas, je t'en prie.

— As-tu pensé au pavé glissant? De plus, bientôt il fera nuit.

— Ne t'en fais pas, ma beauté.

— Je sais, fais confiance à papa.

— Allons-y, ne perdons pas de temps. Bientôt, nous serons chez nous. »

C'était trop beau! Si j'étais grossière, je lancerais un « *Pouta!* » avec autant de mordant que mon homme quand il le dit. J'espère au moins qu'il pensera à m'inviter à manger au restaurant le Parador Roja. Il me semble que nous méritons bien ça. C'est fou, ce voyage de retour! Mille deux cents kilomètres de chaleur, de montagnes, de pluie et de boue... Et d'accident mortel... Et tout ça en deux jours! Un vrai voyage d'homme. Tiens, je l'avais oublié celle-là, la fameuse adrénaline de mâle. Il a suffi d'un état de faiblesse de ma part pour qu'elle reprenne toute sa vigueur. Il est pire qu'un enfant. Je ne peux pas être distraite un seul instant. Je jure, j'en fais la promesse formelle ici, dans la Vallée, sur la tête de toutes les femmes de ma trempe, que si nous revivons cette épopée andine, lui et moi, ce sera à mes conditions.

Il pleut des cordes, quelle misère! Nous avons l'air de vrais canards déplumés, dégoûtants, misérables. Je suis tellement concentrée sur la gestion de mon inconfort que je ne peux pas ramasser mes forces pour obliger José à dormir au prochain village. Je suis prise au piège. Au secours!

«Arrête, je t'en prie, José.

— Sois patiente, ma beauté, nous arrivons au rond-point dans cinq minutes.

— Il ne s'agit pas de ça. Arrête, je te dis.

— Ce serait imprudent, à cause de la pluie et de la brume. Les voitures ne nous verraient pas.

— Arrête! Fais-moi confiance, toi aussi.

— Regarde.

— Incroyable! Ça alors! Un rayon vert!

— Oui, un rayon vert dans un trou de nuages noirs.

— On dirait un arc-en-ciel tout vert! C'est la première fois que je vois ça. C'est le rayon vert dont tu parlais à la Côte?

— Non, ce n'est pas celui que j'avais vu dans un film; le rayon au coucher du soleil était fin comme une ligne, d'un vert intense, émeraude. Celui-ci est large et vert tendre. On dirait un carré bordé d'or, en raison de la lumière fusant sous les nuages.

— C'est magnifique, extraordinaire! Merci, ma beauté!

— Regarde-nous, en bordure de la route, ébahis sous une pluie diluvienne. Il faut être fous!

— Il faut être heureux, romantiques, poètes, vivants, ma beauté!»

Un carré vert bordé d'or. Mon Dieu! Vert tendre! De la même couleur qu'un des carrés de mon foulard d'Égypte. Nedjibia, est-ce toi? Est-ce un message de toi, ce soleil après la pluie, la couleur coupant le gris, l'espoir après le malheur?

Détours

Fantasias del Mar est né en février 2003, dans un de nos locaux de la rue principale du quartier La Paz. Le projet a vu le jour comme tout nouveau-né, petit, immature, avec une apparence chiffonnée beaucoup plus humble que celle imaginée. J'avais rêvé d'un kiosque blanc au milieu du jardin du motel, un kiosque au toit de paille en pignon, avec des fenêtres latérales bordées de persiennes et de boîtes à fleurs débordant en cascade, une porte rouge donnant sur une allée de pierres et sur un banc au pied de l'oranger. J'avais imaginé un intérieur décoré d'étagères et d'armoires joliment peintes, remplies d'objets extraordinaires en bois travaillé, en verre transparent ou teinté, en dentelle ou en tissu brodé. En somme, des objets semblables aux créations de Nedjibia.

En réalité, la façade de Fantasias del Mar ressemble à celles de la rangée des locaux avoisinants. Une façade peinte en blanc, certes, mais sur un mur de ciment brut. Il n'y a pas de toit de paille mais une surface de tuiles bon marché, grises. Et au lieu de la porte rêvée, rouge à vitre encastrée, nous avons installé un rideau d'acier aux lamelles enroulées, par mesure de sécurité. La devanture ne donne pas sur un environnement calme et verdoyant mais sur une route poussiéreuse et bruyante. À l'intérieur, l'aspect est rudimentaire ; les murs et le plancher sont aussi de ciment brut, et les tables disposées autour de la pièce sont défraîchies et dépareillées. Sur l'une des tables, celle du fond, la machine à coudre semble surgir de nulle part ; sur celle de droite, quelques crayons de moindre qualité et du matériel d'artiste sont disposés dans des paniers d'osier. Ils font aussi piètre figure que les pauvres contenants de pièces nécessaires à la confection des bijoux, rangés sur la table du mur de gauche.

Une image décevante pour les passants, sans aucun doute, si je me fie à mes premières impressions. Pourtant, après le choc de l'impact, une fois mon projet entré dans le réel, aucun autre spectacle ne m'a paru plus réjouissant. L'atelier Fantasias del Mar était là, bien vivant, défiant impudemment les splendeurs de l'idéal. Je pouvais le toucher, m'en occuper, le transformer, le voir évoluer. L'espoir était devenu promesse. Certains passants ont sûrement cru que l'affaire était vouée à l'échec, comme pour bien d'autres commerces ayant essayé de survivre dans ce local avant le mien. Ce qu'ils ne savaient pas, c'est que Fantasias del Mar n'était pas un commerce ordinaire. Mon but n'était pas de me remplir les poches d'argent ni même d'ajouter un revenu supplémentaire à ma rente. Je voulais aider les gens à utiliser leurs ressources personnelles pour éventuellement vivre heureux et avec dignité. Autrement dit, leur apprendre à pêcher au lieu de leur donner du poisson, comme dirait José. La raison d'être de mon projet m'est apparue clairement au retour dans la Vallée.

* * *

Nous étions partis de La Paz affectés par l'horreur des événements du 11 septembre, inquiets des effets possibles sur le terrorisme national. Qu'est-ce qui nous attendait sur les routes du pays ? Quelles seraient les réactions des différents groupes armés ? Nedjibia ne m'avait plus fait signe depuis l'apparition des couleurs du foulard d'Égypte dans les branches de l'oranger, et je me disais qu'elle avait dû fuir les horreurs de la terre et que tout était perdu pour mon projet. Désespérée, j'ai inhumé Fantasias del Mar dans des boîtes, au fond de ma maison.

Le premier jour du voyage de retour, nous avons filé droit devant, bloquant nos émotions, nos peurs et nos pensées, comme des robots capables d'encaisser des kilomètres de route, la fatigue, la douleur du nerf sciatique, la cordillère, la pluie et l'inconfort d'une chambre misérable. Cependant, à mon insu, pendant la nuit, des pousses vertes ont percé le noir. Elles prenaient racine dans la passion de l'amour et dans le désir de vivre, de s'exprimer, d'échanger et de partager des expériences et des connaissances ; elles me tentaient, me montraient les beautés de ce pays, du mien et d'autres endroits sur terre ; elles me suggéraient surtout de continuer à aider les autres et à rester compatissante.

Après tant de journées obscures, la lumière dorée est réapparue sur les montagnes vertes, sur la rivière, sur mes doigts. J'ai ouvert les bras, respiré de bonheur comme si je faisais partie de la nature, et pendant un bref moment entre deux orages, j'ai pensé à Fantasias del Mar. Deux orages, en effet ! La mort rôdait comme toujours, omniprésente, revendicatrice. Elle s'est imposée au détour d'une courbe, me faisant baisser les bras et arrondir les épaules. Résignée, j'ai pensé que Nedjibia n'existerait plus jamais nulle part et que l'attribution de vertus extraordinaires à l'esprit des disparus n'était qu'une invention des vivants pour apprivoiser l'absence, pour croire en la réalisation de leurs rêves et contrer l'implacabilité de la mort. Il pleuvait des cordes sur le chemin de la Vallée. La pluie fouettait mon visage et mes mains, et je ne souhaitais que trouver un abri sec, n'importe lequel et n'importe où.

C'est alors que le carré vert, bordé de lumière, a foudroyé le désespoir en me révélant la part d'éternité accessible sur terre. Derrière les nuages noirs, entre les orages, il y a toujours le bleu du ciel. Malgré les pires tempêtes, la lune, les astres continuent leur ronde dans la profondeur de l'Univers. À moi de profiter des instants de paradis quand ils s'offrent sans obstacles, de m'en inspirer pour libérer des talents, les miens et ceux des autres. À moi de garder leur présence en mémoire quand une atmosphère de malheur semble avoir pâli le soleil et éteint les étoiles. À moi de continuer d'être utile envers et contre tout.

Exprimer le meilleur de moi, quoi qu'il arrive. Là se trouvent ma liberté, le sens de ma présence sur terre et plus, ma façon de lutter contre les assassins de tout acabit, du plus petit virus aux monstres planétaires, sanguinaires, assoiffés de pouvoir et de privilèges, utilisant leur potentiel pour détruire, rendre la vie intolérable, la mort effrayante. Sur le chemin du retour, j'ai su que ce serait un crime d'un autre genre que d'enterrer la créativité au fond de mon être en renonçant à mon projet. Devant le carré vert bordé de lumière, droite sous une pluie dure, j'ai juré que je ne serais jamais une morte vivante, subjuguée par le diable en l'humain. J'ai aussi promis à l'esprit de Nedjibia que je réincarnerais notre projet dans le but de permettre à certains de mes semblables de découvrir et d'exprimer leur talent.

* * *

C'est ainsi que j'ai planifié un autre séjour à la Côte, en avion cette fois, pour la fin du mois de décembre ou le début de janvier 2002, avant le voyage prévu à Recife, chez mon fils, puis au Canada, chez mes parents. Mon but était de trouver un lieu pour mon projet, au moins un lieu, pour commencer à l'organiser, et surtout montrer aux intéressés qu'une porte s'ouvrirait bientôt pour eux. J'en ai parlé à mon homme, sachant qu'il trouverait une solution. Il a spontanément répondu :

« C'est facile, ma beauté. Prenons un de nos locaux, celui qui change souvent de locataire.

— Un local ? Au quartier La Paz ? Dans la rue principale ?

— Je pourrais construire un deuxième étage qui servirait d'atelier.

— Construire? Pour le moment, tu sais que c'est difficile, à cause des frais.

— Nous ne construirons pas tout de suite, mais é-ven-tu-el-le-ment, quand nous en aurons les moyens.

— Un de nos locaux! Pourquoi pas! C'est central, accessible à Nelly, à David et à Camillo, à Joyce et à ces jeunes que je veux regrouper à l'atelier. Ils sont tous voisins des locaux.

— Je construirai des persiennes moi-même, de chaque côté de la fenêtre principale, et tu pourras y peindre des fleurs en cascade, comme tu le voulais. C'est un beau compromis, non?

— Les enfants pourraient dessiner ces formes eux-mêmes. Ce serait excellent pour leur sentiment d'appartenance. Est-ce que tu me feras aussi des étagères?

— Tout ce que tu voudras, ma beauté. »

Mon homme ne se fait jamais prier pour construire. Si la réincarnation existe, il a dû vivre dans la peau de Ramsès II ou dans l'esprit de l'empereur Châh Djahân, le créateur du Taj Mahal, et garder dans ses gènes la vision d'édifices fabuleux. Par ailleurs, je le vois tout aussi bien en colonisateur de l'Ouest américain ou des terres québécoises, au temps des premiers arrivés de France. José Dagoberto Gomez sait utiliser les ressources du milieu pour inventer une demeure confortable, même au cœur de l'hiver. Si les vies antérieures existent et si j'ai été son aimée dans chacune de ses histoires, qu'elles se soient passées dans un palais ou dans une chaumière, j'aurai été une femme glorifiée, protégée comme aucune autre sur terre. Une femme-compagne, par surcroît, capable de comprendre les passions de son homme, de participer aux travaux, de transporter du bois, de soulever des objets lourds, d'endurer la période de la construction, les rudes journées et l'inconfort des abris de fortune, avant de jouir de l'ambiance douillette d'un nid conjugal offert par un tendre mari. Chose certaine, que j'aie été ou non traitée comme une reine en d'autres temps, j'ai joué le rôle de compagne maintes fois au cours de cette présente vie. Et, avant de pouvoir me dédier au projet d'artisanat, j'allais le jouer encore, et pleinement.

La perspective d'utiliser un local à la Côte a titillé le génie constructeur de José et stimulé son adrénaline de mâle en mal d'action. Un matin d'octobre, après le premier café, alors que je vantais les couleurs de l'automne, au Québec, essayant de voir comment les intégrer éventuellement au projet Fantasias del Mar, José m'a dit :

« Ma beauté, j'ai pensé à quelque chose.

— Quelque chose ? Tu as l'air drôle ! Tu as les yeux ronds des mauvais plans.

— Des yeux ronds ? Tu n'as pas de respect pour ton mari.

— Je me moque tendrement et je ris de bonheur, mon bel amour !

— Je te jure que c'est une bonne idée.

— Vas-y, alors. Parle, cher homme.

— Si nous construisions un deuxième étage en haut de Pegaso, avant de partir au Brésil ? Nous économiserions le loyer et les services de ce logement. Ne dis pas non, je t'en prie. Penses-y ma belle, s'il te plaît ! Moi, je serais libéré de frais fixes et je pourrais profiter du Brésil le cœur léger, et t'accompagner au Canada sans me préoccuper de mes finances.

— Construire ! Ce n'est pas donné, ni en temps ni en argent. Ne pourrions pas attendre l'année prochaine ? Le loyer est certainement moins élevé que les frais de construction.

— Mon idée, c'est de construire au noir.

— Au noir ?

— Ça veut dire en briques, sans finition, avec le carré de murs et le toit en ciment, pour la terrasse au troisième.

— Sans finition ? Tu veux dire que nous, les meubles, les vêtements, bref, les humains et le ménage seraient dans la poussière lorsque nous monterons les murs intérieurs ?

— Nous mettrons des toiles.

— Encore ! Je ne peux pas le croire ! Et les fenêtres ? Il n'y aura pas de fenêtres ?

— Oui, oui ! Nous couvrirons l'emplacement des fenêtres par des blocs faciles à enlever.

— Faciles à enlever ! Encore de la poussière... As-tu pensé à Victor et à Mary ? Où vivront Victor et Mary ?

— Là même ! À l'avant de l'étage.

— Parmi nos boîtes, nos meubles, ta montagne d'outils et la poussière qui s'accumulera partout ?

— Nous séparerons l'espace en deux par un rideau en plastique et je laisserai des bouches d'aération. De toute façon, il y aura une ouverture vers la terrasse.

— Il faudra mettre du poison ! Imagine ! Un espace inoccupé avec des bouches d'aération... C'est le lieu idéal pour les ratons, les coquerelles et tous les microorganismes que nous pouvons imaginer.

— Du poison ! Femme, as-tu pensé à tes chiens ? Kinshasa n'a pas la méfiance de son père. Elle n'est pas comme Terremoto, elle se faufile partout, explore tous les recoins. C'est une chasseresse, tu le sais. Elle croquerait les souris qui ont mangé du poison et tu devines la suite. Je mettrai plutôt de cette plante qu'on appelle *ruda*. Elle provoque des avortements même chez les femmes, savais-tu ça? Nous l'employons aussi pour protéger les potagers des insectes nuisibles. Je pense aussi utiliser le vieux système de trappe.

— Quelle horreur! Imagine le spectacle chaque matin au réveil. Des souris à la tête écrasée. Réjouissant! Ça couperait l'appétit à n'importe qui!

— Qui te parle de trappe de ce genre, femme? Je vais chercher des petites trappes, desquelles les souris ne peuvent pas sortir. Il suffit d'aller les libérer plus loin.

— Quelle activité passionnante! Se donner la tâche, chaque jour, de libérer des souris. Très tentant!

— Ce ne sera qu'en attendant que la construction soit finalisée.

— En attendant! Combien de temps durera ce "en attendant"?

Les inconvénients de la construction mis à part, l'idée était financièrement rentable. Cependant, ce n'était pas dans mes plans de mettre de l'énergie dans la planification d'un déménagement. Ça demandait également de reporter le projet Fantasias del Mar au retour du Brésil et du Canada, soit en septembre 2002. Quel risque! Le temps dilue facilement la ferveur d'un projet; d'autres priorités s'imposent inévitablement, l'attention se porte ailleurs. D'autre part, le temps d'aimer ne se remet pas à plus tard, après ceci ou cela, et quoi encore... José semblait tellement tenir à cette construction. Il en avait déjà parlé, deux ou trois fois, mais je l'avais convaincu d'attendre de meilleures conditions. Son bien-être réclamait maintenant du concret.

Par contre, l'amour n'exige pas le renoncement de soi. Quand on néglige sa propre quête, on risque d'affaiblir la qualité du sentiment et, par conséquent, de mettre en péril la relation d'amour. Il me fallait trouver un compromis tenant compte à la fois de lui et de moi. Au déjeuner suivant, à la deuxième tasse de café, j'ai proposé :

« D'accord, mon amour, construisons le deuxième étage avant le voyage au Brésil et au Canada. Mais dès notre retour, en septembre, promets-moi de consacrer du temps à Fantasias del Mar. De mon côté, je vais profiter de ces voyages pour élaborer un plan d'activités et visiter les artisans. Jef m'a beaucoup parlé de ceux de Caruaru. Ainsi, je ne perdrai pas mon projet de vue, il sera inscrit à l'agenda quotidien.

— Je t'accompagnerai à l'Oiseau bleu, à Montréal, la boutique d'artisanat dont tu me parles depuis des années. Je te le promets, j'irai avec grand plaisir. »

Il était content, mon homme, je pouvais presque voir l'énergie circuler dans son corps et admirer son aura pareille à un soleil de juillet, orange. Il n'a pas attendu longtemps pour se lever et partir rencontrer un tel pour la structure d'acier et un tel pour les briques, question de comparer les prix et de fixer des dates. Pour ma part, j'allais encore une fois me transformer en femme compagne. J'acceptais ce défi en me disant qu'il suffisait de bien planifier. D'abord, il fallait libérer le réduit où nous gardions le matériel de restaurant au temps où Pegaso avait cette fonction, ensuite, déplacer le ménage de Victor et Mary du seul espace fermé à l'avant du deuxième étage.

Selon mon plan, les meubles du couple pouvaient être transportés chez nous, dans notre appartement de la quarantième rue du quartier Principe. Nous n'avions qu'à entasser le tout dans la chambre de Josefina, partie en vacances à la Côte pour quelques mois. Quant à l'équipement de restaurant, il pouvait être entreposé dans le garage attenant à notre appartement en attendant que Fercho le récupère pour un projet de restaurant à Pereira, un projet que je n'approuvais pas, soit dit en passant. C'était bien mon intention de convaincre éventuellement le père et le fils d'abandonner cette idée, tout simplement parce que Fercho n'aimait pas la restauration. Je leur proposerais plutôt de vendre l'équipement et d'accumuler ainsi un petit capital pour commencer enfin le commerce d'animaux dont rêvait Fercho. Je restais à l'affût du moment idéal pour les convaincre de s'orienter vers ce but.

* * *

Cette première étape de déménagements, de Pegaso à notre appartement, fut réalisée selon mon plan. La chambre de Josefina et le garage furent remplis d'objets empilés mur à mur, plancher à plafond, et barricadés de feuilles de *ruda*. Pendant ce temps, j'avais commencé à empaqueter la vaisselle, les livres et les bibelots. Les boîtes s'alignaient et s'empilaient déjà sur deux murs du salon. Tout se passait selon mon plan, et j'acceptais de respirer l'air chargé de particules de poussière et d'odeurs incertaines. Je souffrais physiquement, moi qui suis née en mai sous un signe d'air et qui apprécie les espaces dépouillés et les principes du feng shui. J'étouffais, mais je me disais que c'était temporaire et que le changement ne vient pas sans bouleversements.

Deux semaines plus tard, j'attendais Fercho. Il devait arriver tôt le matin ce jeudi-là, sans faute, après avoir remis le voyage à deux reprises. Il n'est apparu que dans l'après-midi, accompagné d'un cousin. Victor s'est amené avec un de ses amis et cinq paires de bras d'hommes, en comptant ceux de José, se sont mis à transporter, du garage au camion de Fercho, la friteuse, les bonbonnes de gaz, des tables, deux étagères en métal, la tondeuse à gazon, des pioches, un aquarium et d'autres objets inutiles, selon ma perception de femme. Ils ont ri, se sont taquinés, traités de couillons et de bons à rien en buvant quelques *cerveza*. Finalement, le camion bondé, plus ou moins stable, a pris la route vers Pereira.

Les bras d'hommes partis, les trois quarts des objets du garage aussi, je me suis chargée de nettoyer à grande eau, contrairement à mon habitude. Si j'avais une cause à défendre autre que celle des talents réprimés, ce serait celle de l'eau. Je l'ai dit plus d'une fois : « Un jour prochain, j'y verrai, je m'en fais la promesse. » J'ai donc lavé à grande eau et avec un produit désinfectant la porte du garage, les murs, le plancher. Ensuite, j'ai installé les valises et les boîtes du déménagement alignées dans le salon, sur les trois étagères du garage, puis j'ai nettoyé tous les planchers libres de la maison. Terremoto venait sentir, puis se mettait à courir, comme il a coutume de le faire quand il est content. Kinshasa suivait chacun de mes gestes, fidèle quoi qu'il arrive, toujours à quelques pas de moi.

J'étais fière, ce soir-là. Plus sale que le garage avant le grand nettoyage, mais combien ragaillardie ! Une étape de franchie, me suis-je dit en me laissant tomber sur mon fauteuil berçant en orme blond. Quelle allure devais-je avoir quand José est entré ? La même que lui, probablement, c'est-à-dire décoiffée, pleine de poussière, les traits tirés, les cheveux en bataille mais la mine satisfaite. Il m'a dit :

« Viens, ma beauté, allons souper au restaurant Al Paladares. Nous l'avons bien mérité.

— Un petit filet mignon et une salade de fruits avec glace à la vanille, peut-être ?

— Et une bouteille de vin aussi, peut-être, n'est-ce pas, ma beauté ?

— Quel bonheur ! »

Les paroles magiques d'un homme aimant transformeront toujours une Cendrillon en princesse. Imaginez l'histoire : un mari rentre chez lui, fatigué, et trouve sa femme affalée sur un fauteuil, aussi repoussante qu'une vadrouille grise. Et, au lieu de la critiquer ou d'éprouver du dégoût, il l'invite à un souper romantique pour la récompenser de son labeur. Quel plaisir ai-je eu à me faire belle pour lui ! Quelle flamme devait-il y avoir dans mes yeux quand nous avons trinqué à nos projets ! Lui, rasé et parfumé d'une eau brésilienne à l'odeur subtile, élégant dans une chemise bleu foncé à rayures beiges sur un pantalon gris. Beau comme un fantasme, mon amour exotique m'offrait tour à tour au cours de l'année des plages dorées, le climat vivifiant des montagnes, des arbres en fleurs, l'odeur du *camia*, le vert de la Vallée, celui des plantations de café, le blanc des champs de coton, le rouge brique du millet, des balades et des soirées romantiques. Des cadeaux pour me récompenser ou simplement pour le plaisir d'un moment partagé.

Où en étais-je ? À la deuxième étape de mon plan. En fait, à l'imprévu, entre deux étapes. Tout bon plan doit comporter une zone tampon, je le savais, pourtant. Mais vu mon envie d'en finir vite, je n'avais pas envisagé de marge de manœuvre, ni dans l'espace de la maison ni dans mon horaire. Bref, je n'avais pas prévu le retour précipité de Joséfina qui, en principe, devait rester à la Côte jusqu'en décembre. Elle téléphona de l'aéroport chez Evelly, laquelle avisa Arturo de nous prévenir. Je devais trouver une solution *subito presto* pour redonner à ma belle-mère un espace décent et privé. Je ne voyais qu'une option : le petit salon de José. En planifiant la réorganisation de l'appartement, je pouvais prévoir la réaction de mon homme. Il dirait : « Pourquoi moi ? Je suis traité comme un vieux meuble qu'on déplace partout en faveur de n'importe quoi ! » Je me préparais déjà à répondre : « En faveur du confort de ta maman. » Il se plierait de bon cœur, je le savais, en faisant une mine de vaincu pour la forme. Je riais d'avance, tendrement, en l'imaginant passer devant moi les coins des lèvres pointant vers le bas, la tête penchée sur le côté pour imiter un enfant puni.

Il ne m'a fallu que trente minutes et trois paires de bras d'hommes pour exécuter le plan B. Victor et le cousin Guillermo ont d'abord déplacé les meubles de José vers mon petit salon. Puis, mon homme a dégagé ceux de sa mère du ménage de Victor pour les transporter dans la pièce vide et nettoyée, soit l'ancien petit salon de José. Je dirigeai la procession des déménageurs: l'armoire dans le coin gauche, la table et les chaises devant la fenêtre, les pièces du lit mises en forme et placées dans le coin droit, le prie-Dieu au pied du lit, la colonne en marbre près de la porte, la chaise berçante entre le lit et l'armoire, et tous les vêtements bien disposés sur le lit, de façon que ma belle-mère puisse les ranger à son goût. Après cet effort, j'ai eu droit à un souper romantique en signe de reconnaissance, puis à un autre, après le plan C... Car il y a eu un plan C! Une semaine après son retour, Josefina nous a annoncé qu'elle avait trouvé un appartement près de chez Evelly, une occasion, a-t-elle dit en ajoutant que, de toute façon, elle aurait eu à se reloger en raison de notre prochain déménagement au deuxième étage de Pegaso. Les bras d'hommes sont donc revenus à la maison pour entasser les meubles de ma belle-mère sur la charrette du déménagement, puis replacer ceux de José dans la pièce lui servant à nouveau de salon.

C'est ce jour-là que j'ai deviné les intentions de Joséfina, qui se voyaient dans la couleur de ses joues, l'éclat de son regard, le tonus de son corps. C'était pour cet amour mystérieux qu'elle était revenue si vite de la Côte, toute revigorée, fraîche et dispose, pour lui qu'elle s'était fait bronzer sur la plage chaque fin d'après-midi. Le printemps des amours pouvait donc fleurir après quatre-vingts ans! Cupidon visait aussi les personnes ayant grandi à une époque où l'autorité contrôlait les comportements par la menace du péché. Envers et contre tous, malgré son éducation trop sévère envers les plaisirs de la chair, elle avait choisi la douceur de vivre pour les dernières saisons de son existence. Plus tard, quand nous étions au Canada, nous avons su que Joséfina avait dit : «Oui, je le veux» en secret et qu'elle était partie vivre avec lui, quelque part dans un quartier éloigné.

* * *

Après les détours par les plans B et C, le plan A reprit son cours. Les boîtes s'empilèrent sur les murs du salon ; ceux du deuxième étage de Pegaso furent érigés pendant que les gens du quartier fortuné d'Alvernia recouvraient les leurs de lumières de Noël. Le soir, après avoir passé la journée dans le beige sale des boîtes, le jaune des murs dégarnis et la grisaille de la construction, nous sortions à moto prendre l'air et nous réjouir les yeux et l'esprit. Le temps des Fêtes, comme chaque année, transformait les maisons en coffres à bijoux, remplissait les arbres de fruits lumineux et décorait les devantures des magasins de sapins traditionnels ou de crèches grandeur nature. Pour ces crèches, nous accordions des prix : un pour la décoration la plus originale, un pour la plus raffinée et un autre encore pour la plus éblouissante. Un soir, j'ai dit :

«Faisons un arbre à Pegaso.

— Dans le bar ?

— Sur le toit.

— Sur le toit ?

— Un arbre sans feuilles, décoré de lumières dansantes, comme tu en avais mis dans les cormiers en face de chez nous, rue Louis-Hébert, à Montréal. J'ai trouvé les deux séries avant-hier et je n'ai pas scellé la boîte. Qu'en dis-tu, mon homme ? Qu'en dis-tu, toi qui dis toujours oui à mes propositions ?»

«Ce que femme veut, Dieu le veut», a dit José. Le lendemain, il a cherché un arbre séché en bordure de la rivière, l'a
émondé, puis l'a hissé sur le toit et fixé au tube d'acier planté
dans le bloc de ciment qui soutenait le cheval blanc en bois
du temps du restaurant. À l'aide d'un crochet au bout d'une
perche, mon homme a disposé les deux séries de façon à for-
mer des guirlandes autour des branches. «Il faut savoir donner du mouvement», dit-il toujours, quoi qu'il fasse. Combien
de fois avons-nous parcouru l'avenue Cali en bordure de la
rivière et fait l'aller-retour du quartier Fatima, sur la rive sud,
vers le Pont Neuf, en face de Pegaso, puis du nord de la trente-
huitième rue vers la rivière, juste pour voir la guirlande orange
et rouge danser avec la bleue et verte? «C'est spectaculaire!»,
a dit José des dizaines de fois. «Ça me fait penser à mon enfance», ai-je répété aussi souvent, émerveillée soir après soir.

Vint la fête de l'Illumination, en l'honneur de l'Immaculée-
Conception. Fête de la Vierge selon les citoyens de toutes les
villes et villages colombiens, fête de la Féerie selon ma perception de ces deux soirées de décembre. Féerie! Femme! Même
si elle est vierge. N'est-ce pas comparable? Une femme ne
peut-elle pas illuminer la vie d'une manière fantastique? N'y
a-t-il pas d'amour plus rayonnant que celui d'une compagne,
d'une mère, que celui d'une fille, d'une sœur ou même d'une
amie? Chose certaine, voir ces milliers de flammes colorant les
parois transparentes des lampions me réjouit aux larmes et me
réchauffe le cœur, car cela évoque l'union.

Fête des Faroles! Fête de l'Union. Chaque maison sans
exception est décorée d'au moins une vingtaine de flammes
scintillantes, soit par de simples bougies alignées, soit dans
des lampions raffinés. Il y a les formes pieuses, les vierges en
robe bleue, les églises aux vitraux rouges. Il y a les jardins couverts de lampions en forme de fleur et des rues fermées par
des rangées de cygnes, de sapins ou de personnages divers. Il
y a les lampions carrés suspendus aux branches des arbres et

en bordure des trottoirs, dans les parcs, ou formant des dizaines d'arcs au-dessus des allées, des entrées et parfois même des rues. Il y a tant de créativité dans le recyclage des objets, transformant en cristal les contenants de plastique et en boules de neige les verres jetables. Chacun fait sa part selon ses capacités, ses moyens ou son inspiration, et pour une fois, ce n'est pas le décor le plus riche ou le plus élaboré qui se voit glorifié. Au contraire, le merveilleux émerge de l'ensemble. La brillance du spectacle dépend de chaque voisin, de chaque voisinage, des vivants et même des défunts. Des défunts, en effet ! Les soirs de la fête de l'Illumination, l'esprit des disparus semble éclairer les centaines de lampions rouges installés sur les tombes par les familles. On dirait une Pentecôte, un parterre de langues de feu permettant aux vivants d'entendre leurs proches venus de l'au-delà pour les aider à vivre plus harmonieusement, ici-bas, ou, du moins, pour atténuer la douleur du deuil en attendant les ultimes retrouvailles.

Comme la plupart de nos concitoyens, le 7 décembre, nous commençons notre tournée urbaine par la visite au cimetière, en apportant toujours trois lampions rouges à pieu, une dizaine de bougies et des allumettes. Nous nous dirigeons d'abord dans la section des tombes anciennes et nous repérons la pierre sur laquelle est inscrit le nom de Manuel Gomez. Nous lui offrons le premier lampion, nous nettoyons l'espace, puis nous nous recueillons. Attendri, ressentant comme autrefois sur la joue, les bras, la caresse donnée par la douce main de son papa, José prie en disant tout haut : « Mon cher vieux, je t'aimais tant. » À mon beau-père que je n'ai connu que par les dires de José, je parle de son fils, lui dis que José le garde vivant en réincarnant chaque jour sa tendresse, sa joie de vivre et son humour. Ensuite, nous regardons autour et, comme c'est souvent le cas dans cette partie du cimetière, il y a des oubliés, décédés depuis trop longtemps pour avoir des proches encore vivants. Nous allumons des bougies et les fixons aux plaques mortuaires esseulées afin que l'esprit de ces disparus revienne aussi passer quelques heures avec nous. Nous visitons ensuite la tombe de Marta, la fille de Rodolfo, heurtée à vingt-cinq ans. Je ne l'ai pas connue et j'en sais peu sur elle, sauf le fait qu'elle était audacieuse. Pourtant, je le jure, dans les bruits ambiants, j'entends ses éclats de rire. La deuxième farole est pour elle. Nous l'installons près de son rosier rose et remplaçons la cire du lampion déjà allumé depuis un moment, quelqu'un de la famille étant toujours passé avant nous. Ensuite, le cœur serré, nous nous dirigeons vers le centre du cimetière.

C'est là, au pied de l'arbuste à fleurs blanches planté par Josefina, qu'est enterrée Nedjibia. Nous ajoutons notre farole aux deux autres, dont les bougies achèvent de fondre, et nous les remplaçons. À la lumière des flammes, je peux voir les larmes dans les yeux de José. Moi, je me concentre, j'essaie d'entrer en communication avec elle, je la questionne sur sa vie de femme, de mère, puis au sujet de notre projet. Je lui demande ce que je devrais faire. Elle ne m'a jamais répondu avec des mots ni par des signes, mais à cet endroit précis, en ces minutes exceptionnelles, je perçois comme nulle part ailleurs l'importance du moment présent, de tous les moments présents d'une vie. Alors, je prends la main de José et l'embrasse. Je respire son parfum et le remercie pour la place qu'il a su prendre dans ma vie, pour ceux qu'il m'a fait reconnaître et pour les beautés de son pays. Avant de repartir, je l'entraîne entre les pierres tombales et l'invite à observer la magie de ce lieu, d'un point de vue puis d'un autre. Il me suit en silence et, s'il regarde comme moi le spectacle vivant des lampions rouges, je suis sûre que sa pensée voltige ailleurs ; je la vois scruter l'avenir et tenter de percevoir quelque chose des mystères de l'Univers.

* * *

Le lendemain des fêtes de l'Illumination, j'ai décidé de décorer un peu, malgré la désorganisation de la maison. « Les fêtes de Noël, c'est pour tout le monde : les malheureux, les infortunés, même pour ceux qui déménagent», me suis-je dit. Un détail suffit à la joie, selon moi. J'ai donc libéré la première tablette de la petite bibliothèque et y ai installé un arbre minia- ture, celui que j'avais offert à José lors d'un séjour à l'hôpital à cause de ce qu'on appelle une grave maladie, une maladie dont nous ne parlons plus, sauf certains soirs, quand une pensée ou un événement réveille l'angoisse de mort. Donc, j'ai reformé les branches du petit arbre, étiré les épines avant de disposer les lumières, les décorations et les glaçons d'argent. Beaucoup de glaçons pour représenter le verglas, comme le veut la cou- tume québécoise, et aussi dans le but de multiplier le scin- tillement de l'éclairage. L'enchantement y était déjà.

Ensuite, j'ai disposé le village en porcelaine sur un tissu de coton mousse, placé les lumières dans les maisons, les pati- neurs sur un miroir, l'auto rouge devant l'église, les sapins ici et là sur les montagnes, les lanternes en bordure de la route et une dizaine de boules miniatures au pied de l'arbre. Je n'ai laissé dans l'appartement que les lumières du décor, je me suis assise et j'ai rêvé aux merveilles de l'enfance, aux friandises rouges, aux bas de Noël suspendus aux portes des chambres et aux lumières installées sur le cadre des fenêtres et dans les- quelles l'eau faisait des bouillons. Quand José est entré, il a souri et dit : «C'est joli ça!» Je le sais par expérience, la com- pagnie des hommes me l'a souvent prouvé, ils gardent eux aussi un côté enfantin malgré leur force et leur besoin d'action.

«Femme, tu n'as pas installé mon casse-noisettes ni la cou- ronne comme l'an dernier?

— Le casse-noisettes est trop gros pour mon petit village. En plus, le reste des décorations est déjà rangé dans une boîte bien scellée.»

Mon bel amour, ne fais pas la moue. D'accord, je le cher- cherai, ton casse-noisettes, mais je le mettrai dans ton petit salon.

« Tu mettras mon traîneau en bois, n'est-ce pas ?

— Je mettrai ton traîneau en bois et je trouverai un endroit pour la couronne. Peut-être dans la fenêtre. Ainsi, nous ferons notre part à titre de voisins. »

Il a neigé de la fantaisie en ce mois de décembre 2001, pareille aux cristaux de mon pays, sur les trottoirs, les parterres, les sapins et les guirlandes, blanchissant les misères et les peurs, toutes les peurs. Celle du mal sur la terre, de la violence ; celle de ne pas pouvoir se défendre, la peur des autres ; celle de l'éphémère, des mirages, celle de ne pas savoir comment réaliser ses projets, celle d'échouer en cours de route ou encore de mourir avant l'heure. La peur ! Je la sentais roder parfois, surtout la nuit. Quand la magie des Fêtes éteignait ses lumières, je voyais apparaître le spectre de Pegaso au deuxième étage, s'ingéniant à estomper mon but. Fantasias del Mar s'éloignait, s'éloignait... Moi, je cherchais la manière de garder mon projet à vue. J'écrivais mes idées, j'organisais mes documents, mais, dès le matin, un tourbillon d'activités me ravissait, m'entraînait au large. Je ne résistais pas, c'était inutile. L'ambiance, les gens, leurs coutumes : tout était plus fort que mon but.

Vint la neuvaine de l'Avent préparée et présentée par les petits de la famille. Comment ne pas participer ? Comment refuser ce moment de partage, cette occasion d'encourager les enfants à s'exprimer selon leurs compétences ou leurs talents sans craindre les comparaisons et les jugements ? Un moment fertile, où la simplicité me fit accompagner le clan Gomez dans ses prières et ses chants. J'étais ivre de chaleur humaine, de repas, de décors touchants. J'essayais malgré tout de garder les pieds sur terre, de tirer de cette abondance quelques idées pouvant nourrir mon projet.

* * *

Janvier 2002 arriva. Tuluá se couchait tôt, à nouveau, et les travaux de Pegaso II avançaient lentement. Les excès de décembre avaient affecté la productivité des travailleurs, j'imagine. Le temps se figea. Il y a des moments, comme ça, où l'élan piétine et se désespère malgré toutes les tentatives pour aller de l'avant. Le matin, après le déjeuner, pendant que José essayait de faire bouger les choses ou les gens, je me retirais dans mon petit salon, le seul endroit encore un peu stimulant de l'appartement, et je m'occupais comme je pouvais. Je peignais mes états d'âme pour ne pas perdre contact avec mon projet. J'ai peint un voilier dans une baie sans vent, un bord de mer à marée basse et une plage avec des coquillages à moitié enfouis dans le sable et quelques poissons échoués. J'ai peint la plage urbaine de Recife, des empreintes de pieds près du banc vide où je bavardais avec mon fils. J'ai dessiné des horizons brouillés, colorés de soleils pâles et de quelques touches de mauve sur des couchants gris. J'ai brodé, également, de petites étoiles noires sur des serviettes de plage. J'ai toujours aimé les allégories ; c'est proche du mot *alegria*, qui veut dire joie en espagnol.

Finalement, un après-midi terne où l'inspiration faisait défaut, José est entré et a dit :

« Ça y est, nous pouvons déménager. Quand tu voudras, ma beauté.

— Le vent se lève enfin.

— Non, il ne vente pas.

— Je veux dire qu'enfin les choses vont bouger !

— Ah ! Alors, femme, propose une date.

— Laisse-moi y penser... Je dirais la première semaine de février. Nous pourrions étaler le déménagement sur cinq jours, du mardi au samedi, par exemple. Tu as dis que tu disposerais du camion de Lucho, le soir après vingt heures trente. Assieds-toi, je vais t'expliquer mon plan. »

Le déménagement se passa selon une stratégie bien planifiée, de façon à ranger et à couvrir soigneusement les biens du ménage. Les étagères de métal et les boîtes d'objets fragiles furent transportées en premier et placées sur le mur du fond, à l'abri des chocs ; les commodes, les bureaux, les bibliothèques et les livres le furent le deuxième soir. Ensuite, les bras d'hommes prirent les armoires de cuisine et le mobilier, les meubles des petits salons. Le quatrième soir, ce fut au tour de la laveuse, du réfrigérateur et de la cuisinière, de la tondeuse à gazon, des bicyclettes et des outils, incluant les moules en acier des bilboquets. À la veille de la cinquième journée, il ne restait dans la maison que notre lit, les plantes, les chiens, mon homme et moi.

Il dormait, mon amour, à poings fermés, blotti au milieu des oreillers comme un nourrisson. En fait, du nourrisson, il n'avait que l'abandon et le sommeil profond, puisque le ronflement et la barbe de plusieurs jours lui donnaient plutôt l'allure d'un pépère. Qu'aurait-il dit, mon tendre amour, s'il m'avait entendu le traiter de la sorte ? Les hommes, il faut s'en moquer ; c'est une façon d'apprivoiser leur force brute, les bas étages de leurs pulsions et les prétentions de leur intelligence. Cher José, si tu savais toute la tendresse que tu m'inspires, la joie que tu me donnes en me laissant jouer avec toi, en réalité ou en pensée ! Il n'y a pas de plus délicieux plaisir.

Le cinquième matin arriva. Nous attendions la charrette de Marino puisque nous ne disposions du camion de Lucho que le soir. J'entendis les sabots du cheval trotter sur la vingt-sixième rue, puis tourner le coin de la quarantième avenue, ralentir avant le parc, à l'arrêt, et s'amener jusque chez nous. Le lit et le ventilateur furent placés sur la charrette, qui se mit en branle vers l'étage de notre maison inachevée. José suivit à moto. Le convoi revint une heure plus tard et les plantes furent embarquées à leur tour pour être distribuées chez l'un et l'autre des membres de la famille, ceux qui avaient offert de les prendre en pension. J'étais seule avec les chiens, assise sur le plancher du salon, à profiter du vide. C'est provocant, le vide! C'est plein du futur quand les souvenirs sont partis. Je me disais que le lendemain nous serions ailleurs, dans une autre étape de notre vie, dans celle de Fantasias del Mar. Soudain, sans raison apparente, le lendemain m'a paru loin, bien loin, toujours plus loin, comme dans un rêve où l'on n'arrive jamais à destination. Pressentais-je que le vent du changement qui s'était levé en début de semaine ralentirait ma course vers mon projet et que mon désir subirait l'épreuve d'un autre détour?

* * *

Au début, nous avancions comme prévu. Après le déménagement, il y eut un séjour de trois mois au Brésil, chez Jef. Il y eut les conversations sur le banc de plage que nous occupions à nouveau en soirée, puis les visites des boutiques d'artisanat, à Caruaru ou sur la place centrale du quartier Boa Vista, à Recife. Il y eut ce point culminant que j'ai pris pour une inspiration divine. Mon fils avait insisté pour m'emmener dans une prison hollandaise du début du dix-neuvième siècle. C'était un dimanche. Il faisait chaud et humide, comme souvent à Recife. Je ne voulais pas sortir du hamac ni m'éloigner du ventilateur. J'étais bien ainsi, admirant la réussite de mon fils éclater dans l'appartement et contemplant les feuilles et les fruits du manguier dans la fenêtre du salon. Mon esprit vagabondait, inventait des images exceptionnelles. Il est si facile de se laisser aller à rêver. Il n'y a aucun effort à faire, on peut devenir qui on veut. Tout est permis, possible et surtout sans limites. Pendant que je rêvais, Jef rôdait autour de moi, insistait: «Viens donc, maman, fais-moi confiance, tu ne seras pas déçue.»

J'y suis allée, en maugréant. Mon fils riait, essayant de m'encourager en disant que j'apprécierais. Je n'entendais que le mot « prison », un mot associé à l'horreur, à la terreur, à la folie, à la méchanceté, à l'injustice. « Qu'est-ce que je fais ici ? » me suis-je dit. Je sais que le pire existe, je n'ai pas besoin d'être sensibilisée à cette réalité assez tenace pour traverser les époques et défier les gens dits civilisés. Je suis entrée, contrariée, sans lire l'écriteau près de la porte. Je me disais en silence : « Que je déteste ce genre d'endroit, ces barreaux, ces vieilles pierres grises encore humides de larmes et de sang... Ces corridors austères au plafond arrondi et ces galeries de surveillance en bois quasiment noir... Pauvres gens, quoi qu'ils aient fait. » Je me souviens de ce frisson de douleur partout sur mon corps. J'ai dit :

« Pourquoi m'as-tu invitée ici, Jef ?

— Maman, regarde !

— Qu'est-ce que c'est ? Ça alors ! C'est surprenant ! »

Dans l'encadrement d'une porte épaisse, en acier et en bois plein, une lumière venant d'une fenêtre en hauteur éclairait des dentelles. J'avançai et je vis des tissus peints ou brodés couvrant des étalages, des vitrines et des pierres grises. Quelques pas plus loin, une porte identique s'ouvrait sur des objets en bois, puis une autre sur des œuvres d'art en fer forgé, et encore une autre sur des pierres semi-précieuses. Chaque cellule des quatre corridors avait été transformée en atelier ou en boutique d'art. Incroyable ! Fascinant ! Stimulant !

« Je te l'avais dit, maman, de me faire confiance. Je savais que tu apprécierais mon invitation.

— Regarde, Jef ! Là, au fond du corridor ! Un peintre devant son chevalet, adossé à un immense grillage lourd.

— Wow ! Allons plus près !

— Que c'est magnifique! Quelle merveilleuse scène de créativité! La créativité! La seule évasion possible dans certains cas, la clé de plusieurs prisons, pour ne pas dire toutes.

— C'est vrai, je n'avais jamais vu ça comme ça. Je vais lui demander si je peux le prendre en photo. »

Combien j'enviais les créateurs de cet exploit! Une prison transformée en maison de la culture! Il fallait y penser! Le faire! Les murs ne servent plus à enfermer des gens mais à regrouper leurs œuvres. Les fenêtres hautes et grillagées ne représentent plus un ailleurs inaccessible; elles laissent la lumière donner à l'intérieur une clarté flatteuse, un brin mystérieuse. Les aiguilles ne torturent plus, elles tissent de la douceur; les poings ne meurtrissent plus, ils pétrissent, font naître des formes; les couteaux ne s'enfoncent plus dans la chair, ils façonnent des textures; le rouge ne signifie plus l'agonie, il est devenu joie et couleur. N'est-ce pas une superbe victoire du Bien sur le Mal?

Ce dimanche, j'ai cru à Fantasias del Mar plus que jamais auparavant. Si des êtres en chair et en os ont pu réaliser ce projet, me suis-je dit, je peux bien réussir le mien, mille fois plus modeste. J'ai déjà le lieu, une machine à coudre, quelques outils, et je n'ai besoin d'aucun permis ni d'autres personnes, sauf quelques professeurs prêts à donner un peu de leur temps et de leur savoir en échange d'un séjour à la mer. C'est dans cet état d'esprit que je suis arrivée au Canada avec mon homme, en avril, au retour des oies blanches. L'eau ruisselait sur les trottoirs, l'odeur de la terre montait, pareille aux effluves des meilleurs parfums, les branches déjà toutes gorgées de sève avaient coloré le gris des saisons froides. Nous étions heureux. Main dans la main, nous allions fureter dans les boutiques d'artisanat à la recherche d'outils, de pinceaux, de cahiers. Jusque-là, nous avancions comme prévu. J'amassais des données, des détails. Les bourgeons grossissaient, les valises se remplissaient d'objets utiles à mon projet. J'y étais presque. Plus que quelques mois, plus que l'été et j'ouvrirais la porte de Fantasias del Mar. Plus que l'été, pensai-je. C'est alors que le vent changea de direction.

Un matin, au deuxième café, je vis quelque chose d'inquiétant sur le visage de José. Il avait ses yeux ronds de mauvais plans. De plus, il gardait longtemps le café dans sa bouche avant de l'avaler, comme il le fait quand il a quelque chose de difficile à dire.

« Qu'est-ce qu'il y a, mon amour ? Tu as l'air drôle...

— Je n'ai pas l'air drôle.

— Oui, tu as l'air drôle, je te connais. Parle, ose, tu ne vas pas rester figé ainsi toute la journée.

— Je pensais à quelque chose.

— Je sais que tu pensais à quelque chose. Mais à quoi ?

— Non, je t'en parlerai une autre fois.

— Tu m'inquiètes... De quoi s'agit-il ?

— Promets-moi d'y penser. Ne dis pas non tout de suite.

— D'accord, je ne dirai pas non tout de suite.

— Voilà... Que dirais-tu si nous construisions le troisième étage ?

— Le troisième étage ? Pegaso III ?

— C'est bien notre intention de faire notre chambre et une terrasse au troisième étage, non ?

— Oui, mais é-ven-tu-el-le-ment. C'est ce que nous avions dit.

— Nous avions dit éventuellement, moi je te parle de maintenant.

— Maintenant ?

— Maintenant, ma beauté.

— Pourquoi maintenant, José ?

— Écoute mon idée. Je pourrais partir avant toi, au début du mois de juin par exemple, et je ferais notre chambre. Je souffre moins que toi de la poussière de ciment et, pendant la construction, je pourrais aller dormir chez l'une de mes sœurs. Tu serais contente, ma beauté, d'arriver dans un endroit propre et agréable.

— Je comprends, mais pourquoi maintenant ? Après le Québec, nous avons prévu passer cinq mois à la Côte, pour mon projet et un des tiens. Tu voulais rentabiliser le plus grand de tes locaux. Il me semble que nous pourrions prioriser ces projets... »

La réponse à la question : « Pourquoi Pegaso III maintenant ? » ne m'a jamais été donnée. J'en ai déduit qu'une impulsion créatrice avait poussé José à trouver un projet. Peut-être que le vert qui s'étendait partout lui rappelait les arbres en bordure de la rivière Tuluá, chez nous, dans la Vallée. Peut-être que les journées qui s'allongeaient lui donnaient envie de construire un nid, comme les oiseaux qu'il observait du balcon. Ses muscles encore forts, sa vitalité encore exigeante avaient-ils besoin d'un travail aussi dur ? Si le printemps de Montréal le ravissait, si les journées lui donnaient envie de sortir du lit, ses activités se limitaient, dans cette ville, à l'art culinaire, aux promenades dans le quartier et aux randonnées à bicyclette en ma compagnie. Il appréciait bien entendu tout autant nos conversations sérieuses que les bavardages, ou les réflexions et les supputations, comme il le disait, mais il avait besoin de plus, d'un défi viril, semblait-il. Je le compris et, de bon cœur, le laissai partir. Le 4 juin, il s'envola vers Tuluá avec la perceuse et l'ensemble de couteaux à bois destinés à Fantasias del Mar. Il me promit de les transporter à la Côte en septembre, comme prévu.

* * *

Seule à Montréal, je m'occupai d'organiser des ateliers sur l'estime de soi, la séduction, la vie en couple, et un quatrième intitulé «Réaliser un rêve, rêve ou réalité?». J'y ajoutai une section sur les conditions mentales nécessaires à l'atteinte d'un but, surtout quand le but s'échappe du plan. Je m'occupai aussi de mes parents, intensément, puisque leur unique fille ne pouvait être à leurs côtés toute l'année durant. Je visitai Monique, Louise et je téléphonai à Susie à Toronto, les fidèles dont l'amitié résistait au temps et aux séparations, et nous nous parlâmes en confidentes, en confiance. Moi qui n'ai eu que des frères, un fils et des beaux-fils, quand mon homme n'y est pas, je me régale de féminin, c'est-à-dire de nuances, d'émotions, d'écoute, de paroles, du temps qui passe tout en douceur.

Le temps passa comme je le souhaitais. En plus des ateliers, je jouais mon rôle de psychologue deux soirées par semaine. De son côté, José travaillait dur et la construction progressait plus ou moins à son goût, il me semblait. Juillet s'étirait, s'appesantissait, nous séparait, l'un et l'autre aux prises avec notre identité respective, chacun sur notre continent. Le mois d'août arriva enfin, et la Côte s'annonça. Un soir, alors que je révisais les documents nécessaires au voyage, José me téléphona. Il me murmura son sentiment aussi affectueusement que d'habitude, parla de la difficulté de la séparation, comme à chaque conversation, de sa hâte de me prendre à nouveau dans ses bras. Mais ce soir-là, un autre message vint avec les mots d'amour. Il dit: «Ma beauté, penses-y bien, à toi de décider.» Il proposait de modifier l'itinéraire de mon retour en Colombie de façon à le rejoindre à Tuluá plutôt qu'à Santa Marta, à la Côte.

Le détour s'allongeait. J'eus envie de dire non carrément, sans réfléchir. Je me sentais piégée. Que signifiaient tous ces retards et ces détours de parcours? Fantasias del Mar devenait une inaccessible étoile, une quête impossible, comme dans la chanson de Brel. Je sentais mon projet en danger d'asphyxie, en état d'inanition, moi qui l'avais tant nourri en pensée. Il n'est pas suffisant de caresser un rêve, de faire comme s'il était incarné; il faut pouvoir le toucher, lui donner du corps. Le soir, devant les participants de l'atelier sur la réalisation d'un rêve, je commentai: «L'horizon change lorsqu'on avance. Des données s'ajoutent et influencent la perception de l'ensemble. Elles nous demandent de réajuster nos actions en fonction d'autres priorités, nous obligent à diviser notre agenda. En ce qui a trait à la vie de couple, il faut savoir que la part de chacun multiplie le tout et que les perspectives s'additionnent. Il s'agit de garder le cap en mémoire et d'y revenir après un détour.»

Puis, un soir de courage, j'ai envisagé honnêtement la perspective du détour proposé. Après un moment d'analyse, j'ai pensé qu'il ne serait pas rentable d'abandonner la construction de Pegaso III pendant plusieurs mois. Il y aurait risque de détérioration, sans compter la brisure de l'élan. C'est si désagréable, un travail inachevé! Cela pèse lourd au-dedans, cela gruge de l'énergie sans qu'on en soit conscient. Si nous délaissions Pegaso III, José n'aurait pas grand intérêt pour mon projet; il penserait toujours au chantier laissé en plan. J'acceptai donc de participer à la fin des travaux de construction en me jurant à moi-même que ce détour de parcours serait le dernier, parole de femme.

* * *

En septembre, je rejoignis José à Bogota. Il était beau, fringant et amoureux. Je me sentais radieuse aussi, malgré la fatigue du voyage. Chaque séparation nous déchire, nous vieillit, mais heureusement, nos retrouvailles nous transforment toujours en petits fiancés au corps alerte et à la mine réjouie. Il faisait nuit quand nous sommes arrivés à Tuluá. La Taverna Pegaso battait son plein ; le cœur de José aussi, de plaisir et d'inquiétude, c'était palpable. Je me souvenais de notre conversation au téléphone :

« Je ne sais pas quoi penser, j'ai besoin de ton opinion.

— Pourquoi es-tu triste ? Tu n'est pas satisfait de la construction ?

— C'est un merdier, tu ne seras pas contente. Et moi, je ne suis pas fier du tout. »

De quoi n'était-il pas content ? Nous avons monté l'escalier en ciment brut vers le deuxième, accompagnés par une exubérante Kinshasa, la petite de Terremoto, aux poils noirs comme ceux de son père mais aux oreilles pendantes comme celles de Luna, sa mère. Des fils électriques pendaient du plafond ici et là, d'autres couraient sur le sol en ciment brut. Une seule ampoule éclairait l'ensemble. En dehors de l'espace de Victor et Mary, tout était pire que le jour du déménagement, sombre, poussiéreux, désordonné. Des briques, des blocs et des sacs de ciment s'entassaient partout. Comment José avait-il pu dormir dans ce lieu innommable pendant trois mois ? « Pauvre amour », pensai-je sans le dire, car il n'aime pas être pris en pitié. C'est un homme, un vrai. Un homme heureux et capable, en plus. Pauvre amour, malgré tout. Endurer tout ça dans le but de nous faire un nid romantique !

« Que dis-tu de l'escalier vers le troisième étage, ma chérie ?

— Un bijou !

— C'est moi qui ai fait le dessin.

— Je n'en doute pas, j'ai reconnu ton style par le choix du fer forgé et surtout par la forme arrondie dans le bas. Tu donnes toujours du mouvement aux objets que tu crées. Je te félicite, c'est réussi.

— Attention, je n'ai pas fixé toutes les marches. Monte au milieu.

— Regarde, Terremoto n'ose pas descendre à cause du vide.

— Mon chien, mon beau chien! Que tu m'as manqué! Je t'apprendrai à descendre comme ta fille Kinshasa, tu verras. Je sais que tu me feras confiance, à moi.

— Alors, ma beauté? N'est-elle pas "splendeureuse", ta terrasse?

— "Splendeureuse"! Quel beau mot! Oui, mon amour, c'est splendide! Quel spectacle! La rivière, les arbres, les lampadaires du Pont Neuf. Et le ciel! Depuis le temps que je veux une maison d'où je peux voir le ciel, tous les ciels, ceux du levant, du couchant, de la nuit! Je dessinerai les couleurs du ciel tous les soirs, vers cinq heures. Regarde, mon amour, la lune est en croissant et là, on dirait un chemin en montagne. Je ne l'avais jamais vu. Il y en a un autre de ce côté, et là aussi!

— Je voulais te donner une vision à trois cent soixante degrés. C'est mon cadeau de mariage.

— De mariage? Tu es drôle! Nous sommes déjà mariés, et bien mariés. Nous avons dit oui au Canada et deux fois en Colombie, lors de la première signature et ensuite de la validation, un mois plus tard.

— Nous avons dit oui des dizaines de fois, dit oui à chacun de tes projets, des miens ou des nôtres. Je te remercie, ma chérie, d'avoir accepté de changer tes plans. J'avais vraiment besoin de toi pour terminer cette chambre. Viens, entrons à l'intérieur maintenant.»

À l'intérieur, c'était attendrissant. José avait installé le lit sur un panneau de gypse de façon à protéger le double matelas du ciment irrégulier du plancher. Il l'avait couvert d'une jupe de lit en dentelle ivoire, qu'il avait fait faire sur mesure chez un couturier. «Comme tu aimes», dit-il, mi-tendre, mi-inquiet. Il ajouta :

«Que dis-tu des draps?

— Enchanteurs! Des draps bleu nuit décorés de lunes argentées, d'étoiles blanches et dorées. Tu connais mes goûts!

— Et les fenêtres? Est-ce qu'elles te donneront assez d'air à ton goût?

— Magistrales! Un mur de fenêtres protégées par un grillage en fer forgé de style espagnol. J'aime la courbe au centre.

— Attends, tu n'as rien vu! Viens voir! Voici, ma belle, le balcon de Juliette. J'ai respecté ton idée.

— Que c'est romantique, vraiment! Je ferai l'envie de toutes les femmes de Tuluá. Quel mari autre que le mien ferait construire un balcon aussi charmant pour combler un désir à peine exprimé de son amour?

— Vos désirs sont des ordres, madame.»

«Quel bonheur!» pensai-je. Étendue sur les draps bleu nuit, près de mon homme endormi, je me disais que si je ne réussissais pas Fantasias del Mar, j'aurais au moins poussé José à exprimer ses talents. Cette nuit-là, j'ai peu dormi. Quand la musique du bar, au rez-de-chaussée, s'est arrêtée, j'ai écouté longtemps le courant de la rivière en respirant l'air frais qui entrait abondamment par les fenêtres encore sans vitre. Puis, j'ai admiré les étoiles, visibles d'où j'étais. Vers trois heures, je suis sortie sur la terrasse et j'ai regardé Tuluá, à trois cent soixante degrés : les lumières sur les chemins de montagne, les rues désertes... J'ai profité du hamac pour rêver éveillée. Je me disais que j'avais de la chance de pouvoir expérimenter trois réalités, malgré les difficultés que ce choix de vie m'imposait. Trois vies en une, comme le mystère de la Sainte-Trinité. Vivre en triple et même en quadruple, depuis que mon fils travaillait au Brésil. C'était un fait, nous avions maintenant quatre chambres sur terre, quatre, comme pour les trois mousquetaires ! Je riais, ivre de tant d'amour, héroïne du plus merveilleux des romans, mieux que Juliette. La pauvre, elle n'avait pas vécu grand-chose, selon moi. C'est loin d'être un sommet, la beauté de la jeunesse, le désir des hormones. Si je me souviens bien, à quinze ans, mon seul souhait, c'était de connaître le corps d'un homme et d'expérimenter la chair. C'est excitant, mais ce n'est pas suffisant pour une vraie femme, ni pour un homme complet.

Bref, après avoir rêvé à mon goût, j'examinai la chambre avec mes yeux de femme. C'était évident, elle était trop en long et, par conséquent, la porte du balcon perdait de son charme. Quant aux fenêtres, leurs six battants se croisaient et encombreraient l'espace lorsqu'elles seraient ouvertes. Si j'avais été là, me disais-je, j'aurais proposé d'agrandir la pièce. Un seul carré au milieu, en laissant à leur place actuelle la porte à l'extrême droite du mur et la fenêtre de gauche. On aurait ainsi eu un petit solarium, un espace-terrasse à l'intérieur de la chambre. Quant à la salle d'eau, elle était aussi trop étroite. En effet, lorsqu'on s'assoyait sur le siège, on pouvait appuyer sur le bouton de l'interrupteur avec le nez. José qui planifiait installer une baignoire ! Pauvre lui ! Dans une pièce aux dimensions aussi réduites, il aurait été contraint à une simple douche, simple au sens d'ordinaire, mais aussi parce qu'il serait difficile d'y être à deux.

Était-il indiqué de lui en parler ? me suis-je demandé. J'hésitais. Quelle importance, après tout, pourvu que nous ayons un lieu décent où dormir, de l'air en abondance et les services d'une salle d'eau attenante. Qu'avions-nous besoin de plus ? Par contre, si je voulais y apporter des améliorations, c'était le moment où jamais, pendant que plafond, murs et plancher n'étaient encore qu'en ciment brut. Ce qui m'importait en vérité, c'est que mon homme soit satisfait. Au fait, l'était-il ? Ne m'avait-il pas dit au téléphone : « De toute manière, ici c'est un merdier. » Comment pouvait-il mépriser ainsi son travail ? Il semblait fier, pourtant. Fier de certaines choses : de l'escalier, de la terrasse, des grillages, de la fenêtre-balcon... Mais il n'avait pas beaucoup parlé de la salle d'eau ni de l'ensemble de la chambre. Il avait seulement dit qu'avec mon bon goût, je saurais bien les décorer.

Le ciel, finalement, devint bleu royal. Je vis l'aube, les premiers rayons du soleil et la chambre se remplir de lumière. José ouvrit les yeux, s'étira et dit :

« C'est si bon de t'avoir dans mes bras ! J'ai dormi comme un ange au paradis. Mon Dieu, ma beauté ! Oh ! Tu as de petits yeux ! Est-ce que tu es malade ? Non, tu ne fais pas de fièvre. Veux-tu que papa te prépare un jus d'orange ? Oui ? Que dis-tu du jus des oranges de Colombie ?

— Tu sais combien je le savoure. Ça fait des mois que je bois du concentré au goût chimique ou fait d'oranges insipides.

— Dors un peu, récupère pendant que je préparerai un petit-déjeuner de reine pour ma belle, rien qu'à moi. »

Dormir dans la tiédeur de notre grand lit, dans l'odeur de ses oreillers pendant que lui, mon bel amour, préparait en souriant un plateau de saveurs tropicales. J'étais heureuse. Pourquoi me suis-je attardée à des considérations matérielles ? me suis-je dit. Quelle importance ont l'étroitesse de la chambre et les détails imparfaits de la construction en regard de la capacité d'aimer que nous portons en nous, du raffinement de nos sentiments, de la richesse de nos deux personnalités et du goût d'agir comme si nous avions des centaines d'années devant nous? C'est en voguant sur ces pensées moelleuses que je sombrai dans un sommeil profond. José m'a laissé dormir pendant plus de deux heures, je l'ai su quand j'ai ouvert les yeux, puisque le soleil était déjà haut sur la terrasse.

Cet avant-midi-là, le premier du séjour à Tuluá, nous avons parlé longtemps, lui sur la berceuse et moi au lit. Nous avons parlé de nos fils, des gens de la famille, la sienne et la mienne, de notre bar qui avait besoin d'un rafraîchissement, de Fantasias del Mar, bien entendu, du livre de Schopenhauer que je lui avais offert et qu'il avait déjà commencé à feuilleter. Enfin, malgré mon intention de ne rien commenter, nous avons discuté de la construction de Pegaso III. J'aurais dû m'en douter, je n'ai pas pu déjouer l'intimité entre nous; elle est telle que le moindre petit secret est facilement dépisté, même si parfois nous faisons semblant de ne rien voir, par respect, parce que nous ne sommes pas dans le bon état d'esprit ou que ce n'est pas un moment propice à la confidence. Il m'a demandé:

«Alors, ma beauté. Que dis-tu de la chambre?

— Étonnante! Je ne pensais jamais que tu arriverais à ce résultat en si peu de temps.

— Ce résultat?

— Celui d'avoir une chambre avec des portes et des fenêtres installées, ce balcon romantique et la terrasse dont je rêvais, avec une vue de trois cent soixante degrés.

— Que penses-tu de la salle d'eau?

— La salle d'eau? Très pratique. C'est la première fois que j'ai accès à une salle d'eau attenante à ma chambre.

— Mais ?

— Mais ? Mais... Je me demande pourquoi tu l'as faite si étroite...

— *Pouta !* Ne m'en parle pas. Je m'en suis rendu compte après la construction du mur.

— Hum...

— *Pouta !*

— Peu importe, mon amour.

— C'est vrai, laissons-la comme ça. Ce n'est pas important, après tout.

— Nous sommes si bien chez nous. C'est ça qui compte, non ? Merci pour cette chambre !

— Tu as raison, ma chérie, ne pensons plus à la salle d'eau.

— José, est-ce que ce serait bien compliqué de détruire ce mur ?

— Compliqué ? Non. Ne viens-tu pas de dire que ce n'était pas grave de le laisser comme ça ?

— Je le pense toujours, mais je me dis que ce mur est encore en ciment, que nous avons encore beaucoup à investir avant sa finition et que ce serait dommage de faire des efforts pour avoir, au bout du compte, une salle d'eau élégante mais de la dimension d'une garde-robe.

— C'est décidé, je vais détruire ce mur. Aujourd'hui même.

— Je propose que tu attendes à demain. Laisse-moi le temps d'arriver ! »

Ce qu'il m'a fallu de courage pour proposer la destruction du mur ! Encore de la poussière, toujours de la poussière... Est-ce que je m'en sortirai un jour ? Le lendemain, à neuf heures pile, José sortit la pioche et le marteau, et commença à faire tomber le ciment et les briques du mur. Un nuage gris se répandit partout dans la chambre, la terrasse, sur nous et sur le poil des chiens. Encore une fois, je me transformai en Cendrillon pour l'aider, du mieux de mes faibles mains de femme, à transporter les briques dans un coin de la terrasse de façon à pouvoir les passer par-dessus le mur du balcon jusqu'au bord du trottoir, où une charrette les récupérerait en fin de journée.

La destruction du mur fut complétée juste avant que le ciel s'empourpre. Nous étions bleuis d'ecchymoses, meurtris, écorchés mais satisfaits, tant lui que moi. J'ai lui ai dit :

« Je te félicite. Tu es tout un mâle !

— Tu as vu, femme ! En deux temps, trois mouvements ! Je suis un *verraco* !

— Tu m'impressionnes, il faut le dire. Tu ne cesses jamais de me surprendre.

— Je suis un homme en amour. Qu'est-ce que je ne ferais pas pour toi, ma beauté, mon inspiration ! »

Un homme capable d'agir sans calculer les efforts à fournir ni le temps à donner pour satisfaire un désir de sa femme, n'est-ce pas émouvant ? Devant lui, si vaillant, comment aurais-je eu l'indécence de me plaindre de la poussière et des petites misères qu'avait entraînées mon propre choix ? Je me suis donc interdit de penser à la suite, aux travaux de reconstruction impliquant la venue de travailleurs avec leurs bottes et leurs outils éparpillés partout, au mélange de ciment occupant notre espace de repos, au fastidieux magasinage de tuiles, à leur pose puis au coulis qu'il faut nettoyer sans répit. Pour lui, j'ai oublié la perspective de cette semaine épuisante et j'ai admiré le ciel de nuit. J'ai respiré le vent, toujours frais au troisième étage. J'ai installé le hamac et massé ses pieds, tendrement. C'est en admirant mon homme, assoupi sous mes caresses, que me vint une idée.

J'ai pensé à ce vitrail que nous transportions d'une demeure à l'autre depuis vingt ans sans jamais savoir où l'installer. Nous pourrions l'intégrer au nouveau mur, me suis-je dit. Le lendemain, l'idée fut acceptée et même enrichie par José : le mur serait fini en briques décoratives pour donner plus de caractère à l'ensemble. Un effet « château pour ma reine » selon lui, un style « cathédrale pour la célébration de l'amour et de la vie » selon moi.

* * *

Il a fallu trois semaines pour terminer les travaux, soit l'érection du mur de briques avec vitrail encastré, la finition de ceux de la chambre en plâtre brillant, la pose de la céramique sur les murs de la salle d'eau et sur le plancher et l'installation des appareils sanitaires, bleu marine, à mon goût. Trois semaines à manger de la poussière, à sortir et à entrer les objets de la chambre matin et soir, à les couvrir pour les protéger du soleil cuisant ou des pluies diluviennes de fin d'après-midi, fréquentes à cette époque de l'année. Trois semaines à utiliser le renvoi d'eau de la terrasse pour les besoins naturels et pour la douche puisque les appareils sanitaires ne seraient installés qu'à la toute fin des travaux. Trois semaines à manger un seul repas par jour à cause du manque de temps et de la nausée physique et mentale que nous donnait ce tourbillon de travaux incessants. Trois semaines à ne pas pouvoir se détendre à cause du désordre incontrôlable, souvent boueux, dans lequel nous pataugions jour après jour.

Quel ne fut pas mon bonheur le matin où je pus flâner dans des draps propres en appréciant la peinture fraîche sur les murs d'une chambre couleur pêche, étincelante. Le paysage de la porte-balcon m'apparut à nouveau, verdoyant et touffu, et j'entendis avec joie les mouvements dans la rue. José me dit :

« Es-tu heureuse, ma beauté ?

— Heureuse ? Le mot est faible. Je suis au septième ciel et divinement fière de nous, de notre audace et de notre bon goût. Dis-moi ce que tu préfères de la chambre.

— Tout, ma beauté.

— Fais un effort, mon amour, joue à mon jeu. Qu'est-ce que tu préfères ?

— Je préfère... les carrés de tuiles de chaque côté du lit. On dirait vraiment des tapis. J'aime leurs couleurs. Le rouge brique mêlé au caramel, au bleu marine et au blanc, donne un résultat riche et joyeux, si bien harmonisé au mur. J'adore aussi le vitrail encastré. Quelle beauté !

— Moi, j'aime beaucoup la salle d'eau, la couleur des appareils sur le blanc et le rappel du bleu marine sur la rangée de tuiles rectangulaires.

— Que dis-tu des petites tuiles carrées à l'entrée de la salle d'eau ?

— Je dis que tu as bien fait de conserver ces tuiles pendant autant d'années, bien fait de ne pas écouter mon conseil de les donner.

— Tu comprends pourquoi papa garde les choses ?

— Je te l'accorde, tu as bien fait.

— À propos de choses à garder, parlons de ta pièce secrète. Chapeau ! Je ne peux que sourire, tu m'as bien eue ! Quand j'étais au Canada, tu m'avais parlé de ton intention de construire un espace de rangement au-dessus de la chambre pour garder nos valises. Par la suite, je ne comprenais pas pourquoi tu mettais tant de soin et d'argent pour garder des valises. Je réalise aujourd'hui que ton intention visait à conserver tes choses dans un endroit inaccessible à mon emprise féminine, à mes considérations domestiques comme l'ordre, la propreté...

— L'ordre, la propreté! Je dirais l'épuration. Tu as vu, ma belle, à quel point c'est utile de conserver les objets.

— D'accord pour des objets de valeur, mais pour tout le reste, je me le demande...

— Justement, je ne veux pas que tu te le demandes.

— Quoi qu'il en soit, quand je regarde où tu as installé l'entrée de ton univers d'homme, je ne peux que proclamer ta victoire. Une entrée dans le plafond de la douche! Quelle idée! Une idée d'homme, il faut le dire. Sans parler de la lourde échelle en bambou qu'il faut transporter de la terrasse et sur laquelle il faut grimper. Tu savais que jamais je ne monterais là-haut, n'est-ce pas? Que tu pourrais conserver tes trésors inutiles aussi longtemps que tu le voudrais, et ce, dans un désordre impossible à comprendre pour moi. Je suis sûre que c'est la seule maison au monde qui possède son entrée de grenier à cet endroit. Je vais lancer un appel sur Internet.

— Ne fais jamais ça, femme!

— C'est vrai! On pourrait avoir envie de violer ta cachette, de voler tes trésors, tes bouts de ficelle, tes vieux clous, tes pots cassés, tes roues de bicyclette, tes morceaux de bois de toutes les dimensions... Pardonne-moi, mon bel amour, je suis injuste! Sérieusement, je suis contente pour toi, tu m'as bien eue, je l'avoue encore une fois. »

* * *

Après les travaux de la chambre, nous avons profité de la terrasse. Nous y avons installé une cuisinette et un lavoir, avec un toit et des plantes suspendues, puis aménagé une rangée de tuiles rouges le long du mur extérieur, en attendant de couvrir au complet le plancher de la terrasse. Plusieurs de la famille sont venus voir notre pigeonnier et ont commenté la vue imprenable sur les montagnes, la rivière et le grouillement de la ville. José invitait les hommes à visiter sa cachette, transportant chaque fois la lourde échelle en bambou. Moi, je parlais aux femmes, leur ouvrait la porte du balcon romantique que j'avais baptisé «balcon de Juliette», leur disais qu'un jour j'allongerais le centre de la chambre vers la terrasse pour en faire un coin à moi, avec des livres, une table à dessin et un divan confortable. Je leur demandais de garder la confidence pour ne pas décevoir José, si heureux de sa construction.

Nous avons vécu ainsi quelques semaines de délices sans nous préoccuper de rien d'autre que du moment à vivre et de la décoration de la chambre. Puis, un matin, je ne sais plus pourquoi, j'ai révélé à mon homme l'idée que j'avais promis de garder pour moi, j'ai dit :

«Que la pièce serait belle si nous y ajoutions une rallonge, juste un carré devant le lit !

— Une rallonge ?»

Je l'entendais penser, imaginer... Il tourna la tête de côté, se déplaça sur sa chaise, se figura la pièce d'un autre œil, et dit :

«Sais-tu que ce n'est pas fou du tout ? Juste au milieu, tu dis ? Nous laisserions en place la porte d'entrée et la fenêtre du fond, c'est ça ?

— C'est ça. Quant à la profondeur, le mur de la rallonge se dresserait de l'autre côté de la rangée de tuiles bordant le mur extérieur de la chambre ; en fait, la rangée de tuiles se retrouverait à l'intérieur. Nous n'aurions pas à détruire les tuiles, il suffirait d'en acheter d'autres pour compléter le carré. Un plancher en tuiles rouge brique donnerait à la rallonge une allure de solarium intégré à la chambre. Bonne idée, n'est-ce pas ? Quant aux fenêtres centrales, nous n'aurions qu'à les déplacer du mur actuel sur celui de la rallonge et commander deux fenêtres pour les côtés du carré. Qu'en dis-tu ? »

José se leva et commença, sur un bout de papier, à dessiner la rallonge et le contour des fenêtres. Il sortit, fit de même de l'extérieur, imagina la cuisinette du côté droit de la chambre. C'était gagné. Je dis :

« Alors, mon amour ? Nous donnons le coup ?

— Maintenant ?

— Si nous ne le faisons pas maintenant, je crains que d'autres priorités ne nous empêchent de réaliser notre plan. Je pourrais jurer que notre chambre restera sur le long pendant des années, si ce n'est pas pour toujours. Imagine, au prochain voyage, nous devrons nous consacrer au deuxième étage, à la cuisine et à la partie que nous voulons réserver à Victor et Mary, sans parler du bar.

— Tu as raison, je vais chercher Noé.

— J'imagine sa tête quand tu lui diras que nous voulons démolir, lui qui vient de terminer de plâtrer la chambre et la salle d'eau et de fignoler la rangée de tuiles, dont il était si fier !

— Je passerai aussi chez Nacho, le ferblantier, au sujet des fenêtres. »

Jamais je n'avais vu autant d'yeux ronds, de bouches entrouvertes et sans voix, c'est-à-dire sans question et sans opinion. Quelle rareté ici, en Colombie ! Quelle rareté aussi de démolir quelques semaines après avoir construit ! Par contre, la perspective d'avoir à reconstruire ne découragea pas mon homme. Au contraire, à son tour, il eut une idée :

« Si nous utilisions de la brique pour la rallonge, comme celle du mur entre la chambre et la salle d'eau, nous aurions une harmonie, un effet de continuité. Qu'en dis-tu, ma beauté ?

— Je dis que c'est la meilleure idée de ta vie. En fait, une autre de tes meilleures idées. Que c'est excitant ! »

Excitant ! Énervant, devrais-je dire, ou, pire, éprouvant, le mot serait plus juste. Mais comme j'avais voulu ce changement, je me suis bien gardée de me plaindre quand la ronde poussiéreuse reprit de plus belle, entraînant des journées grises, épuisantes. Je redevins une Cendrillon aux cheveux ternes et au visage étiré, aux mains et aux talons gercés, vivant auprès d'un bûcheron mal attifé et marqué en permanence d'une blessure ensanglantée. La rénovation nous embruma la vue et la vie pendant deux semaines, mais la rallonge devint tout à fait élégante. La terrasse fut libérée des matériaux et des déchets de construction, puis bordée de fleurs de bégonias et de bougainvilliers. Je pus admirer à nouveau les couleurs du couchant, écouter chanter la rivière et le vent dans les acacias, bien étendue dans un des deux hamacs.

Puis, un jour, à la fin de l'après-midi, avant que la pleine lune d'octobre illumine mon âme, le vingt et un, précisément, je vis sur les pics des Andes une longue bande de vert turquoise comme l'eau des Caraïbes, teintée par endroits d'un vert plus tendre, semblable au carré vert du foulard d'Égypte. Fantasias del Mar m'apparut en plein ciel, en plein cœur. Je pensai : « Les projets issus de la nature profonde ne meurent donc pas avant nous ? Ils résistent à nos infidélités, à nos inconséquences. Ils subsistent dans la mémoire patiemment et se manifestent lorsqu'une occasion se présente ou quand une situation plus ouverte nous permet d'en tenir compte. » Le temps était venu, il n'y aurait pas d'autres priorités. José arriva :

« Tu souris si joliment ma belle, tu es heureuse, je le vois.

— Je pense à la créativité, à nos trois réalités en une, à notre capacité de vivre largement. C'est un bon tour que nous jouons aux limites physiques, terrestres et temporelles. Et toi, mon homme adoré, es-tu satisfait de Pegaso III ?

— Satisfait ? C'est peu dire ! Je suis au septième ciel. Maintenant nous pouvons nous dédier à la Côte.

— Justement, je pensais à mon projet. Nous pourrions partir après les fêtes de Noël, le 3 ou le 4 janvier. Qu'en dis-tu ?

— C'est parfait, j'aurais le temps de m'occuper un peu du bar, de rafraîchir la décoration, en plus de récupérer un peu physiquement. J'avoue que je me sens abattu. D'accord pour le début du mois de janvier.

— À quoi penses-tu, mon amour ? Je viens de voir une idée passer dans tes yeux.

— À rien, chérie. Une fantaisie passagère, rien de plus.

— Dis toujours.

— Il faudra changer la batterie et la chaîne de la grande moto et payer l'assurance. Elle arrive à échéance.

— Ta fantaisie, je la devine. Dis-moi que c'est vrai, dis oui ! Dis-moi que tu penses à Termales. C'est ça, n'est-ce pas ?

— Nous avons trop besoin d'argent.

— Besoin d'argent ! Pourquoi ? Pour la maison, le bar, les biens matériels, les factures, les comptes, les impôts ? Et nous alors ? Nous comptons ! Nous ne méritons pas une petite part du budget pour un immense plaisir ? Nous n'avons besoin que de deux jours pour nous ressourcer de deux mois difficiles, cinq mois dans ton cas. Voilà trois ans que nous nous promettons d'y aller. L'année dernière, nous n'avons pas osé à cause des rumeurs de séquestration. Téléphone à l'hôtel, mon amour, informons-nous pour savoir si la menace est toujours présente.

— Je téléphone.

— Quel bonheur! Quel bonheur!»

*　*　*

Il était évident qu'au téléphone on dirait que le climat de la région était sain. Les menaces n'empêchent pas les Colombiens d'agir. En fait, il n'y avait que cinq kilomètres inquiétants, soit sur la route de terre entre Santa Rosa, après les dernières villas et avant les résidences champêtres, à un kilomètre de l'hôtel Termales. Cinq kilomètres, c'est bien peu pour se priver d'un tel ressourcement. J'en avais tellement besoin! Deux jours dans les eaux volcaniques valaient deux semaines n'importe où ailleurs. Je jubilais à l'idée de revoir, de loin, la longue chute d'eau froide sur un des plus hauts versants bordant le lieu. Je reverrais le vert bleu argenté des *yarumos* en touffes contrastant avec le vert plus foncé des fougères millénaires et des feuilles semblables à des oreilles d'éléphants. Je verrais à nouveau les tapis des petites fleurs appelées *besitos* colorer la mousse et les branchages des sous-bois, ainsi que le bouillonnement sinueux de la rivière en contrebas, ou parallèle au chemin de l'arrivée.

Nous irions nous baigner aussitôt après avoir déposé les bagages à la chambre, nous entrerions dans l'eau, marche par marche, en disant: «C'est chaud, que c'est agréable!» Nous nous ferions servir de l'eau fraîche en bouteille, puis du café et un hamburger que nous partagerions en disant: «Quel délice!» Vers trois heures, José monterait à la chambre pour une sieste pendant que je m'allongerais sur une banquette de la piscine, le corps à moitié au frais, à moitié au chaud. Je le verrais arriver vers quatre heures trente, serviettes et mallette en main, lui sourirais du visage et du cœur. Ensuite, ce serait le souper et la baignade sous les étoiles. Nous avons nos habitudes, à Termales, et je me promettais d'en profiter comme jamais. Le manque est un merveilleux créateur de désir.

Nous avons choisi de partir le jeudi suivant, avant la cohue des clients de fin de la semaine. La veille, j'avais préparé la valise de moto remplie d'objets destinés aux soins du corps : grandes serviettes et vêtements en ratine, crèmes pour la nuit, nécessaire de manucure, séchoir à cheveux. Je n'apporte plus de livres, ni papiers ni crayons, car je ne dessine pas à Termales, je contemple. José n'y a jamais lu non plus ; il laisse vagabonder ses pensées, il lévite. Par ailleurs, il y a toujours, dans une pochette de la valise, de petits flacons pour les semences qu'il recueille pendant notre marche coutumière, entre l'ancienne et la nouvelle station thermale.

Je n'ai pas bien dormi ce jeudi-là. Des crampes atroces m'ont réveillée plusieurs fois. J'ai mis la faute sur le sandwich au jambon de la veille et sur l'eau que nous n'avions pas suffisamment fait bouillir. J'ai fait des cauchemars aussi. Il y en a un dont je me souviens parfaitement : j'avais un avion à prendre, j'étais en retard et je courais, mais des obstacles me ralentissaient ; je ne perdais pas espoir, courant plus vite, brûlant des étapes. Je suis arrivée à la porte d'embarquement sans le ticket et j'ai été obligée de retourner au comptoir, de m'expliquer, de courir à nouveau dans les interminables corridors. Au moment du départ, je courais encore, ébouriffée, espérant que l'horaire ait changé. Je me suis réveillée en sueur, essoufflée, voyant mon rêve comme un mauvais présage. J'ai pensé qu'il serait plus prudent de remettre le voyage à l'année suivante. Quand le noir du ciel est devenu bleu royal, je me suis endormie en pensant à la manière d'annoncer la mauvaise nouvelle à José.

Avec le recul, je réalise que la crainte de ne pas atteindre son but peut générer assez de malaises pour nous empêcher d'avancer. C'était peut-être le jambon ou l'eau qui n'avait pas assez bouilli qui m'a torturé le ventre. Mais j'affirmerais que la peur d'être privée de ce voyage, pour une raison ou une autre, ainsi que la perspective d'une attaque de guérilleros sur le chemin isolé vers Termales ont mobilisé mes énergies au point d'affaiblir mes mécanismes de défense et de réduire ainsi leur travail protecteur. Au matin, le présage s'était endormi, mais en pensant aux crampes, j'ai dit :

« Mon amour, je ne sais pas si je pourrai faire le voyage...

— Ça n'a pas aidé l'alcool que j'ai mis sur ton ventre ?

— Un peu. C'est surtout ta chaleur qui m'a réconfortée.

— Comment vas-tu maintenant ?

— Pour le moment, je n'ai pas vraiment mal, mais si les crampes me prenaient en chemin, j'aurais besoin d'une toilette d'urgence.

— Je vais acheter un médicament efficace, il s'attaque au mal. D'accord ? »

José connaît mes faiblesses, mes peurs irrationnelles. Il sait comment agir. Dans ces moments-là, il n'impose rien. Il laisse mon désir prendre le dessus. Il ne fait pas violence, il me redonne confiance.

« Prends, ma beauté. Bientôt, tu te sentiras mieux.

— Donne-moi une demi-heure, un ou deux cafés, et je ferai comme si nous partions. On verra bien.

— Je vais voir à la moto, installer les sacs de cuir, vérifier l'air des pneus. Prends ton temps, ne t'en fais pas. Quoi que tu décides, je serai content. »

Une heure plus tard, la moto ronronnait dans les rues de Tuluá. Le temps était bon, le fond de l'air tiède, et j'allais tenir le coup au moins jusqu'au village La Victoria, je le sentais. José m'avait promis d'arrêter en chemin au besoin. J'allais mieux.

J'observais la Vallée, les lieux que j'aimais, le champ de coton, les plantations de *guayaba*, de soya, de canne à sucre et, plus loin, les kiosques de *polvorette*, le Viagra maison colombien, aussi spécial au goût que des œufs crus dans du lait. «Nous y arriverons, à Termales», me suis-je dit quand nous avons monté les collines vers Pereira. Mon enthousiasme était perceptible. José me caressa la cuisse et me sourit en jetant un coup l'œil vers moi par le rétroviseur.

Après la côte en pentes raides et en «courbes carrées», malgré tout grandement améliorée depuis quelques années, plus large et bien pavée, nous avons pris une pause et un café à Santa Rosa. J'aime m'asseoir sur un banc de ciment du parc central sous les grands araucarias, respirer l'air frais et observer le calme des villageois. Ce matin-là, José est allé du restaurant au guichet bancaire, puis a disparu plusieurs minutes pour resurgir au coin de la rue avec un paquet dans les mains.

«Regarde ce que j'ai pour toi!

— Un cadeau? Qu'est-ce que c'est?

— Ouvre, ma beauté!

— Ah! Des salières anciennes en forme de poule, comme celles que nous trouvons sur les tables à l'hôtel Termales! Deux bleues, une verte. Quelle bonne idée! C'est charmant! Merci beaucoup pour ce cadeau!

— Je n'ai pas trouvé la rouge ni la jaune. On m'a dit qu'il y avait aussi une salière transparente. Maintenant que je sais où les trouver, au prochain voyage, je vérifierai si je peux en avoir.

— Je suis tellement contente! Merci! Je vais en offrir une à Mary, ma belle-fille. Elle est toujours attentionnée envers moi.»

Le voyage à Termales était commencé, et l'inspiration artistique, qui m'attirait plus que toute autre chose en ces lieux, me réjouissait déjà. J'allais trouver ici, comme à chaque séjour, une fontaine d'idées. « Que j'ai bien fait de venir ! » me suis-je dit. José est monté jusqu'au séminaire où il avait étudié enfant ; il a ralenti, a respiré profondément et s'est dirigé au bout de la rue, vers la pente raide avant le chemin de terre. Il a fait un détour vers l'hôtel La Fragata juste pour m'offrir l'odeur du jasmin émanant des jardins. Sur les objets en bois de Fantasias del Mar, je peindrai des fleurs de jasmin. Ça, c'est certain.

« Merci, mon ange.

— Pourquoi ?

— Pour la qualité de ton amour.

— C'est toi qui m'inspires, ma beauté. Je veux que ce séjour soit le plus "splendeureux" de tous nos séjours ici.

— Splendide, José... Mais tu as raison, "splendeureux" est un mot plus fort, plus approprié à notre état d'âme. Tu as bien fait de l'inventer. »

Des fleurs ! Des fleurs partout ! Quelle végétation luxuriante ! Nous approchions du petit pont et je vérifiai si les fleurs bleues débordaient encore en cascade sur une clôture.

« Elles sont encore là ! Regarde ! Les fleurs bleues !

— Je sais, c'est pour elles que j'ai ralenti. »

Quel enchantement ! Je retrouvais les détails que j'aimais, les fleurs en abondance, les fermettes rouges et blanches au creux de vallons couleur émeraude, puis la dernière maison en ciment blanchi, construite sur une butte, à l'intérieur d'une courbe. Je revoyais les arbres sur les collines, le vert tendre des *yarumos*, celui plus foncé des grands pins, le bleuté des eucalyptus, quelques vaches blanches et, du haut de la plus longue montée, quatre kilomètres plus loin, est apparue la chute de Termales ainsi que la rivière bouillante, en contrebas. Nous roulions seuls, sans guérilleros, sans touristes en ce matin de semaine, dans un paysage encore nature. Il paraît que ce lieu fut découvert il y a soixante-dix ans par un explorateur qui s'était aventuré par ici à dos d'âne. Un jour, il a suivi la rivière jusqu'à la grande chute pour découvrir l'eau de volcan. Il s'est installé, a construit une piscine et un petit hôtel. Heureusement, les descendants de cet homme se sont contentés de moderniser et d'agrémenter le lieu sans lui donner trop d'expansion et en veillant à mettre l'environnement en valeur.

Je souhaite que jamais personne n'ait l'idée d'un hôtel cinq étoiles attirant des clients exigeants, capables d'imposer le pavement de la route, par exemple, ou un aménagement plus stérile de la piscine qui ferait en sorte qu'aucun brin d'herbe, qu'aucune feuille ne tombe dans l'eau. Des clients qui suggéreraient d'autres constructions inutiles feraient éliminer le calcaire doré des installations, corrompraient le romantisme des ponts suspendus et la naïveté du décor, obligeraient le personnel à se soumettre à leurs moindres petits caprices et transformeraient des êtres accueillants en serviteurs guindés. Ce genre de personnes feraient installer d'horribles chaises longues, occuperaient tout l'espace et graisseraient de crème solaire non seulement leur peau mais aussi les coussins, les serviettes et l'eau thermale... Ces gens offenseraient la splendeur des lieux par leur accoutrement coûteux sur leurs corps dénaturés par les liposuccions, les liftings et les chirurgies de tout type. On ne verrait qu'eux, ces égocentriques incapables d'admirer la nature et de la respecter comme elle le mérite.

J'implore les promoteurs d'aller jouer ailleurs, en des terres moins fertiles, là où l'environnement a déjà été détruit. Ils construiraient au moins quelque chose au lieu d'en finir avec ce qui est beau. Heureusement, pour le moment, les gens qui arrivent en ces lieux, le font d'une façon modeste, acceptant leur âge et leur corps tel qu'il est. Ici, peu importent les formes, la mode, la tenue, peu importent le menu, les gadgets, on vient profiter des eaux volcaniques, de la cascade froide et stimulante, des ondées sur le visage, de l'eau de source, du calcaire. On vient pour chiffonner une feuille dentelée et respirer son odeur citronnée. Les plus en forme se baladent en montagne sur la route écologique, d'autres comme moi suivent la rivière du côté vierge en marchant sur les roches jusqu'à une piscine naturelle, profonde et merveilleusement froide, donnant la sensation de faire partie du sous-bois.

Termales approchait et nous arrivions sans encombre, heureux, l'émotion à son comble. Je dis :

« Les tapis fleuris, mon amour, regarde ! Toujours aussi touffus et colorés ! Rouge, mauve, pourpre, blanc, rose, orange...

— C'est magnifique !

— On dirait qu'il n'y a personne. Est-ce ouvert ?

— Femme, garde ton imagination pour tes créations ! Bien sûr que c'est ouvert !

— J'ai dit ça à cause de la barrière en fer. De loin, on aurait dit que c'était fermé. Est-ce que c'est nouveau, cette barrière ?

— Je t'avoue que je n'avais jamais remarqué.

— Moi non plus.

— Le chien, il n'était pas là avant. J'espère qu'il n'est pas dangereux.

— Voici quelqu'un. C'est un nouvel employé.

— Je prends les casques, la petite valise. D'accord, José. Je t'attends à l'intérieur. J'ai hâte de revoir le grand salon. »

Le séjour à Termales fut encore plus inspirant que d'habitude, probablement en raison de mon propre état d'esprit. En
montant les escaliers vers la galerie, je me suis donné le but
de cerner trois idées précises pour Fantasias del Mar. La première m'est venue dans le grand salon. J'admirais la tapisserie
exposée derrière le comptoir. Elle était plus lumineuse qu'avant
et j'ai vu qu'elle avait été restaurée. On y avait ajouté des oiseaux blancs, d'autres maisonnettes, des fleurs, des pots miniatures en terre cuite et des imitations de mousse et d'arbres.
J'apprécie les tapisseries de haute lisse. Je n'en ai vu qu'à
Termales depuis les années soixante au Québec, quand c'était
la mode, au temps du *peace and love*. Comme j'aurais voulu
apprendre cette technique! Mais je n'en ai pas eu le temps à
cause de mon travail, quarante heures par semaine, à l'époque,
sans compter le voyagement long et fastidieux, surtout les jours
de pluie et de grand froid, sans compter non plus la confection de mes vêtements pour économiser de l'argent. Il me restait peu de temps pour d'autres activités. Enfin, c'est ce que je
pensais à vingt ans.

Donc, en observant le collage sur la haute lisse, je me suis
dit: «Je pourrais inventer quelque chose de semblable, mais
en plus facile à entretenir, qui soit lavable et sur le thème de
la mer. J'ai déjà des housses de coussin, je les agrémenterai
d'appliques, des voiles de bateau, par exemple, ou des po-
chettes contenant un cadeau surprise. Les gens aiment les surprises.» Je voyais déjà les enfants me regarder coudre, choisir
des tissus ou de la peinture et réaliser leurs propres créations.
Je volais sur les ailes de mon inspiration quand José arriva avec
l'employé et le reste des bagages.

«J'ai déposé nos choses près de la bergère. Vas-tu nous enregistrer?

— Oui, ma beauté.

— D'accord, je continue ma tournée. As-tu remarqué qu'ils avaient ajouté des fleurs de bois et un montage de cabanes d'oiseaux ?

— C'est intéressant.

— Nous pourrions utiliser l'idée pour confectionner un meuble de rangement.

— Un meuble de rangement ?

— Ne fais pas cette grimace, je vais t'expliquer. Il s'agit de disposer des façades de cabanes d'oiseaux ou de maisons sur un grand carré en bois, de la hauteur et de la largeur que nous voulons. L'idée, c'est que chaque façade ouvre sur une tablette différente. Vois-tu ?

— Je crois que oui. Tu veux dire des portes décorées en façade ?

— C'est ça, des portes qu'on ouvre sur des espaces de rangement.

— Oui... Ce n'est pas fou, ça ! Nous pourrions demander à Ramon de faire la base.

— Avec les artisans de Fantasias del Mar, nous décorerions les cabanes ou les maisons.

— Oui, oui... Bon après-midi, nous avons réservé !

— Je te laisse nous enregistrer, je vais dans le salon de jeux. »

La deuxième idée était plus complexe à réaliser, mais j'étais sûre que José m'aiderait pour la menuiserie. Il aurait plaisir à utiliser les outils neufs qu'il avait transportés de Montréal avec beaucoup de soin. Pour ma part, je me voyais créer avec lui, unissant nos forces et notre savoir, comme nous l'avions fait tant de fois. Le souvenir de la boîte de moto pour les chiens me procura encore de la joie. José l'avait assemblée avec des planches, puis avait ouvert une fente dans le plancher de façon à pouvoir y insérer la boîte sur l'appui-dos. Ensemble, nous l'avons peinte et décorée, l'un complétant le dessin de l'autre, raffinant le résultat. On aurait dit une boîte magique ou un coffret de saltimbanque. J'imagine José rouler sur le Plano de Ventanas avec cette originalité installée sur le siège du passager! J'imagine, avec tendresse, les deux têtes de chiens noirs sortant de temps en temps pour respirer l'air et les odeurs des hauteurs.

Après avoir admiré les bougeoirs muraux, sur pied ou déposés sur les tables, tous recouverts de couches de cire, après avoir caressé le bois de la table d'entrée incrustée de fer forgé et revu les appliqués muraux en forme de fleurs peintes aux couleurs des *besitos* des sous-bois, j'entrai dans la pièce de jeux ouverte sur le salon par deux portes arrondies, pendant que José échangeait avec les employés. Le plancher de larges planches de bois roux sentait la cire comme dans les anciennes maisons canadiennes. Je fis le tour, comme une châtelaine regardant la nature «splendeureuse» par toutes les fenêtres rustiques, à battants et en bois plein. Je pris le temps de m'asseoir sur une berceuse, comme si j'étais la maîtresse des lieux. On m'appela de la pièce centrale:

«Viens, ma beauté! Mathilde veut nous offrir un café en attendant que la chambre 202 soit prête.

— Qui est Mathilde?

— La gérante.

— Madame Lydia n'est pas ici?

— Elle n'est pas venue depuis trois ans et tout le personnel a été changé.

— Étrange. Pourquoi?

— Je n'ai pas posé de questions. Personne n'a fait de commentaires.

— Étrange. Par contre, l'endroit n'est pas délaissé. Il est bien entretenu. Le style a été respecté et même enjolivé. »

L'accueil de la gérante fut plaisant, amical. Nous avons parlé un moment de la Colombie, des différences locales, d'Ipiales, de la Côte caribéenne, d'Antioquia et de la beauté de El Llano, près de Bogota, un lieu à découvrir. « Vous ne pouvez pas manquer ce voyage », a-t-elle dit. J'ai vu les yeux de José s'agrandir et j'ai senti les fantômes de la peur se dresser en moi, je les ai entendus me souffler des paroles glacées : il planifiera un voyage, tu verras. En montagne, très haut. Il faudra traverser la ligne, une montée plus raide que vers le Plano de Ventanas. Il faudra rouler sur l'autoroute de Bogota à une vitesse colombienne et pénétrer dans les tunnels sous des tonnes et des tonnes de roc. Souviens-toi, femme, Victor te l'a déjà dit : « Si papa veut y aller, tu iras aussi. » José m'a regardé et j'ai pu lire l'invitation au voyage dans ses yeux.

Maudits hommes ! me suis-je dit, ils ne peuvent pas se contenter de ce qu'ils ont. Il me semble que notre vie est suffisamment remplie de merveilles pour nous sentir satisfaits à ras bord. Les voyages, c'est comme le chocolat : trop de sucré, ça lève le cœur. Il faut un peu de sédentarité, il me semble, si on veut intégrer et apprécier les données. Avec son projet que je vois déjà tourner dans sa tête, avec ses arguments que je connais d'avance, il va mettre de l'ombre sur mon bonheur... El Llano ! pourquoi pas la Terre de feu tant qu'à y être ! À cet instant, un employé nous a donné la clé de la chambre au deuxième. L'escalier d'origine, le décor de l'hôtel, les peintures, les meubles décorés, les petits coins salon, les fleurettes en bois, le restaurant du deuxième, accessible par une porte arrondie, et toutes ces fenêtres donnant sur la nature me firent oublier l'adrénaline du mâle et les projets, disons, audacieux, pour être polie, qu'elle m'oblige à supporter.

Ensuite, il y a eu l'eau. L'eau de volcan curative, reposante ; l'eau des hauteurs froides, en chute, stimulant les artères ; l'eau de pluie par ondées sur le visage, rafraîchissante ; l'eau bouillonnante de la rivière, mystérieuse, inspirante ; l'eau de mousse en gouttelettes sur les rochers et sur les doigts. L'eau sur nos muscles fatigués, nos ecchymoses, rosissant nos talons gris de ciment et nous libérant des peaux mortes et de plusieurs mois de labeur. L'eau sur nos baisers, sur l'insouciance encore présente à l'âge de la maturité, l'eau sur notre amour reconsacré.

Ma troisième idée me viendra de l'eau, pensai-je. Je savais qu'un jour un artisan soufflerait du verre pour moi, du verre que je remplirais d'eau colorée. Je savais que j'inventerais des bijoux et des objets symboliques, mais il me fallait une idée accessible, ici et maintenant, c'est-à-dire une idée que je pouvais réaliser moi-même avec ce que j'avais et ce que je savais faire. J'avais déjà cousu et brodé des serviettes, mais je cherchais une autre idée. Je pensais à une collection. Les gens aiment collectionner, posséder toute une série. Celle-ci pourrait se composer d'une douzaine d'exemplaires, un par mois, et être chaque année différente. L'eau ! L'eau sous toutes ses formes, y compris la rosée. Je pourrais commencer par dessiner un cumulus, des gouttes d'eau et un parapluie pour l'eau de pluie ; du sable, un ou deux coquillages et des vagues pour l'eau de mer ; un puits et un seau pour l'eau de source. La collection pourrait être brodée sur des serviettes, des nappes, des housses de coussins, ou peinte sur des jardinières. Je me suis promis de réaliser au moins les dessins, avant janvier.

Satisfaite de mes trois idées, j'ai pu me reposer enfin, laissant mes sens me combler d'images, d'odeurs, de caresses, de saveurs, des chants de l'eau et de musique colombienne, évidemment. Je laissai mon esprit vagabonder à son aise, emmagasiner des données à son gré, en me gardant bien de l'orienter, écoutant mon amour philosopher, divaguer et rire. Le charme des lieux agissait, nous dirigeait de palier en palier, de la piscine des hôtes à la piscine publique, du pont côté forêt, d'où surgissait de l'eau froide en bouillons, à celui d'où l'on peut la voir se mêler à l'eau chaude. De marche en marche, des pieds aux jambes puis au ventre, puis de la poitrine jusqu'aux épaules et jusqu'au cou, l'eau de volcan prenait nos corps abandonnés et les enlaçait, les enlaçait jusqu'à l'extase.

Au matin, j'étais seule au milieu de la tiédeur du lit. J'ouvrais les yeux quand José entra :

« Bonjour, ma beauté.

— Mon amour, comment vas-tu ce matin ?

— Très bien. Est-ce que tu m'accompagneras comme d'habitude ?

— Tu veux marcher jusqu'à la nouvelle station thermale ?

— J'apprécierais. Un peu d'exercice nous ferait du bien. Lève-toi, doucement, je t'attendrai au restaurant pour déjeuner. J'y vais tout de suite, j'ai très faim ce matin.

— D'accord. J'irai te rejoindre dans un moment. »

Marcher ! Mon compromis « thermalien »... En descendant, ce n'est pas si mal, me suis-je dit. C'est même très plaisant, mais il faut la remonter cette côte longue d'un kilomètre. Je n'ai pas les souliers adéquats, comme d'habitude. Apprendrai-je un jour ? Allez, du courage, femme, tu seras fière de toi après ! Je pris sa main et il me fit redécouvrir le règne végétal encore mouillé de gouttes de pluie et de rosée, resplendissant sous les rayons du soleil. José cherche toujours la fleur la plus rare ou celle qu'on ne voit pas au premier coup d'œil. Il me montra une clochette rouge au calice quadrillé et des *besitos* colorés de blanc :

« C'est grâce à moi s'il y a des fleurs différentes de ce côté de la route. Au dernier voyage, j'ai lancé des semences que j'avais recueillies à mon séjour précédent.

— Les fleurs que je préfère sont les mauves, les pourpres et les bleues. Sur le chemin, il y a des arbres à fleurs mauves et rose foncé, à corolles renversées. Regarde la toute petite, bleu royal !

— Ferme les yeux, ma belle et ouvre la bouche !

— Une fraise !

— Une fraise sauvage. Elles sont rares, je n'en ai vu qu'une. Est-elle sucrée ?

— Ni sucrée ni amère. Elle goûte frais, nature.

— José, regarde la fleur mortelle !

— Cette fleur blanche ? On l'appelle *cartucho*, mais ce n'est pas une fleur mortelle. La fleur dangereuse, c'est celle de la mandragore. Viens, je vais te montrer. Là, regarde !

— Une fleur mortelle en pleine nature, si belle... Difficile de penser qu'elle est dangereuse. On associe toujours le mal à la laideur. Erreur...

— Certains pensent qu'elle est magique en raison de ses racines tubéreuses, dont la forme s'apparente à celle du corps humain. Elle serait même curative si on connaît la dose à prendre, bien entendu, et elle procurerait à qui sait l'utiliser une expérience extraordinaire dans le vrai sens du terme, aux limites de la vie presque, dans l'univers des morts. Elle guérirait de la folie et d'autres maux. »

Les limites ! Qu'est-ce que les humains ne feraient pas pour dépasser les limites de leur existence ordinaire, de la terre, de la vie même ! Ils consomment des drogues, s'inventent des légendes, des religions. Ils se prennent pour des dieux. Aller au-delà de la vie ! Fascinant, provocant, certainement. Pourtant, à l'intérieur d'un quotidien ordinaire, il y a tant à faire ! Il existe dans chacune de nos vies tant d'aspects négligés, de projets abandonnés, sacrifiés. À mon avis, le fait de pouvoir cerner un désir, quel qu'il soit, et de faire des actions pour le réaliser, nous offre la plus euphorisante des drogues, certainement la plus merveilleusement humaine.

« Regarde, mon amour, la fleur des robes ! Je n'en reviens pas !

— La fleur des robes ? Qu'est-ce que c'est ?

— Je n'en avais jamais vu en Colombie. Tu sais, les petites boules roses à plusieurs pétales que j'utilisais pour faire des robes à mes poupées. Je t'en ai déjà parlé. C'est celle-là, exactement celle-là !

— Ah !

— Il n'y en a qu'une. Cherche, ça ne doit pas être la seule. Cherche avec moi, José, s'il te plaît !

— Je n'en vois pas d'autre.

— C'est étrange, ça. Comment a-t-elle pu pousser ici ?

— C'est vrai que c'est étrange. Probablement que nous ne l'avions jamais remarquée.

— Toi qui vois tout, surtout les fleurs différentes, depuis tant d'années que nous scrutons les sous-bois, tu l'aurais vue, mon amour. Je fabule certainement, mais cette fleur rose représente pour moi un message venu du futur. Fantasias del Mar vivra, j'en suis sûre.

— Je dirais, ma chérie, que tu subis l'effet de la mandragore. Ferme les yeux.

— Encore ?

— Ferme, et ouvre les mains.

— Des pétales de fleurs mauves! Merci, mon amour, je les garderai précieusement et, un jour, je les peindrai.»

Au retour vers Tuluá, un courant nouveau, puissant, circulait en moi. Un courant certainement alimenté par le charme de Termales, et qui sait, peut-être stimulé par les effluves de la mandragore; un courant provoqué par le corps de mon homme, si tendre entre mes bras, et par l'amour plus grand avec le temps. Un courant jaillissant de moi-même, d'une source profonde. J'avais probablement besoin de voltiger encore une fois dans de hautes sphères de l'expérience. C'est difficile de revenir à la vie de tous les jours après un séjour d'une telle qualité sensuelle, j'imagine. Quoi qu'il en soit, après la descente des collines de Risaralda, sur le pont de la rivière La Vieja, où la vitesse réduite de la moto permit à ma voix de se rendre à l'oreille de José, je me suis entendu dire :

«Que dirais-tu si j'allais à Santa Marta avec toi, à moto, au lieu de voyager en avion comme je me le proposais ?

— Je serais très heureux. Très heureux. Bien sûr, ma belle, partons ensemble! Comme tu dis : quel bonheur!

— D'accord, mais cette fois nous voyagerons à ma manière de femme. Tu me dois bien ça! Il faut que tu me paies ce retour de la Côte en deux jours. Il suffira de trouver comment amener les chiens. Nous voulions nos chiens avec nous à Santa Marta pour ce séjour-ci.

— Comme tu voudras. Cette fois, je te promets de voyager à ton goût. Quant aux chiens, ne t'en fais pas. Je demanderai à mon ami Fortino de les prendre dans son camion à son prochain voyage à la Côte.»

* * *

Le 4 janvier 2003, avant que le ciel devienne bleu royal, pendant que mon homme dormait profondément, je me suis levée, toujours animée par le courant puissant en moi. Je me suis assise un moment sur la terrasse de Pegaso III, un verre de jus d'orange à la main, calmement, sans douleur au ventre, le regard serein posé sur la rivière et les acacias. Lorsque la barre du jour a annoncé l'aube, j'ai regardé, ravie, la construction de Pegaso III, j'ai préparé du café et un petit-déjeuner à la québécoise, composé d'œufs au miroir, de rôties et de confiture aux fraises. Je suis entrée dans la chambre sur la pointe des pieds et j'ai embrassé mon mari, sur la joue, dans le cou en fermant les yeux. Il a souri comme il n'avait jamais souri auparavant, il m'a appelée sa femme, sa vie, en me prenant dans ses bras. Je me suis installée dans la berceuse pendant que lui mangeait au lit. Sa maladresse m'a fait rire, il n'avait pas l'habitude de déjeuner allongé et laissait tomber du jaune d'œuf et des miettes de pain sur le drap. Je lui ai parlé du bonheur. J'avais permis aux chiens d'entrer et de jouer avec José, à leur manière, en sautant de temps en temps sur l'édredon. Je me suis levée la première, j'ai fait le tour de la maison, rangé ce qu'il fallait, descendu les valises et dit : « Je suis prête. Nous partirons quand tu voudras. »

Quel voyage ce fut ! Doux, facile, romantique et long. Un voyage de femme, c'est-à-dire en quatre jours. Le premier soir, je réussis à convaincre mon homme de dormir à Pereira, à l'hôtel central, dans une grande chambre avec balcon donnant sur le parc. À ma suggestion, nous avons dîné avec Fercho dans le but premier de l'écouter parler de ses études en zootechnique, puis d'élaborer des stratégies au sujet de son futur commerce d'animaux. Le lendemain, nous avons pris le temps de nous promener dans les rues avoisinantes, de magasiner et d'acheter des jeans, des bottes, un casque en cuir et des lunettes noires pour moi. Pour moi ! Vers treize heures, nous avons embrassé Fercho, quitté l'hôtel et la ville, et roulé doucement vers La Pintada, à deux heures de Pereira. Nous avons pris le temps d'admirer la Cauca, les plantations de café et même de nous arrêter pour prendre des photos. Le soir, à La Pintada, après avoir marché main dans la main, visité les environs et écrit à mon fils et à mes parents du salon Internet, ces salons maintenant ouverts dans quasiment tous les petits villages sur notre route, nous nous sommes endormis en parlant de notre extraordinaire aventure amoureuse.

Le matin du 6 janvier, je me suis levée reposée et confiante pendant que mon homme ouvrait les yeux. Par la fenêtre, la montagne ensoleillée emplissait l'espace. Elle avait un aspect plus accueillant tôt le matin et me donna l'envie du défi.

« Es-tu en forme, mon amour ?

— En pleine forme.

— Prêt pour la montée ?

— Prêt ? Archiprêt ! Reposé, avec une moto refroidie, bien huilée. Tu avais raison, ma beauté. C'est mieux de voyager comme ça, plus en douceur.

— Ne prenons qu'un café et déjeunons à l'Alto de Minas, après la première grande montée. Ça nous donnera l'occasion de prendre une première pause. »

La pause, en fait, était un luxe. Nous n'en avions pas besoin. Pendant la montée, je n'ai eu ni peur ni douleur. Je n'ai ni remarqué les semi-remorques, ni entendu le moteur forcer, ni senti de tension dans le corps de José. Je n'ai vu que la splendeur des paysages, la beauté de la montagne, sa lumière sur les feuillages. Nous sommes montés comme par enchantement. L'expérience compte, j'imagine. Même celle d'une passagère. Quand nous avons vu le restaurant, José a dit :

« Tu veux toujours arrêter ?

— Bien sûr! Selon le plan de ma stratégie féminine, il faut s'arrêter avant d'être fatigué, et non s'arrêter parce qu'on est fatigué. Jusqu'ici, c'est agréable, n'est-ce pas? Je te remercie, mon amour, tu as respecté mes propositions avec douceur. Ma foi, est-ce que des ailes auraient poussé de chaque côté de ton corps? Montre-moi!

— Regarde ce que tu voudras sur moi. Je suis à toi, je t'aime tant!»

La traversée de Medellin, après l'heure d'affluence, se passa aisément et la montée vers le Plano de Ventanas fut divisée en deux étapes. La première eut lieu au Mirador, sur Copacabana, et l'autre au petit café terrasse sympathique, à environ vingt minutes de l'Alto de Matasano. Là-haut, l'activité du plein jour et la température de midi donnaient une autre allure à Ventanas. Une allure moins dramatique, plus familière. Je ne me sentais plus comme une exploratrice mais comme une parente revenant de loin. Je me sentais chez moi. En caressant le dos de mon ange, j'eus un moment d'extase en raison de ma force et de ma victoire sur l'adrénaline de mâle et sur la montagne. En raison de lui, aussi, si tendre et conciliant. Je lui aurais enlevé sa veste de cuir bien cirée, déboutonné sa chemise de laine et son jean sexy, et je lui aurais fait l'amour là, sur-le-champ, quelque part un peu à l'abri; j'aurais eu des gestes enflammés, puissants. Il ne l'a jamais su, je ne lui ai jamais dit, ni même ce soir-là, à l'heure de nos confidences. C'est regrettable, ça!

Je me serais bien reprise à Yarumal, mais il n'a pas voulu s'arrêter. Il était trop tôt, selon lui. Il avait raison, je l'avoue. J'ai proposé un arrêt à Puerto Valdivia avant les affluents de la Cauca, mais je suppose que sa virilité souffrait d'une trop grande facilité. Il a roulé jusqu'à Caucasia, jusqu'aux couleurs pourpres du couchant. Nous nous sommes donc arrêtés fatigués. Qu'il est difficile de dompter la force sauvage d'un homme!

J'aurais dû le prendre, le rouler sur le côté du chemin, lui voler son trop-plein d'énergie ; nous aurions dormi moins loin et plus souriants ! Je me promets cette audace pour le prochain voyage. J'oserai, je le jure. Promesse de femme.

* * *

La vallée del Sinu, tôt le matin, me fit penser aux grandes vacances de l'école. Les journées nous appartenaient, à Susie, à mes frères, aux cousins et aux amis, tout autant que notre immense terrain de jeu gazonné et les parcs publics tout près de chez nous, les tas d'herbe coupée, les escapades dans les environs et les parterres de marguerites, de pissenlits et de fleurs roses en boule. Merci, mon amour, d'avoir poussé la randonnée jusqu'à Caucasia hier soir. Sans cela, je n'aurais pas connu les perles de rosée sur les fleurs lilas ni ce sentiment d'amplitude, comme si nous avions encore toute une vie devant nous. Je l'ai caressé amoureusement, malgré la vitesse, en guise de préliminaires. Surpris, il a ralenti un peu sa course vers la mer et, si j'avais su profiter de ce moment, il y aurait eu dans la plaine les empreintes de nos ébats. J'y arriverai, j'y arriverai.

Nous avons roulé jusqu'à la mer, traversé l'île de Salamanca avant les vents de quatre heures, puis nous nous sommes arrêtés chez les amis de José avant le Puente Viejo, vers Cienaga, et nous avons mangé du poisson frais, bien assis dans les chaises en bois sous un parasol de paille, les pieds dans le sable, satisfaits. Un voyage parfait, sans peur ni menace, sans l'ombre d'un guérillero, ni détour imprévu ni accident mortel en vue, sans faiblesse et, j'y pense, sans la maison aux jardinières ni femme infirme. Si je vivais ce voyage une autre fois, je suppose que je verrais une réalité colombienne de plus. José devait avoir les mêmes pensées que les miennes, car il demanda :

« Quel voyage as-tu préféré ? Celui-ci ou le premier ?

— L'un autant que l'autre, mais différemment. Au premier voyage, comme pour toute première fois, j'ai vécu l'émotion de la découverte et celle, tellement gratifiante, de la victoire. Il y avait aussi ma quête personnelle, l'expérience spirituelle et la révélation du projet Fantasias del Mar. Par ailleurs, le manque d'expérience rendait le voyage éprouvant, sans parler de la peur exacerbant les mécanismes de défense comme la retenue, la négation et le stress, et toutes les peurs psychologiques, comme celle de ne pas être capable, de ne pas y arriver, de ne pas valoir grand-chose... La peur de la douleur, aussi, et celle de la mort avant l'heure.

« Mon ami, donnez-nous de la bière et deux *manzana*, s'il vous plaît ! Vas-y, ma beauté, parle-moi du deuxième voyage.

— Le deuxième voyage résulte du premier et de ce que nous avons vécu entre les deux, soit les événements du 11 septembre, le retour précipité à Tuluá, le séjour au Brésil et au Canada, la construction de Pegaso II et III, et notre amour enrichi par ces expériences. Cette fois-ci, j'ai voyagé dans la peau d'une femme plus forte, sachant comment aider, une femme à la fois plus audacieuse et plus humble, plus aimante également, sur tous les plans, et encore plus en harmonie avec le masculin.

— Ça, c'est intéressant !

— Ça l'est ! Le contrôle de la peur m'a permis de découvrir le paysage, de le voir à une autre heure du jour, et de vérifier mes capacités physiques et mon endurance, tout aussi présente qu'il y a deux ans. C'est très gratifiant. »

Le « mais » est venu, dans la baie de Santa Marta, après Cienaga, près des premiers gros hôtels. Nous étions sûrs de nous, détendus, pareils à des vacanciers en balade, sans foulard sur le visage, souriants, quand tout à coup une fameuse « boule de feu », ce vent chaud concentré, rond, dirait-on, nous coupa le souffle et aspira l'air autour de nous pendant quelques secondes, puis une autre et une autre... Nous étions en sueur. J'enlevai mon casque et priai José d'arrêter un moment à la première *tienda*.

« C'est méchant, ça !

— Je te l'avais dit, femme.

— Franchement, je ne te croyais pas. Je pensais à une tactique de ta part pour m'obliger à me protéger du soleil.

— Une tactique ! Tu as vu ? Il faut toujours écouter papa.

— Attendons que le jour tombe... C'est très déplaisant, on a l'impression d'être capturé par une boule de feu. L'expression est bien choisie.

— Voyons, femme, nous n'allons pas rester ici deux ou trois heures. Nous sommes à trente minutes de chez nous. Le truc, c'est de ne pas respirer.

— Ne pas respirer ! Tu es drôle, toi... Ne pas respirer pendant trente minutes !

— Tu comprends ce que je veux dire ! Voyons, femme... Il faut retenir sa respiration au passage de l'air chaud. Ça ne dure pas si longtemps.

— Non, mais il y en a souvent, l'une après l'autre. On a à peine le temps de reprendre son souffle.

— Tu disais que tu étais une femme forte, audacieuse. Alors ?

— Alors, ça ne veut pas dire que je mettrai ma vie en péril ! J'ai beau me sentir puissante, je ne suis pas assez téméraire pour défier la nature.

— Quand même, essayons. Si c'est trop difficile, je te promets que nous attendrons pour continuer. »

J'ai expérimenté le fameux truc, plusieurs fois et avec succès. Il s'agit de bloquer sa respiration, de tourner le visage de côté, le nez vers le bas, de patienter et d'expirer au moment où la chaleur diminue, puis de prendre une grande respiration et d'attendre la prochaine attaque. Il y en eut quelques-unes et je résistai comme une championne jusqu'à l'entrée du village. Pour une fois, José n'arrêta nulle part. Il roula directement jusqu'à la maison, avisant ses amis, par des gestes, qu'il avait chaud et qu'il reviendrait plus tard. Nous y étions, chez nous, encore une fois, et le bonheur de cette douche extérieure, à l'ombre des palmiers, me régénéra à cent pour cent. Quand nous sommes arrivés, nous avons ouvert les sept fenêtres, les deux portes françaises et une autre du côté de la cour, nous avons posé les moustiquaires, enlevé les draps qui recouvraient les meubles et la grande table, nettoyé, fait le lit, installé les hamacs, et nous nous sommes douchés en riant comme des enfants. Encore mouillée, j'ai sorti au grand jour la boîte d'artisanat, l'ai posée sur la table de ma pièce aérée, puis j'ai ouvert les bras et j'ai dit solennellement : « Fantasias del Mar, me voici. »

Fantasias del Mar

Quartier La Paz

Une sirène! Je ne pouvais pas trouver un meilleur symbole pour la clé d'une porte ouvrant sur des fantaisies de la mer. Un porte-clés représentant une femme enchanteresse, l'eau, le mystère, l'imaginaire. Que je me félicite d'avoir conservé le *guayabo rosado*, cet arbre magnifique dont les branches m'offrent des formes suggestives et m'inspirent chaque jour de ma vie d'artisane. Dire que j'ai failli le sacrifier à cause des centaines de petites feuilles qu'il dépose chaque jour dans l'eau de la piscine! Est-ce par chance ou par instinct que je me suis approchée de l'arbre une dernière fois? Aurais-je été guidée par une présence invisible, une complice de l'au-delà? J'ose le croire, puisque jamais jusqu'à ce jour je n'avais remarqué la fascinante beauté du *guayabo rosado*. Ce matin-là, Pedro et Fabien s'apprêtaient à le mettre à mort et, juste avant le premier coup de hache, j'ai vu apparaître une sirène au milieu d'une mer de branches entrelacées.

Saisie, envoûtée, j'ai caressé le bois rosé, les nœuds foncés, la texture lisse, et je me suis imaginée au cœur d'une forêt enchantée. Au loin, j'entendais la voix de José : « Ma belle, cet arbre peut servir à plusieurs fins, aussi bien comme matériau de soutien que pour la conception d'objets d'art. » Cette observation, je l'avais entendue plus d'une fois, mais ce n'est qu'à ce moment que j'ai compris pourquoi mon homme ne s'était jamais résigné à l'abattre, se contentant de couper les branches orientées vers la piscine en préservant celles qui s'étendent vers la remise, un coin moins fréquenté du jardin. Merci, mon bel amour. À l'avenir, je tiendrai compte de ton avis. C'est promis. Parole de femme.

Ce matin, j'apporterai à la boutique trois cadres en bois de *guayabo,* dont les quatre côtés sont retenus par des languettes de cuir d'une couleur semblable à celle des nœuds de l'arbre. José a fixé des crochets à l'endos des cadres, taillé des vitres et un morceau de carton sur lequel j'ai posé des aquarelles peintes à partir de photos : celle des fleurs parapluies, une autre des lys rouge vin à rayures blanches, et la photo de la fleur vert jaune du *guanabana,* dont les pétales se serrent les uns sur les autres, comme les feuilles d'un chou. À la boutique, il y a déjà le cadre de la fleur rose à pétales superposés, ondulés, dont l'odeur me rappelle celle du jasmin, ainsi que deux peintures de bougain-villiers : l'une à fleurs orange corail et l'autre à fleurs mauve pourpre. La flamboyante fleur de Cayenne rouge s'ajoutera bientôt à la collection florale, tout comme les boutons rouges tirés de la mousse de cactus, et les fleurettes rose orange des manguiers. Fantasias del Mar possède aussi un début de col-lection d'oiseaux. C'est Miguel Felipe qui en a eu l'idée. Notre filleul, ses frères et leurs amis ont cherché des images, observé la nature et présenté leur récolte à notre dessinatrice attitrée, une enfant de dix ans qui a toujours un crayon et une feuille de papier à la main. Nelly a dessiné l'aigle sur un palmier, le *chupa huevos* sur une branche de l'*almendro,* le colibri vert à queue bleue battant ses ailes au bord de la piscine, et le plus petit hibou du monde, difficile à voir même pour les plus aver-tis. D'autres dessins sont en cours : ceux de l'iguane, de l'opos-sum, du perroquet vert et du lapin blanc de Miguel Felipe. Plus tard, quand Fantasias del Mar volera aussi haut que les aigles, je proposerai une série Halloween illustrant des chauves-souris dans les reflets de l'eau, un hibou un soir de pleine lune avec en toile de fond une chouette et des vautours menaçants, puis des rats, des grosses coquerelles brunes, des araignées ve-lues et des scorpions, évidemment.

N'est-ce pas merveilleux, Nedjibia! Il suffit d'avoir une idée, un projet, de l'entreprendre et de le présenter à son entourage pour susciter d'autres idées, qui généreront à leur tour des produits stimulant la créativité des uns et des autres et relan-çant la ronde de plus belle. Un véritable cercle s'élargissant comme des ondes vers l'innombrable! Voilà ce que j'espérais. Quel ravissement de voir la lumière dans les yeux des enfants! La fierté sur leur visage! Quand j'y pense, mon cœur se gonfle de félicité et des vagues de larmes me montent aux yeux. Ce matin, je marche vers le local comme je marchais vers ma maison rouge et blanche dans le jardin de mes parents. J'ai l'âme comblée, riche de complices comme au temps de la laine, enthousiaste comme je l'étais avec Susie quand nous cou-sions des vêtements de poupées, et plus tard, pendant le bref moment de mes rencontres avec toi, ma sœur d'âme, lorsque tu me présentais tes créations et que l'idée de faire des affaires a jailli de moi à mon insu. La synergie que j'ai perçue dans la vallée del Sinu se manifeste déjà à La Paz; elle est visible dans les allées et venues du petit monde de Fantasias del Mar.

Même nos chiens profitent de la présence des artisans sur leur territoire. Dès leur arrivée avec Fortino, après avoir couru partout et senti chacun des amis et des enfants, ils ont compris qu'il y avait du plaisir à y avoir en ces lieux, qu'ils y recevraient pour sûr de l'attention, des caresses et des divertissements en abondance. De la quiétude aussi. L'après-midi, Terremoto choi-sit où il va dormir: sous quelle chaise, quelle table, aux pieds de tel ou tel artisan. Il préfère les plus silencieux, qui font les activités les plus calmes, comme la couture ou la peinture, plutôt que la confection de bijoux ou celle de petits ouvrages en bois. Kinshasa recherche les retailles de tissus, certaine-ment pour y trouver du confort mais, selon moi, c'est aussi pour se réfugier dans une odeur familière, enveloppante comme celle d'un nid. Instinct de femelle, sans doute. Je me demande comment réagiront nos chiens lorsque viendront les clients. Verront-ils leur présence comme une partie intégrante de la boutique ou comme des intrus menaçant la paix des lieux ? C'est à voir, mais comme je connais Terremoto, il aura ses clients préférés et ses ennemis jurés.

Pour le moment, nous n'avons encore rien à vendre. J'ai préféré prendre le temps de raffiner la production, de bien choisir les objets à offrir et donc attendre, pour l'ouverture, la venue des vacanciers à la semaine sainte. Malgré tout, des gens intéressés s'approchent, suggèrent, passent même des commandes, offrent leurs services. Je me sens impertinente et fière de pouvoir attendre, flattée par l'effet produit, je dirais même par l'attrait que nos activités suscitent dans le milieu. Pour le moment, je profite pleinement de l'enthousiasme des artisans, libre des contraintes de temps et des exigences commerciales. Après l'ouverture officielle, ce sera autre chose ; il faudra s'occuper du comptoir de vente, voire satisfaire les goûts d'une clientèle certainement très variée. D'autres que moi, habiles dans ce domaine, se chargeront de l'aspect mercantile, et les artisans plus techniciens qu'imaginatifs seront heureux de réaliser sur demande des objets spécifiques.

Lorsque l'atelier deviendra une boutique, avec toutes les obligations qu'un tel commerce implique, il est fort possible que je ressente un besoin de tranquillité. Alors, je n'aurai qu'à transporter l'atelier ailleurs, dans un endroit secret où la création pourra prendre son essor et où pourra vivre en paix un transfert de connaissances et donner un enseignement personnalisé à ceux qui désirent apprendre. C'est ça, une équipe ! L'utilisation des forces et des qualités de chacun, précisément là où c'est requis. Tiens ! Joyce est déjà à la porte, avec des housses de coussins.

«Bonjour, ma belle !

— Marraine !

— Qu'est-ce que tu nous apportes aujourd'hui ?

— Des housses spéciales pour le jour de l'amour et de l'amitié, à la mer.

— Montre-moi... Que c'est romantique ! Des cœurs gravés sur le sable ! Et celui-ci, des empreintes de pas côte à côte. Charmant !

— Regarde, marraine. Mon dessin préféré.

— Une femme vêtue de voiles, les cheveux au vent, face à la mer. Très réussi ! Elle me fait penser à Nedjibia.

— La sœur de mon parrain ?

— La sœur de ton parrain, ma belle. Nous exposerons ces objets uniquement en cette journée spéciale.

— Peut-être aussi à l'occasion de fiançailles ou de mariage ? Qu'en penses-tu, marraine ?

— Tu as raison, Joyce, la proposition est excellente. Nous pourrions organiser un coin "Amour" en permanence. Viens, entrons. Aujourd'hui, nous aurons une belle armoire, fraîchement peinte, où nous rangerons nos créations. José attend l'aide d'hommes pour la transporter ici. »

Cette armoire ancienne a enfin trouvé sa vocation. Depuis des années que je la fais transporter d'une pièce à l'autre, que je la lave, la peinture, la fais déménager et replacer à l'endroit où elle se trouvait au départ... Je n'ai jamais réussi à la mettre en valeur ni à la rendre utile. Je n'aimais pas la tablette du haut, la barre à cintres ni les deux petits tiroirs du bas, toujours remplis d'objets ramassés par José, sans parler des animaux indésirables qui s'y logeaient. J'avais essayé de lui donner une belle apparence. Elle était passée d'une couleur brune de bois vieilli à un bleu pâle fadasse... Le panneau décoratif du haut du meuble, garni de dessins incrustés, avait été peint d'un même bleu terne, orné de tiges jaunes, de feuilles vertes et de fleurs orangées grossières, brisées par endroits. Une année, j'ai repeint le panneau en deux couleurs : bleu pour le fond et jaune pour les dessins. Un gâchis ! Tant de travail réalisé debout, sur un escabeau, et en sueur à cause de la chaleur étouffante de cette pièce étroite. Il aurait été trop compliqué, en effet, de sortir le meuble sur la galerie à cause du panneau décoratif plus haut que le cadre de porte. Cette année, en la voyant, j'ai eu une inspiration et j'ai dit :

« Elle ira à la boutique. Je ferai couper des tablettes et installer un vitrail dans la porte au lieu du miroir. Tu m'aideras avec le vitrail, n'est-ce pas, mon bel amour ?

— Mon bel amour !

— Oui, mon bel amour. Je t'en prie, va chercher Aritama.

— Pourquoi moi ?

— Parce tu es mon homme.

— Ton homme ! Hum ! »

Le menuisier de nos portes et fenêtres de pur style français, taillées à la main morceau par morceau puis assemblées avec des outils anciens, ce menuisier que j'apprécie pour sa patience et son amour du bois, est arrivé chez nous quelques heures plus tard, au pas lent des gens de la Côte. Je lui ai présenté le plan de l'armoire à modifier, qui comprenait la fabrication de quatre tablettes, une planche de renforcement pour l'arrière du meuble et une autre pour le bas, à l'intérieur, de façon qu'aucun animal ne puisse envahir le territoire réservé aux créations de Fantasias del Mar. Aritama remplaça le miroir de la porte pour une vitre transparente en attendant qu'un artisan s'offre pour tailler un vitrail. Quand le meuble a été prêt, j'ai couvert la couleur fadasse avec un bleu maritime et j'ai garni le panneau du haut de turquoise, de vert et de blanc. J'ai laqué les tablettes en bois ainsi que les deux petits tiroirs du bas pour éviter l'invasion de termites. J'y conserverai des bijoux et d'autres objets plus délicats ou j'y mettrai des surprises pour impressionner les touristes.

* * *

L'armoire donne une autre allure à l'atelier, une allure de boutique. Les enfants l'ont remarqué. Ils ont d'ailleurs suggéré de travailler dehors, du côté de la cour, en installant des toiles pour se protéger du soleil. Nous avons donc fabriqué une arrière-pièce à l'aide de paravents en paille et déplacé dans cette section les étagères d'outils et de matériaux. Un fait m'inquiète, cependant. Depuis la présence de l'armoire, mon homme vient souvent rôder par ici avec les yeux ronds de celui qui a des plans de construction en tête. Il regarde les murs, la devanture, sort sur l'espace en arrière, entre à nouveau, ne répond pas à mes questions. Hier matin, il était accompagné d'Aritama. Comme je le connais, je pourrais jurer que d'ici peu, il proposera des changements que je peux déjà qualifier de salissants.

« Marraine, téléphone.

— Angela-Maria, comment vas-tu ? Oui, nous fabriquons des bijoux. En réalité, nous commençons notre collection. Jésus David et Camillo ont déjà produit des bracelets et quelques colliers. C'est encore bien modeste, mais nous progressons. Oui, oui, intéressant ! Pourquoi pas ! Penses-tu venir à la Côte ? Tu ne sais pas encore... Laisse-moi penser à une solution. Je te téléphonerai dans la soirée. »

Ça, c'est une occasion ! Angela-Maria m'offre de vendre les bijoux qu'elle fabrique. Fabuleux ! Voilà un moyen d'enrichir l'inventaire de la boutique. Mieux, j'inviterai notre nièce à venir chez nous, en vacances. Je lui demanderai, en échange de notre hospitalité, de donner des cours aux enfants. Il me vient une idée... Non, c'est prématuré. En fait, pourquoi serait-ce prématuré ? Après tout, une proposition n'est qu'une proposition ; rien ne m'oblige à y donner suite immédiatement. Le problème, c'est que je serai tentée et que mon projet prendra de l'ampleur... C'est cela qui me fait peur : l'ampleur ! Serais-je à la hauteur ? Encore la hauteur ! Je croyais l'avoir vaincue, celle-là, la fameuse peur des hauteurs.

Je donnerai donc suite à mon idée en agissant, comme d'habitude, une étape à la fois. Je parlerai d'abord à notre nièce Éloïsa dans le but de planifier la production de la semaine sainte. Elle me dira elle-même ce qu'elle peut offrir. Si la conversation semble favorable, je lui parlerai de Noël. Elle a déjà tant d'objets dans ses réserves ! Dans le temps des Fêtes, sa maison ressemble à une féerie de décorations. On en voit partout : sur les murs, sur les meubles, aux fenêtres, dans les escaliers, dans les chambres, dans les entrées et sur la terrasse... Les meilleures boutiques dans ce genre peuvent aller se rhabiller ! J'ai vu dans son atelier une vierge enceinte, le visage penché sur elle-même, les mains sur son ventre, accroupie près du panier d'osier qui servira de berceau. Ce personnage habituel mais non traditionnel m'inspire. Pour moi, il représente la pureté de l'amour, mais aussi le fruit de l'union charnelle. Cette « vierge » transformée dans son corps par la présence de l'enfant répare l'appréciation péjorative de la femme mariée, amante, telle que définie par les religieuses de mon enfance. Elle lave leur opinion malsaine de la tache originelle à connotation d'impureté sexuelle. C'est la vengeance de mon sexe. Mieux, sa glorification.

Je volerai aussi les archanges d'Éloïsa, Michel, Raphaël et Gabriel, ornés d'auréoles, mais je mettrai de vraies plumes sur les ailes dorées pour les rendre, disons, plus terrestres. Je voudrais en faire des modèles capables d'inspirer, par leurs actions, les êtres que nous sommes. Des anges interpellant la meilleure partie de l'humain, la plus généreuse, la plus talentueuse aussi. En somme, je demanderai à notre nièce de me fabriquer quelques vierges enceintes pour la période de l'Avent, deux séries d'archanges et, pour le 25 décembre, quelques Vierges mères tenant l'Enfant dans leurs bras. À Montréal, je chercherai des Jésus en cire dont les têtes sont garnies de cheveux véritables. Mon Dieu que je suis rendue loin! Mon esprit vagabonde, mon corps lévite presque! J'en avais même oublié la chaleur et l'heure. Voici José.

« Ma beauté, n'as-tu pas chaud et soif? Si nous allions boire un jus sur la plage du Rodadero et nous baigner un peu dans la mer jusqu'au coucher du soleil? Qu'en dis-tu?

— Peut-être verrons-nous le rayon vert? Donne-moi deux minutes.

— Est-ce qu'il y encore des enfants sur le patio?

— Oui, justement. Jésus-David et Marisol font des bracelets. Je vais leur dire que je ferme la boutique jusqu'à demain matin. »

* * *

Les branches de l'Almendro se détachent de la nuit et dessinent leur forme sur le ciel bleu royal. J'ai bien fait de ne pas mettre de rideaux dans la fenêtre arrondie; ainsi, je peux voir du lit le ciel de nuit, les étoiles et la lune, quand elle est pleine, de même que le lever du jour. Je peux même savoir l'heure qu'il est d'après la nature. Présentement, il doit être environ cinq heures trente. Depuis notre arrivée à la Côte, depuis la présence concrète de Fantasias del Mar, je me réveille avant mon homme et je m'offre ainsi une bonne demi-heure à rêvasser à ma journée, en somme jusqu'à ce que José ouvre les yeux. Que j'apprécie notre manière de vivre ici! Mon homme me l'avait dit, en se levant tôt, on peut faire toute une journée en une avant-midi, profiter d'une quantité d'heures où nous sommes alertes, et allonger ainsi le temps de notre existence active. Il faut dire que le fait de ne pas avoir de téléviseur dans la maison principale nous porte à nous coucher après nos activités, la plupart du temps bien avant vingt-deux heures.

Ce retrait du monde pendant quelques mois nous permet de nous soustraire à des influences pernicieuses, capables de nous assommer physiquement et mentalement en nous donnant le goût de faire des achats et de manger. Combien d'annonces peut-il y avoir par heure de télédiffusion? Trois ou quatre toutes les dix minutes, parfois plus. À la Côte, sans téléviseur, nous perdons notre graisse et nous laissons notre esprit libre de philosopher ou de contempler la beauté des paysages, de batifoler dans l'imaginaire selon nos états d'âme, notre besoin de repos ou nos envies de bouger.

« Tu n'as plus sommeil, ma beauté? À quoi penses-tu donc, les bras sous la tête?

— À plein de choses. Préparons le déjeuner, je te raconterai tout en détail. J'en ai pour quelques heures.

— Quelques heures?

— Ne crains rien, mon amour, tu ne verras pas le temps passer.

— Tu parles, femme!»

* * *

« Moi aussi, je veux te parler.

— Tiens, tu as une proposition à me faire.

— Disons.

— Je le savais. Ça concerne le local, n'est-ce pas ?

— Comment le sais-tu, femme ? Ce n'est pas juste, tu devines tout le temps. Parle-moi en premier, pendant que je fais le jus, le café et des œufs. C'est le jour du petit œuf.

— Ah non, pas d'œufs ! Tu sais que ce n'est pas mon déjeuner favori.

— Tu sais que tu dois manger des œufs. Pense à tes os.

— Mes os ! Ils sont bien, mes os !

— Pour le moment, femme !

— Puisqu'il faut faire attention à mes os, allons-y pour le petit œuf ! D'accord, je commence. Imagine-toi que j'ai parlé à Éloïsa, hier soir, en rentrant du Rodadero. Jorge et elle vont venir quelques jours pendant la semaine sainte, et elle m'apportera des objets reliés au thème de la mer, probablement de petits aquariums et des poissons de cristal. Mais le mieux, le mieux, c'est qu'elle accepte de donner quelques heures de cours aux enfants.

— Des cours ?

— Elle a choisi de leur enseigner comment peindre les courges dont j'oublie le nom.

— Les *totumos*.

— Je suis si heureuse !

— C'est extraordinaire ! Il faudra bien préparer la chambre des invités, il y manque un petit réfrigérateur et un bon matelas. Au fait, c'est quand la semaine sainte ?

— Pâques est le 20 avril cette année, et j'imagine que les vacanciers arriveront vers le 11.

— Femme, sais-tu qu'il ne nous reste que peu de temps pour tout organiser.

— Il reste exactement un mois. C'est suffisant, mon amour. Nous avons déjà plusieurs produits à offrir. Avec ceux d'Angela-Maria et d'Éloïsa, nous aurons une production féerique et exclusive.

— Je ne parle pas de la production.

— Tu parles de la chambre d'invités ?

— Non plus. Je parle de la façade de Fantasias del Mar.

— Il me semblait bien que tu avais les yeux ronds d'un homme qui rumine des projets de construction...

— Un homme ruminant ! Tu n'es pas très gentille !

— Je veux dire les yeux ronds d'un homme qui planifie des projets de construction.

— Des yeux ronds !

— Mon amour ! Tu sais que jamais je n'oserais jamais rire de toi...

— Hum...

— Sérieusement, parle-moi de la façade. As-tu un plan ?

— Donne-moi un papier et un crayon. Premièrement, tu auras ta porte rouge, ma belle.

— Avec une petite fenêtre ?

— Avec une petite fenêtre. Il suffira de l'installer devant le rideau en lattes de métal.

— Quelle bonne idée ! Je n'y avais pas pensé. Le jour, nous n'aurons qu'à rouler le rideau, comme d'habitude, et à laisser la porte en guise de décoration.

— Voilà! Sur le toit, il y aura un petit clocher.

— Avec une vraie cloche?

— Évidemment. En symbole de l'esprit qui s'envole.

— L'esprit qui se réjouit.

— Puis, de chaque côté du clocher, il y aura deux panneaux de bois en forme de vagues. Aritama a déjà commencé. Il suffira de les peinturer. Qu'en dis-tu?

— C'est du rêve, de la poésie, de la fantaisie et de l'amour pur.

— Il y a un mais, je le sens. Dis-moi, ma chérie.

— Il manque les fenêtres et les persiennes.

— J'y ai pensé, mais il faudrait trouer le mur, et ça devient compliqué.

— J'ai une proposition: mettons les persiennes fermées, pour le moment. Ce serait déjà plus coquet, surtout si on ajoute des boîtes à fleurs.

— Des boîtes à fleurs? Pourquoi pas? Mais n'exagère pas, femme, les boîtes à fleurs, ce sera é-ven-tu-el-le-ment! Je vais voir pour les persiennes... Je sais! Je les ferai moi-même. Je te laisse, ma beauté.

— Si tôt?

— Les veux-tu, tes persiennes, oui ou non?

— D'accord. Pour une fois, je te laisse partir. C'est pour une bonne cause.»

C'est l'apogée! Fantasias del Mar stimule chacun selon sa personnalité, active le corps et la pensée. J'en déduis que mon projet a assez d'ampleur pour donner de l'espace à chaque personne qu'il séduit. Que puis-je espérer de plus de la vie, de ma vie ? Je peux maintenant vieillir en paix, sachant que j'ai satisfait ma nature profonde, mieux, que j'ai donné des possibilités à des talents négligés, des désirs cachés. Nedjibia, si tu me vois, si tu rôdes encore par ici, sache que notre affaire va rondement et que je te dois cette réussite en grande partie. Peux-tu voir, de là où tu es, les yeux brillants des artisans ?

En attendant les persiennes promises, j'ai un travail à faire, et pas le moindre puisqu'il s'agit du plus significatif de l'aventure Fantasias del Mar. Comment ai-je pu négliger ce projet ? De plus, j'ai tout ce qu'il faut pour le réaliser sauf quelques mètres de ruban doré, facile à trouver ici, dans ce pays producteur de tissus. Je suis certaine de pouvoir dénicher ce que je cherche. Je ne dirai rien de mon plan à José. Je l'inviterai à Santa Marta, prétextant l'achat de tissus, puis j'irai fureter du côté des garnitures, comme d'habitude, puis je paierai sans qu'il me voie. Je vais d'abord à l'atelier pour me mettre à l'œuvre, en cachette. Les enfants m'avertiront quand ils verront arriver José.

« Tu vas à la boutique ma vie, ma reine ! Qu'est-ce que tu transportes dans ton sac ?

— Déjà de retour, mon bel amour ?

— J'allais chez Aritama chercher du bois pour les persiennes. En chemin, j'ai rencontré Ramon et il m'a donné une surprise pour toi. Qu'est-ce que tu transportes dans ton sac ?

— Des morceaux de tissus pour faire quelque chose, je te dirai plus tard, c'est aussi une surprise.

— D'accord pour la surprise. En attendant, viens voir ce que j'ai pour toi sur la galerie d'en avant. Qu'en dis-tu ?

— Wow ! Mon meuble maisonnette ! C'est magnifique ! Magnifique ! Comment as-tu pu me cacher ça ? C'est incroyable ! Je rêve, c'est certain !

— Regarde, il y a des portes sur les trois faces. Elles s'ouvrent sur des tablettes à différents niveaux, ce qui nous a permis de faire un montage semblable à un village.

— C'est une pièce maîtresse à partir de laquelle nous pourrons inventer des meubles plus petits ou plus simples, faciles à emporter. Il faut offrir aux touristes des objets peu encombrants. Nous ne vendrons jamais ce meuble. Il fera partie de la décoration.

— Comment ça, nous ne le vendrons pas ? Voyons, femme ! Au contraire, nous le vendrons ! Et à bon prix, en plus ! Nous ferons d'autres meubles semblables, maintenant que nous avons le modèle.

— Je voudrais le garder pour moi, pour la boutique.

— Femme, tu voulais une boutique ou un musée ?

— D'accord, mais demande à Ramon d'en commencer un autre dès maintenant.

— C'est déjà fait, ma chérie. Allons à l'atelier. Je t'accompagne avec le meuble. Tu le peindras à ton goût.

— Je ferai d'abord un croquis et j'essaierai les couleurs sur le papier. Je ne veux pas répéter l'expérience de l'armoire bleu fadasse.

— Je te fais confiance, ma beauté. »

* * *

J'ai réussi ! Le ruban doré acheté à Santa Marta, en cachette de José, est exactement ce qu'il fallait pour donner l'illusion du fil d'or. Les couleurs des carrés de tissu sont presque identiques à celles du foulard d'Égypte. La seule différence, c'est que des coutures relient les carrés alors que le tissu du foulard était tissé d'une seule pièce. C'est bien ainsi, puisque le

temps de la confection m'a permis de revivre les étapes jusqu'à Fantasias del Mar, ma quête personnelle et cette relation
étrange avec ma sœur spirituelle. Nedjibia, pendant que je
cousais, j'entendais ton message : « Vis, puisque ton cœur bat
au rythme de ta vraie nature. Refais un autre foulard, Jocy, et
d'autres créations. Donne l'exemple ! » Tu sais, je crois que nous
l'aurons bientôt, notre boutique blanche au milieu du jardin
du motel. Mais il n'y aura pas de toit de paille ; ce sera mieux
encore. C'est une surprise, je ne t'en parle pas, je dois d'abord
discuter avec Alonso. Ne souris pas, Nedjibia, je t'en prie, fais
mine de ne pas savoir. J'aimerais te surprendre, s'il est possible,
évidemment, de surprendre un esprit.

« Avec qui parlais-tu, ma chérie ?

— Comment es-tu entré ?

— Par la porte, voyons !

— Les enfants devaient m'avertir de ta venue.

— Pourquoi faire ? Tu as quelque chose à cacher ?

— J'avais quelque chose à cacher, en effet, mais maintenant tu peux regarder.

— Le foulard d'Égypte ! J'en ai les larmes aux yeux. Tu es
un génie, ma beauté. Il est magnifique. Presque identique, en
mieux, avec une touche plus, plus...

— Une touche surnaturelle !

— C'est ça, surnaturelle.

— On dirait une auréole de couleur arc-en-ciel.

— Félicitations, ma beauté ! À qui parlais-tu quand je suis
entré ?

— À ta sœur. Je lui disais que sa mission était accomplie, sa dernière tâche sur terre, réussie, et qu'elle pouvait partir en paix maintenant. »

* * *

« Ne pleure pas mon amour. Mon bel amour !

— J'ai tellement de peine, encore. Je n'accepte toujours pas sa mort. Et toi, si tu partais, ma beauté, je ne survivrais pas. Je te jure que j'en mourrais !

— Ce n'est pas mon intention de partir aujourd'hui, ne pense plus à ça. Viens que je souffle dans ton oreille pour faire du vent dans ta tête et chasser les sombres pensées !

— Non, pas ça. Non, arrête !

— Tu vois, ton sourire est revenu ! Viens, allons chez Alonzo, j'ai une proposition à lui faire. Tu seras content, toi aussi. »

* * *

Il était mi-figue, mi-raisin, Alonzo, quand je lui ai proposé d'utiliser la coque de son bateau comme base de ma boutique d'artisanat. Il m'écoutait, le dos courbé, et je suis certaine que c'est avec la raison qu'il a répondu : « C'est une idée. » Je savais que mon plan sabordait son navire, chavirait son âme rêveuse, déjà partie naviguer sur les flots bleus toute la journée, lançant de temps en temps sa ligne à la mer, les pieds sur le bastingage. C'est alors que je lui ai redonné son sourire en lui offrant une option :

« Écoute, Alonzo, la construction n'affectera aucunement la coque. Elle restera intacte, récupérable. Il suffira de mettre un plancher flottant, une cabine démontable et quelques accessoires amovibles, comme un petit escalier, une rampe en cordage et un gouvernail, et le tour sera joué ! Lorsque les économies te permettront de construire le bateau, nous n'aurons qu'à enlever le tout. Qu'en dis-tu ? C'est une surprise que je veux faire à Nedjibia.

— C'est vrai, ça, mon frère. Ainsi utilisée, la coque améliorera l'apparence du jardin du motel. Elle attirera les touristes par l'originalité de sa construction et par les produits de la boutique. Ce sera une manière de faire des économies. »

Les yeux d'Alonzo brillaient à nouveau. Son sourire éclatait de plus belle et j'ai vu des ailes lui pousser dans le dos.

« J'ai une autre proposition à faire. Nous pourrions baptiser le bateau ?

— Dis-moi.

— Que dirais-tu d'"Alonzo" ? »

Mon beau-frère s'est raclé la gorge, il a dit : « Voulez-vous du jus de *mora* ? » José l'a suivi et ils se sont mis sur-le-champ à discuter de la construction de la cabine. Comme de coutume, ils ne s'entendaient pas sur la manière de procéder ni sur les matériaux à utiliser, mais je savais que leur amour inconditionnel leur permettrait de s'entendre, au bout du compte. Je les ai laissés seuls, prétextant que j'avais du pain sur la planche.

Un prétexte ? Que dis-je, c'est une réalité ! Du pain sur la planche, il y en a suffisamment pour nourrir ma faim de créer jusqu'à la fin de mes jours ! Fantasias del Mar grandit vite ; les idées affluent, les produits se raffinent, l'armoire bleue est déjà pleine de housses, de serviettes de plage, de taies d'oreillers et de quelques foulards carrelés à bordure dorée. Les enfants auront bientôt des professeurs capables d'encourager leurs talents par leur compétence et leur respect de l'élève, de son rythme, de ses goûts et surtout de son désir d'apprendre. Un jour, j'irai chercher des retraités du Québec coincés dans leurs condos nouvelle vague et leur petite vie remplie d'heures creuses et de loisirs insignifiants, parce qu'ils n'ont jamais appris à voir plus large que l'ouverture de la fenêtre scellée devant leur bureau ; parce qu'ils n'ont jamais expérimenté la plénitude de l'offrande, non pas par mauvaise intention ou par égocentrisme, mais parce que leur vie d'employé ne leur a pas permis de connaître leur valeur ; elle n'a pas encouragé l'expression de leur originalité et encore moins favorisé l'audace d'agir. Dans un pays où tout est organisé, même la manière de donner, les gens ont perdu le sens du simple don de soi, spontané, au moment où c'est requis. Je saurai comment aider les intéressés à ouvrir leurs bras et à délier les fibres de leur générosité. Certains d'entre eux pourront peut-être m'enseigner à dessiner la transparence, la perspective et d'autres techniques utiles pour transposer mes idées, par la couleur, sur des formes et des textures. Quelle gloire déjà, le seul fait d'y penser !

Avant de donner libre cours à mes fantaisies personnelles, il me reste à honorer une dernière promesse. J'ai besoin d'une pierre moyenne, plus haute que large, de façon à pouvoir être visible dans les herbages, une pierre facile à déplacer et à la surface suffisamment lisse pour y peindre un message. Demain matin, avant le déjeuner, pendant que José fera sa visite quotidienne à son frère, j'aurai une bonne demi-heure pour chercher la pierre au fond du jardin ; il y en a beaucoup chez nous. José pense qu'une éruption volcanique a eu lieu il y a longtemps, car nous trouvons sur une bande de terrain de la maison, jusque dans les hauteurs du village, plusieurs grosses roches empilées les unes sur les autres. Un effet de la nature, sans aucun doute. Il sera facile de trouver la roche adéquate. Il me suffira peut-être d'en déplacer quelques-unes. Je voudrais tant trouver cette pierre sans avoir recours aux bras d'hommes, pouvoir surprendre José en lui présentant l'objet fini à mon goût !

C'est le moment ! José vient de verrouiller les portes en fer, il est parti chez Alonzo. J'espère que personne ne me verra. Tout se sait dans le village, à cause des oiseaux bavards cachés dans les branches, à la recherche de nourriture croustillante... Il y a toujours une pie dans les parages, en quête de brindilles pour alimenter des histoires qu'elle servira avec plaisir à qui veut bien les entendre.

C'est ce que j'avais prévu, les femmes du voisinage sont déjà affairées devant leur lavoir. Heureusement, l'épais feuillage cache le jardin du côté de la remise... Je ne voudrais pas qu'elles me voient fouiner dans les tas de roches!

«Viens, Kinshasa, et avertis-moi si tu vois quelqu'un. Cherche une pierre, cherche! Pourquoi cours-tu vers le portail? Voyons, qui est-ce si tôt le matin? Ah! C'est papa, c'est pour ça que tu ne jappais pas!

— Qu'est-ce que tu fais, ma chérie?

— Tu n'es pas chez Alonzo?

— Il n'y était pas, il est sûrement parti à Santa Marta. Qu'est-ce que tu cherches? Tu as perdu quelque chose, ma beauté?

— Ne pose donc pas de questions, je voulais te faire une surprise.

— Je veux savoir, je t'en prie!

— Cher homme! D'accord. Après tout, tu pourras m'aider. Je cherche une pierre pour un monument funéraire.

—Ah! Je vois...

— Je voudrais la décorer, y peindre un message, des éléments qui la caractérisent. Des orchidées, peut-être une hirondelle et deux étoiles noires dans un halo de pleine lune.

— Laisse-moi t'aider, fais-moi ce plaisir. Tu le sais, ma beauté, nous aimons travailler ensemble. Rappelle-toi la boîte de moto pour les chiens.

— Tu as raison. Je me souviendrai toujours de ce jour où nous avons peint la boîte de saltimbanque, comme je l'appelle. C'est un des plus beaux moments de notre vie à deux. Créer avec toi, mêler nos goûts pour un objet... Mettre sa touche, s'éloigner, laisser l'autre s'exprimer, revenir, continuer à tour de rôle, et tout ça dans un jardin tropical en compagnie de nos chiens. Tu te rappelles, mon amour, Kinshasa avait des taches vertes sur son poil noir! D'accord, cherchons à deux. Je pose une condition, cependant : tu me laisses écrire le message sans regarder.

— Un message écrit en français ou en espagnol?

— En français.

— Hum...

— Tu as raison, encore une fois. Si je l'écris en français, personne d'ici ne pourra le lire, pas même ceux de la famille. Le problème, c'est que je ne suis pas sûre de pouvoir le rédiger sans fautes en espagnol.

— Tu vois que tu as besoin de ton homme.

— D'accord, tu le liras et le corrigeras. Ne ris pas, je sais ce que tu penses. Tu te dis : "Je suis heureux, elle a besoin de papa!"

— Cherchons la pierre, ma chérie. Je peindrai les fleurs et les oiseaux qu'elle aimait.

— Moi, je dessinerai le halo de la lune, les étoiles noires, les cheveux de Nedjibia, le message et le foulard d'Égypte.

— Je t'aiderai pour le foulard. Je suis bon pour illustrer le mouvement...

— Quand nous serons satisfaits des dessins sur la pierre, nous partirons tôt le matin...

— À l'aube.

— À l'aube, mon amour, quand les aigles se perchent sur les palmiers et que les bouillons des vagues blanchissent l'horizon.

— Nous irons à Calamar, ma beauté, rendre hommage à ma sœur.

— Rendre hommage à ma complice et à la créativité. »

Qu'elle est inspirante! Évocatrice, joyeuse et mystérieuse à la fois, troublante comme un murmure, pareille à toi, venue d'outre-tombe livrer un message à ceux qui seront attirés par cette pierre exceptionnelle. Elle est belle! La courbe supérieure ressemble à la lune entre le quartier et la plénitude. Il n'y a pas de nom ni de date incrustés sur la base, comme c'est la coutume, mais une signature au bas d'un message peint, intemporel. Une fois placée au niveau du sol, elle ressemblera à une pierre tombale malgré les dessins d'orchidées bleu mauve et les feuillages verts bordant en cascade le message du centre. Ceux qui s'approcheront verront d'abord le dessus ondulé, les hirondelles aux ailes bleu marin peintes sur un ciel d'aurore, puis le foulard aux carrés de couleurs pastel, bordés de doré, paraissant avoir été déposés par le vent sur le monument. Ils feront le tour, puis resteront là un moment, fascinés par l'endos de la pierre. Ils comprendront que les deux étoiles noires de chaque côté du centre, brillantes dans un halo argenté, représentent les yeux d'une femme heureuse. Ils comprendront aussi que les mèches foncées, qui semblent mouvantes, signifient une liberté aussi ample que le désir de créer. Ensuite, ils se déplaceront vers l'avant et liront ce message:

Vis, puisque ton cœur bat,
Au rythme de ta vraie nature.

Nedjibia